U1001357

汉语修辞式推论

周武萍　陈宗明 著

浙江工商大学出版社
ZHEJIANG GONGSHANG UNIVERSITY PRESS

图书在版编目(CIP)数据

汉语修辞式推论 / 周武萍，陈宗明著. —杭州 ：浙江工商大学出版社，2016.1

ISBN 978-7-5178-1404-7

Ⅰ. ①汉… Ⅱ. ①周… ②陈… Ⅲ. ①汉语—修辞学—研究 Ⅳ. ①H15

中国版本图书馆 CIP 数据核字(2015)第 277658 号

汉语修辞式推论

周武萍　陈宗明　著

责任编辑　蒋红群　任晓燕

责任校对　穆静雯

封面设计　林朦朦

责任印制　包建辉

出版发行　浙江工商大学出版社

(杭州市教工路 198 号　邮政编码 310012)

(E-mail:zjgsupress@163.com)

(网址:http://www.zjgsupress.com)

电话:0571－88904980,88831806(传真)

排　　版　杭州朝曦图文设计有限公司

印　　刷　杭州五象印务有限公司

开　　本　710mm×1000mm　1/16

印　　张　20.5

字　　数　357 千

版 印 次　2016 年 1 月第 1 版　2016 年 1 月第 1 次印刷

书　　号　ISBN 978-7-5178-1404-7

定　　价　49.00 元

卷首语

“修辞式推论”渊源于亚里士多德的《修辞学》。可是亚里士多德这一修辞学传统，到了中世纪却被人们“莫名其妙地遗忘了”。如今历史已经发展到21世纪，我们期盼着“修辞式推论”的幽灵能够回归它的修辞学家园，而不再流离失所、浪迹天涯。

前　言

《汉语修辞式推论》，顾名思义，研究的是：第一，推论；第二，修辞式推论；第三，汉语修辞式推论。

推论是推理的言语形式。就《汉语修辞式推论》而言，就是把逻辑工具应用于汉语修辞的研究。

修辞式推论研究的出发点是修辞。所谓“修辞”，是人们为了实现成功交际而采取的“达意传情”的言语行为。说得更为具体一些，就是说写者为了说服听读者，使之具有与说写者相同或相似的思想感情而采取的说服方式。修辞式推论研究的就是修辞在“达意传情”过程中的推理的应用，包括使用什么样的推理形式，采取什么样的推理步骤，传达什么样的思想感情。修辞式推论揭示了说写者与听读者彼此间如何应用逻辑工具沟通思想感情的秘密。

汉语修辞式推论只研究汉语修辞，不研究除汉语以外的其他语言修辞，比如英语修辞、俄语修辞、日语修辞等等。然而汉语修辞式推论又不着眼于一般意义上的汉语修辞，而是研究汉语修辞中的推论。因此，不妨将汉语修辞式推论看作汉语修辞学的一个分支。当然，它也是一种应用性的逻辑。

从符号学的意义上说，汉语修辞式推论属于语用学。语用学研究情境中的符号意义，研究言语交际从表达到理解的认知过程。修辞固然是说写者关于表达的事情，但是修辞效果——能否“达意传情”，那就与听读者的理解密切相关了。语用学研究的意义包括本义和推出义。修辞式推论着眼于修辞推出义的研究，目的在于揭示修辞者所要表达的更深层次的意义，以便听读者更加准确地理解说写者所要传达的“意”和“情”，即人们通常所说的“思想感情”。我们使用逻辑工具，目的是使推出义的分析具有某种程度的“唯一性”。在这本书中，我们主要应用描述法，一种非形式化的逻辑方法，目的是希望拥有更多的读者。从另一意义上说，“杀鸡焉用牛刀”，能简单绝不复杂化，但这并不意味着修辞研究不能形式化。关于后者，请参看我们写的《汉语句义的形式分析》一书。

“修辞式推论”肇端于古希腊的亚里士多德。他在《修辞学》一书中，把修辞术定义为“一种能在任何一个问题上找出可能的说服方式的功能”。他说，修辞术论证采用三段论法，这是一种或然式证明，称为“恩梯墨玛”(enthymema)，即修辞式推论。亚里士多德被人们誉为“逻辑之父”，又是西方科学修辞学的创立者，他的《修辞学》一书，语言学家说是修辞学，而逻辑学家则看成逻辑。从一定意义上说，修辞式推论既属于修辞学，也是逻辑。

历史经过了2000余年的漫长岁月，亚氏修辞学历尽坎坷，今天终于迎来了美丽的晨曦。语用学关于交际理论的研究，佩雷尔曼“新修辞学”的提出和批判性思维运动的兴起，特别是数理逻辑研究的发展，开创了修辞式推论研究的崭新局面。我们今天，既不是简单地回归亚里士多德，也不是循着前人的脚印，停留在一般的语用学或论辩修辞学的研究上，我们将在前人工作的基础上对“汉语”这个特定对象的修辞式推论进行比较系统的探索，努力为汉语修辞学的新发展尽绵薄之力。

著　者

2015年8月

目　录

第一章 修 辞

第一节 修辞与认知

一、修辞，达意传情的手段

什么是修辞？修辞学家曾经给出过许多定义，比较起来，还是陈望道先生在《修辞学发凡》一书中说得简单明白。他说："修辞原是达意传情的手段。"[①]这就是说，修辞不是别的什么，它只是人们言语交际的一种手段，目的是"达意传情"。

"达意传情"的"达"和"传"可以互训，即达者传也，传者达也。因此用现代汉语双音节词来说，"达意传情"可以说成"传达情意"。"传达"是言语交际的方法或手段，"情意"即思想感情，是交际者所传达的内容。

然而"传达"云者，不仅是把自己的思想感情表述出来，而且要"达及他人"，让对方也具有跟你一样的思想感情。吕叔湘、朱德熙两位先生说："'达'者'通'也，要能够通彼此之情才算是达。换句话说，达还是不达，作者自己没有资格决定，要读者来下断语。"[②]如果从这个意义上说，说话人在言语交际中就不能不考虑用什么样的方法或手段，才能够把自己的情和意传达得"好一些，更好一些"。这样的方法或手段就是修辞，至于传达出来的真实结果，就是人们常说的"修辞效果"。

读者大概熟知贾岛"推敲"的故事吧！这个故事对于我们具体地理解"达意传情"，应当说是很有说服力的。

唐代诗人贾岛以"苦吟"出名。有一天，贾岛骑在驴背上，忽然得句"鸟

① 陈望道：《修辞学发凡》，新文艺出版社1957年版，第5页。

② 吕叔湘、朱德熙：《语法修辞讲话》，中国青年出版社1952年版，第178页。

宿池边树，僧推月下门”，后又觉得“推”字不如“敲”字。他还在驴背上作“推”“敲”之状，不觉撞上了京兆尹韩愈的仪仗队，被人捉拿到韩愈面前。贾岛把“推”“敲”未定的事情说了，韩愈沉思良久，说：“作‘敲’字佳矣。”于是贾岛就把这句诗定稿为“僧敲月下门”了。试想皓月当空，夜深人静，僧人（当时贾岛就是僧人）归寺，轻轻的敲门声惊动了树上的宿鸟，引起鸟儿一阵躁动不安。一个“敲”字就境界全出，自然比“推”字更能够“达意传情”了。

贾岛的“推敲”过程就是修辞过程。由于故事生动，流传甚广，“推敲”二字差不多成了“修辞”的同义语。人们常说：“让我推敲推敲。”意思就是说，让他考虑一下修辞问题。

当然，一件“推敲”小事并不能说明贾岛勤于修辞的“苦吟”精神。他还作了一首《送无可上人》的诗，诗云：

圭峰霁色新，送此草堂人。
麈尾同离寺，蛩鸣暂别亲。
独行潭底影，数息树边身。
终有烟霞约，天台作近邻。

这首诗的“独行潭底影，数息树边身”句下有一个自注，这自注也是一首小诗：

两句三年得，一吟双泪流。
知音如不赏，归卧故山秋。

好一个“两句三年得，一吟双泪流”！这还不能说明贾岛勤于修辞的苦吟精神么？

还有一件事情：每年的最后一天，亦即旧历除夕，贾岛都要把一年所作的诗篇祭以酒脯。祭曰：“劳吾精神，以是补之。”贾岛祭诗，也在学林中被传为美谈。

贾岛写诗，每一句甚至每个字都经过反复的推敲修改，但是到了写成之后，却又使读者一点儿也看不出修改的痕迹，好像一气呵成，完全出于自然。比如这首“自注”小诗，何等自然流畅！所以，贾岛不仅是勤于修辞的楷模，而且是一位善于修辞的大师。

话说到这里，也许有人会说，修辞只是那些大学问家的事情，跟普通老百姓没有什么关系。或者问：修辞需要耗费大量精力，有这个必要么？

事情当然不是这样。

其实，我们每一个人说话写文章都有一个简单但是非常确定的想法：怎么样能表达得好一些，更好一些。也就是说，每个人每一次的表达都在修辞,只是过程有长有短,质量有粗有精,一切都因人、因时、因地而异。有的人才思敏捷,出口成章,有的人则需要冥思苦想方得佳句。即使同一个人,有时候只需随口应对,有时候则要仔细推敲。推敲固然是修辞,但修辞未必一定经过推敲,修辞现象无时不在,无处不在。人们只有在一种情况下,即"慌不择言"的时候,才没有修辞。

我们说"每一个人"都从事修辞活动,因为人们都有"表达好一些,更好一些"的念头。至于表达结果亦即修辞效果如何,那就要看修辞者的修辞素养如何了。

例如北京市一位女民警,有一次讲述他们为天津王大娘找到失散 36 年的女儿的经过,就表现了很好的修辞素养。下面是她谈话录音的开头部分:

> 我们呀,是在 1974 年吧,接到天津万德庄王大娘来信。她说呢,要查找她女儿。查找女儿的线索就是这些,别的没有。就是,她说天津发大水那年没有的。孩子当时给了人。给的人呢?就是一只胳臂;介绍人呢,是三多奶奶,条件就是这个。可是我们收到信以后,这可上哪儿找去?……
>
> (陈建民《说和写》)

我们不知道这位女民警是不是学过修辞,仅就这个简短的语段来看,她是很会修辞的。从修辞学上说,这属于日常谈话体。女民警的谈话以结构简单的短句为主,语意明确;频繁地使用"呀""吧""呢"等语气词,体现了口语的特点;"给的人呢,就是一只胳臂",不经意间使用了"借代"辞格:以一只胳臂借代那个人。整个语段层次清楚,前后呼应,而且是在随意的谈话中实现的。谈话不比写文章,没有条件像贾岛那样仔细推敲,如果不是平时训练有素,很难取得这样好的修辞效果。

再举一个例子。一位小学二年级学生写了一篇作文,题目是《中山陵》。开头是这样写的:

> 昨天我到中山陵去玩,看到三个孙中山。下面的一个站着,是铜的。爬到上面,房子里有一个坐着,是白色的。屋子里面还有一个睡着的……
>
> (王栋生《赤裸着站在上帝的面前》)

这位小作者大概没有学过修辞学,然而他语出惊人:他在中山陵"看到三个孙中山"。他怎么会看到孙中山而且是三个呢?小作者首先制造了一个悬念,以唤起读者的兴趣,然后从容地说出原委。文章充满着孩子的天真和稚气。这说明即使是小孩,也能够进行修辞活动。

从前面的例子不难看到，无论是诗人贾岛，还是那位女民警或二年级小学生，他们在传达自己思想感情的时候，都很会修辞，并且取得了很好的修辞效果。他们的交际都是成功的交际。

一个人的修辞能力是天生的，而修辞素养则是后天培养和训练出来的。

下面说说修辞学。

“修辞”一词有两种不同的用法：一是动词用法，即前面说到的“达意传情”的修辞活动；二是名词用法，是指一门科学，一门研究“达意传情”的科学——修辞学。比如说“我们要学点修辞”，这“修辞”就是指修辞学，而不是修辞活动。

修辞学是一门古老的科学，它有东西方两个源头。在西方，“修辞学”为英语 Rhetoric，源于希腊语 Ρητορικ ή，本意是流水，因为话语从思想涌出，像流水一般。在中国，古老的《易经》有云：“修辞立其诚，所以居业也。”宋代王应麟解释说：“修辞立其诚，修其内则为诚，修其外则为巧言。”意思是说，修辞要求感情真诚而又富有文采，如果光有文采，那只是花言巧语。古人还把修辞看作君子立业的一个条件。

今天的世界充满了激烈的竞争，人们为了“立业”，都很强调提高自己各方面的素养，其中包括修辞素养。在这种新形势下，如果我们只凭着与生俱来的那点修辞本能，就远远不够用了。我们应当系统地学习修辞学知识，熟练地运用各种修辞手段，这样在“达意传情”的时候，才会思如泉涌，妙语连珠，有效地说服对方，从而取得交际乃至事业的成功。

二、修辞的认知意义

作为科学，修辞学属于符号学的语用学，它是一门认知科学。

符号学是一门古老而又年轻的科学。说它古老，因为远在古希腊罗马时期就有人研究符号问题；说它年轻，是因其作为一门现代符号科学，还是20 世纪初的事情。当时瑞士的语言学家索绪尔，第一次把语言符号解释为能指和所指的二元关系。索绪尔所说的“能指”是语言的“音响形象”，“所指”是能指所表示的概念。他还把语言符号的能指和所指比作一张纸，思想（概念）是纸的正面，声音是它的反面。与此同时，美国哲学家皮尔斯也提出了符号的三元关系理论。在皮尔斯的著作里，符号除符号形体（能指）和符号解释（所指）以外，还有符号所指示的客观事物，即符号对象。索绪尔和皮尔斯被公认为现代符号学的两位奠基人。①

20 世纪 30 年代，美国哲学家莫里斯把符号学分为语形学、语义学和语用学三个组成部分。他说，语形学研究符号相互间的形式关系；语义学研究符号和其所指示的对象之间的关系；至于语用学，它研究符号和符号使用者之间的关系。莫里斯的符号学三分法，在学术界产生了深远的影响。②

就语言符号而言，比如语法关系属于语形学，辞典所解释的意义属于语义学，与语言符号使用者相关的话语研究属于语用学。至于修辞，它是语言符号的应用，不属于语形学，也不属于一般的语义学，修辞作为一门美辞学和认知理论，应属于语用学。“语用”，这才是修辞的本质。

修辞作为一门语用学，具有行为性、交际性、对于语境的依赖性、实用性等诸多特点。下面分别做些讨论。

1. 行为性

语用学研究符号和符号使用者之间的关系，修辞属于语言符号使用者的个人行为，亦即言语行为，因而具有行为性。

言语行为理论③认为，一个完整的言语行为包括以下三个层次：

(1)语谓行为，即“说了什么”。或者说，符号使用者使用了哪些语言符号，含义是什么。

(2)语旨行为，指说话者的“用意”，逻辑上叫作“命题态度”，比如陈述、断定、询问、命令、许诺、致谢、道歉等等。在修辞学上，“用意”或“命题态度”称为“题旨”。

(3)语效行为，即言语表达的效果。从修辞学的角度上说，也就是“修辞效果”。

请看下面的例子：

> 陈涉少时，尝与人佣耕，辍耕之垄上，怅恨久之，曰：“苟富贵，无相忘！”佣者笑而应曰：“若为佣耕，何富贵也？”陈涉太息曰：“嗟乎！燕雀安知鸿鹄之志哉？”
>
> （《史记·陈涉世家》）

陈涉即陈胜，秦末农民起义领袖。陈涉年轻时为地主耕田，休息时跟同伴们说：“苟富贵，无相忘！”这句话就是语谓行为，意思是说：如果有人富贵了，可不要忘记今天的伙伴们。陈涉的语旨行为是一项“提议”。陈涉“怅

---

① 参阅黄华新、陈宗明主编：《符号学导论》，河南人民出版社 2004 年版，第一章。

② 同上书，第四章。

③ 参阅黄华新、陈宗明：《描述语用学》，吉林人民出版社 2005 年版，第三章。

恨久之”才说出这句话，显然是经过修辞的，然而修辞效果——语效却很糟糕，同伴们嘲笑他说：“给地主耕田，还能谈论什么富贵吗？”

2. 交际性

语用学内容丰富，但它主要研究人们的言语交际。“言语交际”是指符号使用者运用语言符号传达思想感情，以协调双方行为的过程。从这个意义上说，言语交际不仅是说写者个人的符号行为，而且是包括听读者在内的交际双方的事情。说写者把自己的思想感情组织成话语，这是表达；听读者从这些话语中明白（或近似明白）了说写者的思想感情，这是理解。言语交际的过程也就是从表达到理解的过程。其一般图式是：

$$I(m_1)\rightarrow U(m_2)\rightarrow E(m_3)$$

I 表示意图，m 表示意思，U 表示话语，E 表示语效。在交际过程中，人们的每一表达总是为了实现某种意图 I，并且有一个想要说出的意思 m_1，然后用话语 U 表达出来，话语 U 实际表达的意思为 m_2。作为交际“对方”的听读者，根据话语 U 来理解说写者的意思 m_2 或 m_1，而实际理解的是 m_3，亦即说写者说话语 U 的语效 E。①

修辞学研究交际图式中的表达，它虽然不研究怎样理解，但是很重视修辞的效果。对照言语交际图式，陈涉“辍耕”时的表达是深思熟虑的，存在意图 I，想要表达意思是 m_1。“苟富贵，无相忘！”是他经过修辞的话语 U，实际表达的意思应为 m_2。其他“佣耕”者们也算是听懂了他的话语 U，理解了意思 m_2，于是嘲笑他说：“若为佣耕，何富贵也？”这就是语效 E，含义是 m_3。实际上，他们并不理解陈涉的意图 I 以及想要表达的意思 m_1，所以陈涉感叹地说：“燕雀安知鸿鹄之志哉？”至于陈涉深层的意图是一个复杂的问题，却未能为同伴们所理解，所以陈涉这次言语交际，应当说是一次不成功的交际。

3. 对于语境的依赖性

语形学研究符号的能指，语义学和语用学则研究符号的所指，亦即意义。语义学和语用学的区别仅仅在于是否依赖于语境。不依赖或基本上不依赖于语境的意义研究，属于语义学，如词典意义，而必须依赖于语境的是语用学。所以对于语境的依赖性是语用学一个带有根本性的特征。

言语交际总是在一定的语境中进行的。语境就是语言环境，通常指说话中的前言后语，也指书面语中的上下文。然而，交际是一种社会现象，交

---

① 参阅黄华新、陈宗明：《描述语用学》，吉林人民出版社 2005 年版，第八章。

际双方总是处在一定的社会环境之中，所说的话语都离不开特定的社会环境。因此，交际的时间、场合，交际者（亦即符号的使用者）的社会经历、个人品貌，以及相关的文献资料，等等，都可以成为语境的因素，决定着说写者的修辞方式以及修辞效果。

修辞对于语境具有极大的依赖性。人们常说“到什么山唱什么歌”“见什么人说什么话”，如果“唱”错了“歌”，说错了话，就会导致交际的失败。考察陈涉这次交际之所以失败，就在于他的话语同语境不相一致。陈涉是个有远大志向的人，当时还是“少时”，“与人佣耕，辍耕之垄上，怅恨久之”。他的话引起同伴们的嘲笑，他叹息地说：“嗟乎！燕雀安知鸿鹄之志哉?”既然你是“鸿鹄”，也明白“燕雀安知鸿鹄志”的道理，那又为什么要在“燕雀”面前去谈“鸿鹄”的远大志向呢？这不是类似于“对牛弹琴”而又埋怨牛不懂音乐么?

修辞的语境，我们称之为“修辞情境”。

4. 实用性

语用在于一个“用”字，修辞在于一个“修”字，而“修”就是为了“用”。修辞作为一门语用科学，具有重要的实用价值，恰当的修辞可以赢得成功的交际。古往今来，多少成功之士以他们出色的口才或文才，创造了奇迹般的语效，至今仍闪耀着智慧的光辉。

例如春秋末年，秦晋两国联合攻郑，兵临城下，郑国危在旦夕，郑伯请大夫烛之武设法解围。烛之武夜入秦营，对秦穆公说：

> 秦晋围郑，郑既知亡矣。若亡郑而有益于君，敢以烦执事！越国以鄙远，君知其难也，焉用亡郑以陪邻？邻之厚君之薄也。若舍郑以为东道主，行者之往来，共其乏困，君亦无所害。
>
> （《左传·僖公三十年》）

大意是：假如灭亡郑国，秦国真会得到好处，那也不虚此行，然而秦国与郑国并不邻近，只是便宜了晋国，而晋国越强，秦国就越弱。如果保留郑国，只会对秦国有好处。秦穆公认为言之有理，撤兵回国。晋国因为失去同盟，也撤了兵。

实际上，口才和文才都是修辞能力，烛之武以他超人的智慧和恰当的修辞，使郑国避免了灭亡的灾难。如果烛之武只有智慧而不擅修辞，那就未必能够赢得这次交际的成功。古人说，“三寸之舌，强于百万之师”。烛之武不就是实例么？这其中就包含了修辞的功劳。

修辞学的语用学本质，决定了修辞具有极为重要的认知意义。

根据言语交际图式，我们所说的“修辞”实际上就是寻求最佳表达的活动过程。修辞活动的过程同时也是语境认知的过程。具体说来，它包括三个环节，即确立意图 I，组织话语 U 和估量语效 E。

1. 确立意图

在言语交际中，人们的任何表达都是有意图的。即使一句寒暄，也体现了问候听话人的某种意图。至于复杂表达中存在的意图，那就更不待言了。

例如《三国演义》第三十九回：荆州刘表的长子刘琦因为继母蔡氏不能相容，几次求计于诸葛亮，诸葛亮都以“疏不间亲”为理由不肯为谋。最后一次，刘琦请诸葛亮看一古书，把他引至楼上，然后撤去楼梯，哭告曰：“先生终不幸教琦乎！琦命终不保矣，请即死于先生之前。”诸葛亮止之，乃曰：

> 公子岂不闻申生、重耳之事乎？申生在内而亡，重耳在外而安。今闻黄祖新亡，江夏乏人守御，公子何不上言，乞屯兵守江夏，则可以避祸矣。

次日，刘琦上言欲守江夏，刘表令刘琦引兵三千往江夏镇守。

刘琦前几次求计，诸葛亮的意图是“不为谋”，理由为“疏不间亲”。最后一次，诸葛亮在一个特殊的情境中改变了意图，终于为刘琦出了上面所说的计谋。

说话人的表达意图是根据情境确立的。在交际过程中，说话人根据情境设想了一些谈话意图，比如根据听话人的某些特点和听话人与说话人之间的关系，以及谈话的时空条件，等等，设想这次谈话应该告诉听话人一些什么样的信息，达到什么样的目的。这样的设想称为“情境假设”。有时候假设不止一个，于是就要根据情境进行选择，称之为“情境选择”。

说话人确立意图的情境假设和情境选择，就是对情境的认知过程。诸葛亮对于刘琦的求计，从“不为谋”到“为谋”的意图转变，显然是对情境进一步认知的结果。起先，诸葛亮只是在“疏不间亲”的一般情境中确立“不为谋”的意图，而刘琦后来的言行使得诸葛亮认识到事情的严重性和紧迫性，最终确立了“为谋”的意图，为刘琦设计了“出走”的计谋。这一过程体现了诸葛亮一系列的情境假设和选择，因而是一个认知的过程。

2. 组织话语

确立意图之后，说话人就要根据意图把自己的思想感情组织成话语，传达给听话人。组织话语就是实现从 $I(m_1)$ 到 $U(m_2)$ 的转换过程。

在言语交际过程中，确立意图 I 只是说话人的思维活动，存在于说话人的脑海里，而组织话语则是说话人把自己的思想感情“表之于外”，亦即应用话语传达给听话人。这是实现成功交际的决定性环节。

交际过程中确立意图 I 和组织话语 U 的重要区别，在于后者必须讲究修辞，寻找最佳表达方式，追求表达效果的最大化。诸葛亮在确立“为谋”的意图之后，就要考虑如何用最佳的表达方式把思想感情传达出来。他如果直接说出：“今闻黄祖新亡，江夏乏人守御，公子何不上言，乞屯兵守江夏，则可以避祸矣。”这本来已经说得明明白白，但他还是在这句话之前添加了春秋时晋国公子申生和重耳的故事，指出“申生在内而亡，重耳在外而安”的事实，使刘琦更加深刻地理解“避祸”计谋的正确性，从而更为坚定地实施这一计谋。这种寻求最佳表达方式的过程，就是修辞。

组织话语的过程也是情境假设和情境选择的过程。诸葛亮在组织话语的过程中，显然考虑到许多背景情境，比如刘琦的特殊身份，不容于后母，以及刘琦知道申生和重耳的故事等等，做过许多假设和选择，最后用上述话语表达出来。由于诸葛亮的修辞素养很好，上述情境假设和选择只是极为短暂的瞬间，但是这个过程总是存在的。这个过程就是组织话语的认知过程。

3. 估量语效

作为言语交际的手段，修辞是一种表达或传达，只出现在组织话语的环节中。但是为了“达意传情”，修辞者不能不考虑听话人的理解能力，考虑能否“达及他人”以及“达及他人”的程度。这就是估量修辞效果，亦即语效 E。

估量语效 E 是修辞者修辞的一个重要依据，即从听话人的实际情况出发来组织话语。估量语效 E 也有一系列的情境假设和选择的过程。也就是说，有一个认知过程。诸葛亮在为刘琦出谋划策时，对于语效 E 的估量是准确的——次日刘琦上言欲守江夏，如愿以偿。

修辞学是一门认知的科学。有些人不曾读过修辞学的书，却有良好的口才或文才，那是因为他们善于从实践中学习修辞，知道一些修辞的窍门，因而取得一定的修辞效果。要是他们进一步学习修辞学的著作，那就会“如虎添翼”，取得更大的成功。

第二节　修辞的两分野

一、记述性修辞

《修辞学发凡》一书提出了修辞的两大分野：消极修辞和积极修辞。作者说："消极修辞是抽象的，概念的。必须处处与事理符合。说事实必须合乎事实的实际。说理论又须合乎理论的联系。""然而积极的修辞，却是具体的，体验的。价值的高下全由意境的高下而定。只要能够体现生活的真理，反映生活的趋向，便是现实界所不曾经见的现象也可以出现，逻辑律所未能推定的意境也可以存在。"①

《发凡》的修辞"两分野"理论在修辞学界沿用至今。我们也认为这种划分是必要的，只是觉得"消极"和"积极"的提法过于宽泛而不具体，未能体现"两分野"的实质。因此，我们想把它们重新定名为：记述性修辞和表现性修辞。

我们从辞典和报纸上摘录了关于垂柳的两段文字，请比较：

①垂柳，杨柳科。落叶乔木。小枝细长下垂。叶披针形或线状披针形，有细齿。早春先叶开花，雌雄异株，柔荑花序直立。蒴果。种子小，有白色丝状长毛，俗称"柳絮"。产于我国南方，水边习见。

②春风来了，细细的柳丝上，不知从什么地方送来些嫩黄色，定眼看去，又说不定是嫩黄色，却有些绿的意思。它的腰柔软如下垂的棉线，轻风将它们的下梢一顺地托起，姿势整齐而好看。默默之间，又一齐垂下了，仿佛小女郎梳齐的头发。

两例都写垂柳，一样地体现了作者上乘的修辞功夫，然而一眼就可以看出，它们在修辞方式上有重要的区别：例①语言简括，平铺直叙，准确无误地记述了垂柳的特征；例②运用了比拟、比喻等手法，生动形象地表现了垂柳的风姿。前者是记述性修辞，或曰"消极修辞"；后者为表现性修辞，或曰"积极修辞"。

记述性修辞是这样一种修辞：说写者客观地记述对象事物的情况，力

① 陈望道：《修辞学发凡》，新文艺出版社1957年版，第50、51—52页。

避掺杂个人的感情色彩，以“明白”为止境。例如：

> 中国最古的一部算书，大概是汉朝时候的作品，名叫“周髀算经”。在这本书里，记载着商高回答周公的话，有一段说：“把直尺折成一个直角（就是90度的角），假使勾（就是较短的一段）长三，股（就是较长的一段）长四，那么弦（就是尺的两端间的距离）一定是长五。”意思是说：“假使直角三角形（有一个角是直角的三角形）的两条直角边的长是三和四，那么斜边（直角所对的边）的长度是五。”
>
> （《许莼舫初等几何四种》）

在这段文字里，作者应用现代汉语，非常客观地记述了中国古代一条著名的几何原理——商高定理，简洁、明白、准确无误，逻辑上无懈可击。即使是其中的“大概”二字，也属于作者态度审慎的“准确”用语。因此，此例属于记述性修辞。

记述性修辞有几项具体要求：

(1)事实确凿。同客观实际相一致，不歪曲真相，不无中生有。

(2)文理通顺。符合语法，切合情境，不佶屈聱牙，不怪僻悖谬。

(3)语言简洁。用最经济的话语表达最丰富的内容，不堆砌辞藻，不啰嗦重复。

(4)意义明确。有确定的含义，题旨显豁，不含糊其辞。

这些都是对记述性修辞的基本要求，如有违背，那就难免会出现这样那样的语病。最为常见的病句有以下几种：

一是矛盾句。这类语句通常都可以分析为自相矛盾的两个命题，两个命题不能同真，必有一假。例如：

> *他是一个好吹嘘可也是讲实际的人。

一个人不可能爱好吹嘘同时又讲究实际。那么他究竟是哪一种人呢？（*号为病句，下同）

二是多义句。这类语句可以表达为两个或两个以上都能被人们接受的命题，但这并非说话人的本意，因而容易产生误解。例如：

> *这是理智的结束，也是痛苦的结束。

这个复句可以做两种解释：一是结束了理智和痛苦，从此不再有理智，不再有痛苦；二是既理智但又痛苦地结束了某件事情。到底说话人的本意是前者还是后者呢？

矛盾句和多义句以及用词不当等等，都可以造成意义的不确定，使听读者不知所云。

三是烦冗句。这是堆砌、重复、啰唆等原因造成的病句,它直接同简洁相违背,甚至形成语义不明、语法不通等弊病。例如:

*她曾遭受许多挨打受骂。

“挨打受骂”本身含有“遭受”的意思,加上“遭受”,一来语义重复,二来动宾搭配不当。如果删去冗词“遭受”,改为“她经常挨打受骂”,则言简而意明。改为“她曾遭受许多打骂”亦可。

四是苟简句。这是同烦冗句相反的毛病。烦冗句说了不该说的,苟简句省了不该省的。例如:

*棉花是个重要问题,以前没有做好。

棉花的什么问题这么重要?听读者怎么知道呢?而且“问题”怎么能“做好”?苟简句也是意义不确定的一种表现。

修辞切忌语病。有了语病,连“记述”都不能满足,那就更谈不上什么“表现”了。

一般地说来,记述性修辞见之于科学论著、说明或记叙文体;表现性修辞见之于文学作品。然而在人们的言语交际实践中,记述性修辞和表现性修辞之间并不存在一条不可逾越的“楚河汉界”。文学作品并非没有记述性修辞,科学论著中也会出现表现性修辞。况且修辞可以是词语修辞、句子修辞、句群或语段修辞等等,在一个语段中,有的句子属于记述性修辞,有的属于表现性修辞,则是屡见不鲜的。例如:

总算下班了,贺顿回到小屋,柏万福不知道哪里去了。刚换上拖鞋,准备伸直了腰身,把一直紧绷绷的后背像一条死狗似的放倒在床上,电话响了。文果说:“贺老师,有一件事要麻烦你……”声音带着乞求。

(毕淑敏《女心理师》)

这是小说《女心理师》中的一个语段,包括三个句子:第一句为记述性修辞,平铺直叙,简洁明快;第二句是比喻,属于表现性修辞;第三句仍属于记述性修辞。又如:

伯牙鼓琴,子期识其高山流水之志,伯牙引以为知音。知音者善听弦外之音,知言者善解言外之意。其实,弦外无音,言外无意,音从弦出,言以意生,其所以谓外,只是由于我们不知音不知言而已。

(周礼全《形式逻辑应尝试研究自然语言的具体意义》)

这段优美雅致的文字却是从一篇学术论文中抄录下来的。文章用比喻开头,继之以对偶,中间连用四个四音节组合,最后用一个长句子作结。整个语段音节回环往复，语意清新隽永，读起来韵味无穷。它理所当然地属于表现性修辞。

记述性修辞和表现性修辞，既有区别，又有联系。记述性修辞可以概括为一个“妥”字，表现性修辞可以概括为一个“妙”字。“妥”是“妙”的基础，“不妥”自然“不妙”，但是“妥”并不是“妙”的初级阶段，“妥”无须都发展为“妙”。“妥”和“妙”是两个道上跑的车，各有自己特色的“美”。

二、表现性修辞

表现性修辞以生动地表现生活的体验为目的，充分利用语言或文字符号的音、形、义几个因素，使表达艺术化，以此唤起人们感情的共鸣，获取良好的修辞效果。

人们在长期的修辞实践中，创造了许多表现性的修辞手段，并且以修辞格的形式固定下来，如比喻、夸张、对偶、排比等等。这些辞格都是不同修辞手段的标签，有了它们，散漫的修辞现象就能在标签下集中起来，并且显现其间的差别，便于人们掌握和运用它们。

请看下面的例子：

微风过处，送来缕缕清香，仿佛远处高楼上渺茫的歌声似的。

（朱自清《荷塘月色》）

这句话使用了多种辞格，因而意境很美。“微风过处，送来缕缕清香”，“送”本是人的动作，风只是“吹”来，谈不上有“送”的行为，这里用的是比拟格。“仿佛，似”标明了全句用的是比喻格。将“渺茫的歌声”比作“缕缕清香”，是把听觉移借给嗅觉，因此又用了移觉格。这些艺术的表达，好像玲珑剔透的雕刻，可以供人们反复玩味，自然会收到良好的修辞效果。

当然，表现性修辞不仅仅体现在修辞格上。例如：

京口瓜州一水间，钟山只隔数重山。
春风又绿江南岸，明月何时照我还。

（王安石《泊船瓜州》）

全诗四句，句句有景，情景交融，第三句“春风又绿江南岸”更是脍炙人口的佳句。从修辞的意义上说，句中新奇的词为“眼”，如果一句诗中某个词用得新奇，又非常恰当，那就是诗中的“眼”了。“春风又绿江南岸”的“绿”字就是这样的“诗眼”，那么我们还有必要把它叫作什么“格”么？诗歌语言重在“表现”，即使是记叙的句子，也在于表现某种意境。如果我们一定要把它们划归为什么格，那么辞格就会成千累万，那岂不是会成为修辞学习者的沉重负担么？那还有什么实际意义呢？修辞格属于表现性修辞，但表现性修辞未必都需要归入某个辞格。

不过话还得说回来，修辞格在表现性修辞中自有它不可低估的价值。因此，我们对修辞格应当有一些比较具体的了解。

修辞格简称"辞格"，它是表现性修辞的一种常用模式。人们为了特定题旨和情境的表达需要，采用了一些语言生动、效果良好的修辞手段，并在长期的使用和发展中形成比较固定的格式，这就是修辞格，或者简作"辞格"。具体说来，辞格是一些特殊的或偏离常规的表达方式，"超脱寻常文字、寻常文法以至寻常逻辑"，因而使得表达生动起来。辞格还具有相对稳定的组织结构，并不是任何一种表达都能成为辞格。

辞格可以从不同的角度上进行分类。我们从认知的实际意义出发，把辞格分为语音辞格、语形辞格和语义辞格三个大类。前两类着眼于语言符号的能指，后一类着眼于语言符号的所指。

1. 语音辞格

语音是语言符号的能指，所以语音辞格是关于语言符号能指的辞格。语音辞格是一些特殊的调音手段。例如：

> 这些女孩儿家到一处，不外是三件事：一是说——叽叽喳喳；二是闹——乒乒乓乓；三是笑——格格嘎嘎。
>
> （赵本夫《进城》）

这里的"叽叽喳喳""乒乒乓乓""格格嘎嘎"，都是利用拟声词来模拟女孩子们在做"三件事"时的声音，称为摹声格。其他语音辞格，还有谐音、叠音、语音飞白等。

2. 语形辞格

着眼于句子形式上的整齐匀称。从符号学的意义上说，它们关涉句子的符形——词语的排列组合，因而属于语形学研究的问题。例如：

> 落霞与孤鹜齐飞，秋水共长天一色。
>
> （王勃《滕王阁序》）

两个分句结构相同、平仄相对，表达一个内容上相对称的意思，这样的修辞格叫作"对偶"。对偶在形式上就像古代宫廷护卫列队持杖相对而立，所以也叫对仗。语形辞格在美学上表现为形式的整齐美观和音节的和谐悦耳。其他语形辞格有排比、回环、反复、顶真等。

3. 语义辞格

着眼于词语、句子乃至文本的意义，亦即语言符号的所指。例如：

货轮放慢速度在河上滑行。马达犹犹豫豫地喘息着。

（陈明《雾韵》）

该句把人的情态赋予马达，用以表现货轮在河上慢行的情状。这是比拟格。其他语义辞格有比喻、夸张、婉曲、讽喻等。

值得注意的是，这里的辞格分类所强调的是“着眼点”而不是其他。事实上所有的能指都有所指，所有的所指都有能指，能指和所指无法分开，就像一张纸的正反面一样。事实上语音辞格和语形辞格都同意义有关，至少具有美学上的意义；反之，语义辞格也有相应的符形要求。例如：

因为他喊的声音太大，吓得艾艾哆嗦了一下，一骨碌爬起来，瞪着眼问：“什么事，什么事？”

（赵树理《登记》）

“什么事，什么事？”属于语形的反复格，孤立地看“什么事”并没有特殊之处，但是一经反复，就把艾艾从酣睡中惊醒的极度紧张情态，活灵活现地表现了出来。从这个意义上说，反复格又可以看成语义辞格了。

此外，辞格中有些表达式，从这个角度上看是这种辞格，从另一个角度上看，又是另一种辞格。这样的辞格称为“兼格”。例如：

①我觉得担子更重了，重得像两座山。

（王愿坚《粮食的故事》）

②她们从小跟小船打交道，驶起来就像织布穿梭，缝衣透针一般快。

（孙犁《荷花淀》）

例①是比喻和夸张的兼格，又称兼用。例②从总体看是比喻，其中“织布穿梭，缝衣透针”又是对偶。后例也称套用。

兼格是对辞格的综合应用，可以把思想感情表现得更加生动形象，更为真切感人。兼格所“兼”各格，既可以同属一类，也可以跨类。

本书还把汉字修辞从汉语修辞中分离了出来。因为从符号学的意义上说，语言属于听觉符号，文字属于视觉符号，汉语和汉字分属不同的符号系统，所以汉字修辞将另立一章。析字、联边、镶嵌、回文等辞格，归入汉字修辞。

三、修辞的美学特征

修辞姓“美”，是美学家族中的一员。

修辞学向有“美辞学”之称。早在 20 世纪初年，修辞学家王易就曾认为修辞学是“研究文辞之修辞使增美善的学科”[①]；随后陈望道也说：“修辞学是研究文章上美地发表思想感情的学问。”[②]无论“使增美善”还是“美地发表思想感情”，都说明了修辞的美学特征。修辞姓“美”，修辞学应当是美学的一个分支。

艺术的美固然是美，而美并不限于艺术，比如自然美就是有别于艺术美的另一类的美。表现性修辞固然是美，而记述性修辞也同样是美。一位能工巧匠的某件作品，人们说它像是一件“艺术品”，就是说它虽然不是艺术品，却像艺术品一样地美。表现性修辞属于美学，记述性修辞也属于美学。

《修辞学发凡》说：“语言文字的美丑全在用得切当不切当：用得切当便是美，用得不切当便是丑。”[③]有人举例说，即使是“药方”之类的简单表达，如果陈述切当，那同样可以体现出明达、朴直、庄重的美质。修辞美学主要是显现语言的美，准确、鲜明、生动，是语言美的三条标准，也是“切当性”的具体解释。

1. 准确

准确是指实事求是、恰如其分地表述自己的思想感情，并且力求同客观事物相一致，做到概念明确，判断恰当，推理有逻辑性。例如：

> “∨”表示“或者”，“p∨q”表示“p是真的或者q是真的”。这里的“或者”是相容的或者，所以p，q皆真也是一可能，所排除的不过是二者皆假而已。“p∨q”也可以读成“p，q之中至少有一为真”。
>
> （金岳霖《逻辑》）

这一段文章简洁清爽，多一个字不可，少一个字不行，甚至更换一个字也不可能。它所表达的意思准确无误，没有冗余，也没有苟简，一切都恰到好处。这样的文章给读者以一种渴求真理的满足，一种特殊的精神享受。难怪数学家王元在中央电视台的一次做客中说，他之所以热爱数学，是因为他特别欣赏数字那种抽象而准确的美。

法国艺术大师罗丹说过：“在艺术家看来，一切都是美的，因为在任何人和任何事物上，他锐利的眼光能够发现‘性格’，换句话说，能够发现在外

---

① 王易：《修辞学》，商务印书馆1926年版，第3页。

② 引自复旦大学语言研究室：《〈修辞学发凡〉与中国修辞学》，复旦大学出版社1983版，第399页。

③ 陈望道：《修辞学发凡》，新文艺出版社1957年版，第21页。

形下透露出的内在真理；而这个真理是美的本身。”[①]能够发现“在外形下透露出的内在真理”，也就是找到了“美”。因此，准确地表述真理应当是修辞美学的第一要义。

2.鲜明

鲜明是指清楚明白、重心突出地表述自己的思想感情，给听读者以明晰、显豁的印象。请比较下面两段文字：

> 有时太阳走入云里，它的光线却仍从云里透射下来，直射到水面上。这时候，人要分辨出何处是水，何处是天，很不容易，因为只能够看见光亮的一片。
>
> （巴金《海上的日出》）
>
> 有时候太阳躲进云里，阳光透过云缝直射到水面上，很难分辨出哪里是水，哪里是天，只看见一片灿烂的亮光。
>
> （巴金《海上日出》）

作家巴金《海上的日出》，原是中学版语文教材，修改后的《海上日出》成为小学教材。两相比较，后者在文字上压缩了不少，然而比前者更为清楚明白，文学形象更加鲜明。

作家魏巍在谈到他写作《谁是最可爱的人》的经验时说道：“在朝鲜时，我曾写了一篇《自豪吧，祖国》的通讯，里边写了二十多个我认为最生动的例子。带回来给同志们看了看，感到不好，就没有拿出去发表。因为例子堆得太多了，好象记账，哪一个也说得不清楚、不充分。以后写《谁是最可爱的人》，就只选择了几个例子，在写完后又删掉了两个。事实告诉我，用最能代表一般的典型例子，来说明本质的东西，给人的印象是清楚明白的，也会是突出的。”[②]魏巍这段话，说的不是准确或者生动的问题，而是地道的鲜明与否的问题。

陈望道先生曾在《文章底美质》[③]一文中，把“明晰”称作“知识的美质”。怎样才能做到明晰的美？他认为就是要“能够使人看了就明白”“能够把意思清清楚楚地传达给别人”。

3.生动

生动是指新鲜活泼、形象而又具体地表述自己的思想感情，能使听读

① 《罗丹艺术论》，引自复旦大学语言研究室：《〈修辞学发凡〉与中国修辞学》，复旦大学出版社1983版，第395页。

② 魏巍：《谁是最可爱的人》，人民文学出版社1978年版，第164页。

③ 陈望道：《文章底美质》，《新青年》9卷1号。

者受到感染，产生感情上的共鸣。例如：

①绿杨烟外晓寒轻，红杏枝头春意闹。

（宋祁《玉楼春》）

②沙上并禽池上暝，云破月来花弄影。

（张先《天仙子》）

先说例①：绿杨含烟，春天清晨的微寒是“轻”的——气温也似乎可以称斤计两了；红杏枝头，饱含春意，竟然“闹”起来了。这不仅写出了真景物，也写出了真感情，特别是这个“闹”字，确实是生动极了，精彩极了。宋祁当时官居尚书，人们就称他为“‘红杏枝头春意闹’尚书”。

例②是一首临老伤春之作。“沙上并禽”，用以对照自己的孑然独处。“云破月来花弄影”一句，妙在“破”“弄”二字，写得极其生动形象，同“红杏枝头春意闹”一样，成了千古传诵的名句，作者张先也因此有了“‘云破月来花弄影’郎中”的称号。

张先与宋祁同时代，有一天，宋祁去拜访张先，通报的人说：“尚书想见‘云破月来花弄影’郎中。”张先在屏风后招呼说：“莫不是‘红杏枝头春意闹’尚书么？”于是摆酒与宋祁畅饮尽欢。此事在诗坛被传为佳话。

在修辞美学中，准确是基础，不准确自然谈不上鲜明和生动。然而对于生动来说，鲜明又是必要的条件。正如老舍所说，“要老老实实把话写清楚，然后再求生动”。生动是语言美中“百尺竿头，更进一步”的事情。

第三节　修辞技艺（上）

一、调音

修辞是一种技艺：记述性修辞是一种技术；表现性修辞是一种艺术。艺术是美的，技术之善者也是美的。学习修辞就是要学习记述性修辞的技术和表现性修辞的艺术，用以提高我们“达意传情”的本领，增强言语交际的效果。

那么，怎样才能学好修辞这门技艺？说起来就是四件事情：调音、选词、炼句、美文。它们分别表现为语音修辞、词语修辞、句子修辞和文本修辞。

调音属于语音修辞，就是把语音调节到最佳境界。汉语拥有一个音乐般优美的语音能指系统，调音，就是展现汉语的语音美。

人们常常形容某人说话像"唱歌"一样好听。说话真的能够同唱歌相媲美么？有人戏作了一段两个宁波人的《师徒对话》，并用简谱记录了下来。请看：

师：来法，棉纱线拿来！ 24 0 |357 12 |
徒：啥棉纱线拿来？ 5 357 |12 0 |
师：蓝棉纱线拿来。 2 357 |12 0 |
徒：来法不拿。 24 41 |
师：不拿蓝棉纱线，去淘米！ 412 357 |7 13 |
徒：不去淘米。 47 13 |
师：不去淘米，倒垃圾！ 47 13 |1 67 |
徒：不倒垃圾。 41 67 |
师：来法懒惰。 24 21 |
徒：来法不懒惰，来法发烧。 24 4 21 |24 45 ‖

可是人们还常说："宁愿听苏州人吵架，不愿听宁波人讲话。"看起来苏州人连吵架也是十分悦耳动听的！

王力先生认为："音乐和语言都是靠声音来表现的，声音和谐了就美，不和谐就不美。整齐、抑扬、回环，都是为了达到和谐的美。"[①]他还说过这样一件事情，从前在法国，有人问他："听说你们汉语是声调语言，那说汉语不就等于唱歌了吗？"他说："那也差不多。"他认为，"汉语的声调是可以用五线谱谱出来的"。

汉语语音之所以具有音乐的美感，主要是因为元音占优势，乐音丰富。

乐音是听觉上和谐悦耳的声音，语音中的元音就属于乐音。汉语为词根语，音节一般都是前声后韵，声韵双拼。如"大"(dà)，前面辅音 d 为声母，后面元音 ɑ 为韵母。有的元音可以自成音节，如"阿"(ā)；有的韵母由两个元音结合而成二合元音，如"高"(gāo)，辅音 g 为声母，韵母 ao 为双元音；还有三合元音，如"快"(kuài)，韵母中的 u、ɑ、i 都是元音。汉语中虽然多数音节都有辅音，但辅音都被元音隔开，没有连续出现的情况。而且，清辅音比较柔和，浊辅音中的鼻音和边音也有乐音的性质。例如"兰"(lán)，韵母为含鼻辅音的鼻韵母 ɑn，声音依然柔和悦耳。

修辞的调音，就是要充分利用汉语乐音丰富的特点，把话语的语音调

① 王力：《王力文集》第 19 卷，山东教育出版社 1990 年版，第 305 页。

整到最佳境界。

1. 协调节奏,显现话语的整齐美

节奏是自然、社会和人的活动中与韵律结伴而行的有规律的突变,它是用反复、对应等形式把各种变化因素加以组织,从而形成的前后连贯的有序整体。在音乐中,节奏往往是指乐音时值有顺序的组织,即节拍、重音、休止等相互关系的组合。而汉语语音的节奏,是指运用语音修辞手段,使言语表达具有类似于音乐节奏那样的美感。

节奏的最小单位是音节,由音节组成节拍,由节拍组成节拍群。

音节是由音素组成的最小的自然语音单位。汉语的音节一般都是前声后韵,节奏鲜明,既简短又整齐。同西方语言相比,汉语缺乏形态变化,这似乎是个缺点,但从音乐性来说,汉语词的组合不受形态成分的约束,容易形成稳定不变的节奏。这样看来,汉语同音词多,这似乎又是一个缺点。实际上同音词丰富,可以根据音律的需要选择最适切的音节,那么缺点也就成了优点。

汉字声韵双拼,一个汉字就是一个音节。古代汉语单音节词(单音词)占绝大多数,有浩瀚的古代文献为证。例如:

> 天尊地卑,乾坤定矣。卑高以陈,贵贱位矣。动静有常,刚柔断矣。方以类聚,物以群分,吉凶生矣。在天成象,在地成形,变化见矣。
>
> (《易经·系辞传》)

其中只有“变化”一词可以看作双音节词(双音词),其余都是单音节词。单音节词只是一声一韵,一个自然节拍,因而最方便于调整节奏。

随着历史的发展,双音节词在现代汉语中逐渐占有明显的优势。例如:

> 他们的眼光,他们的胸怀,他们的抱负,是多么远大、宽广、宏伟。
>
> (峻青《沧海赋》)

只有结构助词“的”和判断词“是”是单音节,其余都是双音节词。《文心雕龙·丽辞》说:“偶语易安,奇字难适。”双音节词音节平稳,读起来顺口。这大概是汉语双音化的重要原因。

语音的节拍不具有音乐节拍那样确定的时值,它往往随着说话人语速的快慢而或大或小。语音的节拍可以是单音节,也可以是二音步、三音步或四音步,还可以是更大的语音单位。

二音步是最基本、最常用的节拍单位。二音步有两个音节,但未必就是一个双音节词。因为它有可能是两个单音节词的临时组合。例如欧阳修的《醉翁亭记》：

太守|与客|来饮|于此。

句中八个音节构成四个二音步节拍。实际上，这句话除了“太守”为双音节词以外，其他六个都是单音节词。这六个词两两组合成“与客”“来饮”“于此”三个二音步。道理还是“偶语易安，奇字难适”。当然，同样是出于调音的需要，两个单音节未必都做一个二音步处理。

节拍是诗歌音乐性的重要表现形式，在中国古典诗歌中尤为突出。例如：

烟笼‖寒水|月笼‖沙，
夜泊|秦淮‖近酒|家。
商女|不知‖亡国|恨，
隔江‖犹唱|后庭‖花。

（杜牧《泊秦淮》）

诗词的吟唱，逢偶数平声时要有较长停顿，因此拥有严格的节拍模式。双直线即为偶数平声停顿之处。标点乃是语音中的休止符。全诗是一个节拍群。

现代散文也有节拍。好的散文之所以朗朗上口，铿锵有力，主要在于节拍鲜明。例如：

雨中的|山色，其美妙|完全在|若有若无之中。若说它有，它随着|浮动的|轻纱一般的|云影，明明|已经化作|蒸腾的雾气。若说它无，它在|云雾开豁之间，又时时|露出淡青色的，变幻多姿的，隐隐约约的、重重迭迭的|曲线。若无，颇感神奇；若有，倍觉亲切。

（于敏《西湖即景》）

文段节拍舒缓，慢中有快。句子长短不一，轻重相间，节奏富有跳跃性。如果加快语速，可以减少几个节拍。

节奏是构成语音音乐美的基本因素，主要表现语音的整齐美。整齐并不意味着单调，而是整齐和错综的和谐统一。富有节奏感的语音，能给人像音乐节奏那样美的享受。例如节奏舒缓，给人以轻松、悠闲的感觉，有时难免带有几丝哀愁；节奏明快，使人欢愉、喜悦，催人奋发向上；节奏中速、匀称，又会给人平静或庄重的感受。作为修辞的调音，协调节奏是一项重要的技艺。

2. 调节声调、语调，显现话语的抑扬美

如果说语音因为长短轻重不同而形成节奏，那么语音又会因为高低升降不同而形成旋律。旋律被称为乐曲的灵魂。在汉语语音的音乐美中，旋律主要是通过声调和语调来体现语音的抑扬美。

语音的高低升降，形成不同的声调。古汉语的声调分为平、上、去、入四声，其中上、去、入三声通称仄声。平声悠长，不升不降；仄声短促，或升或降。现代汉语普通话的四声为阴平、阳平、上声和去声，古入声分别转为阳平、上声、去声。按一定规律协调平仄，会使语音悠扬婉转，产生抑扬美。

中国古典诗词特别强调平仄，并且形成程式化的格律。例如：

江南好，
风景旧曾谙。
日出江花红胜火，
春来江水绿如蓝。
能不忆江南！

（白居易《忆江南》）

这首《忆江南》词的平仄程式是：

平平仄
仄仄仄平平
仄仄平平平仄仄
平平仄仄仄平平
仄仄仄平平

第二句首字可平可仄，作者用了平声“风”字是符合格律的。

其实，即使是散文乃至论文，如果注意到协调平仄，同样会增加文章的音乐美感。例如：

人人握灵蛇之珠，家家抱荆山之玉。风靡云蒸，阵容齐整。条件具备了，华罗庚作出了战略性的部署，侧重于应用数学，但也向那皇冠上的明珠，哥德巴赫猜想挺进！

（徐迟《哥德巴赫猜想》）

前面几个句子的收尾字“珠”“玉”“蒸”“整”，平仄相间，有起有落，显然是经过推敲的。比如说，如果把“齐整”写成“整齐”，或许更符合口语习惯，但在平仄规律上便会逊色不少。后面句子的收尾字，“了”和“署”是仄声，但紧跟着的“学”和“珠”是平声，最后“进”字又是仄声，仍然是平仄相间。所以，整个文段读起来抑扬顿挫，铿锵悦耳，不愧是出自诗人徐迟的手笔。

语调是语言运用中的现象，亦即言语现象。语调与声调不同，声调依附于音节，而语调则归属于整个句子，所以语调实际上是“句调”。

语调一般分为三种类型：一是升调（↑），语调渐升，调尾上扬；二是降调（↓），语调渐降，调尾下抑；三是平调（—），语调均匀平直。一般说来，疑问句和祈使句中的命令或表示惊讶、疑问的句子为升调；祈使句一般为降调；陈述句一般为平调，但带有感情色彩的陈述句以及感叹句则或升或降。例如：

阿呀呀（↑），你放了道台了（↓），你说不阔（↑）？你现在有了三房姨太太（—），出门便是八抬的大轿（—），还说不阔（↑）？吓（↑）！什么也瞒不过我（↓）。

（鲁迅《故乡》）

语调使句子之间有了升降起伏的变化，同声调一起，构造了语音的抑扬美。

3.语音复现，显现话语的回环美

在修辞上，一些声母或韵母的再现，类似于音乐中的反复，给人以回环的美感。回环美也是语音旋律的重要显现。语音复现有多种方法，这里主要讨论双声叠韵和押韵。

双声是指声母相同的双音节词，如“美满”（měi mǎn）、“流离”（liú lí）等。叠韵是指韵母相同的双音节词，如“苍茫”（cāng máng）、“婵娟”（chán juān）等。双声、叠韵中因有相同语音成分再现的，历来都是常用的语音修辞手段。例如：

她是有
丁香一样的颜色，
丁香一样的芬芳，
丁香一样的忧愁，
在雨中哀怨，
哀怨又彷徨；

她彷徨在这寂寥的雨巷，
撑着油纸伞
像我一样，
像我一样地
默默彳亍着，
冷漠，凄清，又惆怅。

（戴望舒《雨巷》）

在这节选的两段诗中，“芬芳”“彳亍”“凄清”“惆怅”为双声，“忧愁”“彷徨”为叠韵。这些双声叠韵词的运用，使得一些音节铿锵宛转，造成一种流畅与回荡的音乐美。

押韵是指文本中相应的部位再现同样的元音，使字音跌宕回环，和谐悦耳。押韵有句首韵、句中韵和句末韵之分，但一般是指句末韵，称为韵脚。例如：

风飘飘，
雨潇潇，
便做陈抟也睡不着。
懊恼伤怀抱，
扑簌簌泪点抛。
秋蝉儿噪罢寒蛩儿叫，
淅零零细雨打芭蕉。

（关汉卿《大德歌》）

这是一首元曲，句句押韵。曲韵平仄可以互押，比起诗词来，相对比较自由。至于新诗，自由度更大。例如前述《雨巷》两节，只有“芳”“徨”“巷”“样”和“怅”是韵。诗人们说，不押韵，诗就会分散，押韵能使你回想起前一行，将诗行连成一个浑然整体。

除诗歌以外，警句、谚语、谜语乃至散文，也常有押韵的情况。例如：

①读书百遍，其义自见。

②谷雨前，好种棉；谷雨后，好种豆。

③远看山有色，近听水无声。春去花还在，人来鸟不惊。

④云彩、阳光，猎猎红旗，峨峨雕像。你左手抱花束，右手握钢枪；肩上的披风，征尘未洗，双目如电，正视前方。

例①属于警句；例②是农谚；例③为谜语，谜底是画；例④是一段散文。它们都押了韵，读起来顺口，增强了表达效果。

4.语音辞格，汉语调音的模式

汉语的语音辞格有摹声、谐音、叠音等格，能够给予听读者听觉的审美享受，或者通过语音的联想，传达说写者着意传达的思想感情，可以收到生动、风趣、含蓄等语音修辞效果。例如：

①伐木丁丁，鸟鸣嘤嘤。

（《诗经·伐木》）

②她们轻轻划着船，船两旁的水，哗，哗，哗。

（孙犁《荷花淀》）

①②为摹声，即用语音模拟自然音响。例①“丁丁”模拟砍树的声音，“嘤嘤”模拟鸟叫的声音；例②的“哗，哗，哗”模拟水声。

③风雨飘摇日，余怀范爱农。
华颠萎寥落，白眼对鸡虫。
世味秋荼苦，人间直道穷。
奈何三月别，竟尔失畸躬。

（鲁迅《哀范君三章》）

③是谐音。“鸡虫”本意是指人世间的竞争，这里暗指范爱农对当权者何几仲的鄙视。“鸡虫”是绍兴话“几仲”的谐音，一语双关。鲁迅写道：“我于爱农之死，为之不怡累日，至今未能释然。昨忽成诗三章，随手写之，而忽将鸡虫做入，真是奇绝妙绝，辟历一声，群小之大大狼狈。”

④寻寻觅觅，冷冷清清，凄凄惨惨戚戚。乍暖还寒时候，最难将息。

（李清照《声声慢》）

④是叠音。一连七个音节叠用，把一位孤独凄凉、心神不宁的妇人形态刻画得活灵活现。

其他如飞白和顶真等格，也往往与调音有关。

二、选词

选词属于词语修辞，即在说话、写文章中选用最适切的词语。法国作家福楼拜曾经告诉莫泊桑，要确切地描写事物，应该从无数的单词中选出那“唯一”适切的词。汉语词汇是一个巨大的词库，只要你肯下功夫，总是可以从中挑选出最适切的那个“唯一”的词。

古往今来，为选出那“唯一”的词而苦心孤诣的例子很多。例如贾岛“推敲”的故事，王安石“春风又绿江南岸”的故事，等等，都是在寻找那“唯一”的词。五代时卢延让说：“吟安一个字，捻断数茎须。”唐代顾文炜说：“为求一字稳，耐得半宵寒。”方干说：“吟成五个字，用破一生心。”要选出那“唯一”适切的词，就必须有这样执着的精神。

修辞的选词有以下几个要点：

1. 寻常词语艺术化

“寻常词语”，按张弓先生在《现代汉语修辞学》一书中所说，就是各种修辞格以外的那些“最普通”的词语，它们朴朴素素，平平易易，一片本色，不加任何修饰，被运用起来还是保持着本义、常义，不发生任何转义现象。

选词的功夫并不在于追寻那些华丽的辞藻，而是在特定的修辞情境中选出那“唯一”适切的词，实现寻常词语的艺术化。

寻常词语艺术化，这“寻常词语”可以是名词、动词或者形容词，可以是实词或者虚词。只要它们是修辞情境中最适切的词语，就具有一定的美学意义。例如：

> ①我的母亲很高兴，但也藏着许多凄凉的神情，教我坐下，歇息，喝茶，且不谈搬家的事。
>
> （鲁迅《故乡》）

这里的“藏”字，就是一个寻常的词语，“朴朴素素，平平易易，一片本色”，未加任何修饰，保持了本义和常义。然而它在这个特定的修辞情境中，确确实实“获得了审美倾向”。一个寻常的“藏”字，却能引起读者的许多想象和思考：母亲有意识地“藏”起凄凉的神情，生怕引起刚回家的儿子悲哀的联想。可是这样的“藏而不露”，还是被儿子看出来了，这正是悲哀所在。

例①属于寻常动词的艺术化。

又如：

> ②路的一旁，是些柳树，和一些不知道名字的树。没有月光的晚上，这路上阴森森的，有些怕人。今晚却很好，虽然月光也还是淡淡的。
>
> （朱自清《荷塘月色》）

例②属于寻常形容词的艺术化。句中用形容词“阴森森”写没有月光的夜晚，作者走在这条路上稍觉恐惧的心情；又用形容词“淡淡”写“今晚”的月光，衬托出作者的愉快心情。作者用极寻常的形容词语，做了细腻生动的刻画，情景交融，给人以亲切逼真的实感。形容性词语都带有评价意义，能造成特别的生动性，只要用得恰当，很容易产生艺术的感染力。

> ③鸡声茅店月，人迹板桥霜。
>
> （温庭筠《商山早行》）

例③属于寻常名词的艺术化。有人评论这两句诗“不用一二闲字，止提掇紧关物色字样”，就是说没有用名词以外的词，只是把代表典型事物的名词连缀起来。虽然在诗句里，“鸡声”“茅店”“人迹”“板桥”都结合成偏正短语，但由于做定语的都是名词，所以仍旧保留了名词的具体感。

> ④熟知茅斋绝低小，江上燕子故来频。
> 衔泥点污琴书内，更接飞虫打着人。
>
> （杜甫《绝句漫兴》）

例④属于寻常副词的艺术化。前两句写燕子明知茅屋异常低小，偏要频频飞来，用了“绝”“故”“频”三个副词；后两句写燕子衔泥点污了琴书，追捕飞虫甚至打着了人，作者用副词“更”来突出燕子的频频进扰，借燕子引出禽鸟亦若欺人的感慨。

⑤“好了，好了！”看的人们说，大概是解劝的。

“好！好！”看的人们说，不知道是解劝，是颂扬，还是煽动。

（鲁迅《阿Q正传》）

例⑤属于寻常助词的艺术化。助词是最缺乏实在意义的词语了，然而在特定的修辞情境里，它往往能起到连实词也起不到的作用。文中写阿Q和小D打架，看的人们中，有的喊“好了，好了”，有的喊“好，好”，可意思大不相同。“好”后面有助词“了”，表示劝解；“好”后面没有“了”，表示煽动，助词“了”在其中起了微妙的作用。

如前所述，准确、鲜明、生动是语言美的三条标准，古人说“下语如铸”，意思是说选词就是要选出那些既准确又鲜明乃至生动的词语，犹如天然铸就一般，一个字也挪动不得。即使它们是一些寻常的词语，也能够显现出艺术的美感来。

2. 同义词语中选择

如果要在所有的单词中选词，那范围未免过宽，不必要也不可能。选词应是在同义（“多少是同义的”）词语中选择。具体说来，同义词语的选择可以分为一般和超常两种情况。

（1）一般同义词语的选择。

“同义词语”除同义词外，还包括“多少是同义的”短语。同义词通常被定义为“意义相同或相近的一组词”，其中意义完全相同的为等义词，相近的为近义词。等义词为数极少，而且即使是等义词，也是“等”外有“异”，例如“讲演”和“演讲”、“力气”和“气力”等，细细琢磨起来，总觉得还有一些差别，对于修辞者来说，在特定的修辞情境中同样需要选择。因此，等义词和近义词的划分并没有什么实际的意义。“同义”短语的情况更为复杂。

同义词语具有多方面的意义关系，选词主要着眼于它们的理性意义以及情感意义。

同义词语的理性意义，往往有细微的差别，选词就是要区分这些差别，把思想感情表达得更为精确、细腻。例如：

①那贾芸一面走，一面拿眼把小红一溜；那小红只装着和坠儿说话，也把眼去一溜贾芸，四目恰好相对。小红不觉把脸一红，一扭身往蘅芜院去了。

（曹雪芹《红楼梦》）

例①的“溜”就是“看”。据统计，“看”的同义词有60多个，如“瞧”“瞅”“望”“睹”“顾”“视”“窥”“瞄”“瞥”等等，这里偏偏选了个“溜”字，确实非常恰当。“溜”的含义是：目光很快地从目的物上滑过。贾芸和小红虽然都想看看对方，但是有坠儿在场，不敢公然对视，所以只是一“溜”，看似无意，实则有情。一个“溜”字，把一对年轻人的心思表露无遗。

②哈特：“情人？”

郑良清：“老婆！”

哈特：“奥，是夫人。”

郑良清：“老婆！”

……

哈特：“假如你有一天作战死了，她怎么办？”

郑良清：“等到了那一天还不知道怎么办的女人，自然就不会成为我的老婆。军人的老婆，相当于半个士兵。”

（范军昌《明天在今夜开始》）

例②中的郑良清严格地把“老婆”和“夫人”以及“情人”区别开来，以表达他对作为军人的妻子的无限深情与信赖。

如果说同义词语的理性意义是指它们反映客观事物的意义的话，那么情感意义则是反映了说话人的主观感情和态度的意义。例如：

③那人到门首下马，向王冕施礼道：“动问一声，那里是王冕的家？”王冕道：“小人王冕，这里便是寒舍。”

（吴敬梓《儒林外史》）

例③的“小人”和“寒舍”都是谦辞，表示对对方的尊重。“小人”与“我”同义，指王冕自己；“寒舍”与“我的家”同义，也就是“王冕的家”。它们都属于古语词，现代人除了特殊需要、刻意选用以外，一般不用。

④所以你无论遇见谁，应该赶紧打拱作揖，让坐献茶，连称“久仰久仰”才是。这自然也许未必全无好处，但做文人做到这地步，不是很有些近乎婊子了么？

（鲁迅《再论“文人相轻”》）

例④“婊子”即妓女，为贬义的俗语词。作者把那些善于阿谀奉承的无聊文人骂为“婊子”，意思是说他们像妓女一样下贱，从而表达了自己的憎恶情感。

多义词是指具有两个以上互有联系的意义的词。例如“学”字就有：a. 学习，如“学技术”；b. 模仿，如“学狗叫”；c. 学问，如“博学多能”；d. 学校，如“上了一天学”。多义词和同义词的区别在于：同义词“多词一义”，多义词

“一词多义”。从表面看，它们彼此对立，然而在实际上，它们也是互相联系的，彼此间构成了立体交叉的复杂的意义关系，共同为修辞者在同义词语中选词创造了条件。

多义词的意义一般分为本义和转义，转义还可再分，如比喻义、引申义等，可以供修辞者选择。例如：

⑤到冬天，草黄了，花也完了，天上却散下花来，于是满山就铺上一层耀眼的雪花。

（杨朔《海市》）

例⑤“花也完了”的“花”是本义，“天上却散下花来”的“花”为引申义，意思是形状像花朵的东西。正是这个引申义和“雪花”构成了同义关系，所以从天上散下“花”来，不仅用得准确鲜明，而且生动形象。

⑥我到了自家的房外，我的母亲早已迎着出来了，接着便飞出了八岁的侄儿宏儿。

（鲁迅《故乡》）

例⑥“飞出了八岁的侄儿宏儿”的“飞”是比喻义，意思是说，宏儿像飞鸟一样轻快地跑了出来。这里用了一个“飞”字，不仅简练极了，而且形象生动，应当说是最佳选择。

（2）超常同义词语的选择。

如果说一般同义词语的选择还属于寻常词语的艺术化，那么超常同义词语的选择就不那么“寻常”了。“超常”的同义关系是修辞者为了满足交际的需要，临时“拼合”起来的一组同义词语。它们的“同义”关系仅仅存在于特定的修辞情境之中，一旦离开了这一情境，同义关系就会立即消失。所以这种“同义”又可以称之为“情境同义”。例如：

①生存的小品文，必须是匕首，是投枪，能和读者一同杀出一条生存的血路的东西。

（鲁迅《小品文的危机》）

“小品文”和“匕首”“投枪”本来不具有同义关系，只是在这个特定的修辞情境里，构成了超常的同义词语。在修辞上，例①属于隐喻格。

②先生，给现钱，袁世凯，不行么？

（叶圣陶《多收三五斗》）

袁世凯曾任民国初年的大总统，有一种银圆上铸有他的头像，于是“袁世凯”和“银圆”有了情境的同义关系，所以例②用“袁世凯”代替“银圆”一词。这是借代格。

③借与我半间儿客舍僧房，与我那可憎才居止处门儿相向。

（王实甫《西厢记》）

例③的“可憎才”实际是“可爱的人儿”的意思。两者的本来意义恰好相反，但在这里临时性地成了情境同义关系。这叫“正话反说”，属于反语格。

④最亲爱的芸妹呀，我的心脏快要破了，快给我一封甜蜜的信吧，不，给我一个甜蜜的，悠长的kiss罢。

（田汉《乱钟》）

例④的说话人是要对方给他一个“吻”。英语“kiss”固然与汉语的“吻”同义，但它们分属不同的语言系统，平时是没有人这样说话的，所以也属于超常同义词语的选择。

其实，“超常”和“一般”的同义词语之间并没有绝对分明的界线。“超常”的用法如果“习以为常”了，也就成了“一般”。例如，隐喻往往表现为超常用法，而多义词中的比喻义，由于用惯了并且写进了辞书，也成了一般用法。

超常同义词语的选择属于表现性修辞，而一般同义词语的选择则有可能只是记述性修辞。

3. 注意搭配

选词要在同义词语中选择，同时必须受到修辞情境的制约，注意词语间的搭配关系。也就是说，在选词的时候，必须考虑到“左邻右舍”，亦即上下文情境的关系。

从修辞的角度上说，词语的搭配可以分为一般搭配和超常搭配两种情况。

(1)一般搭配。

一般搭配是指符合语法和语义规则的搭配。它属于修辞上的常规搭配，准确而且鲜明，同时也未必就不生动形象。例如：

①老栓还踌躇着；黑的人便抢过灯笼，一把扯下纸罩，裹了馒头，塞与老栓；一把抓过洋钱，捏一捏，转身去了。

（鲁迅《药》）

这一段描写完全符合语法规则，意思清楚明白。特别是描写“黑的人”一系列动作时，作者细心地分辨出动作的不同特征，用了“抢”“扯”“裹”“塞”“抓”“捏”等不同的动词，而且都有切当的词语搭配：“抢：灯笼”，“扯：纸罩”，“裹：馒头”，“塞”给“老栓”，“抓”和“捏”的都是“洋钱”。由于搭配正确，文章生动地展示了“黑的人”凶狠、贪婪的性格，也体现了作者作为语言大师极高的修辞素养。

②他大约未必姓赵,即使真姓赵,有赵太爷在这里,也不该如此胡说的。

(鲁迅《阿Q正传》)

例②为虚词和实词之间的正确搭配。“大约”“未必”“即使”“也”几个虚词前后呼应,使得分句之间的关系更为明确,表达更加流畅。

(2)超常搭配。

超常搭配是指表达式不大符合语法或语义规则,但符合语用规则,属于非常规的搭配关系。也就是说,它们只是在特定的修辞情境中,临时地构成了一种巧妙的搭配关系。它们属于表现性修辞。例如:

①宝玉听说,便猴向凤姐身上立刻要牌,说:“好姐姐,给他们牌,好支东西去收拾。”

(曹雪芹《红楼梦》)

②不错!是个时装模特儿,比那些真模特儿还模特儿。

(谌容《献上一束夜来香》)

两例都是词性超常搭配。例①的“猴”字本来是个名词,这里当作动词使用,是屈身攀缘,纠缠不放松的意思。一个变换了词性的“猴”,把宝玉的顽皮劲儿,以及和凤姐之间的亲密关系刻画得淋漓尽致。例②最后一个“模特儿”是把名词当作形容词使用。这样的超常搭配,使得表达式戏谑诙谐,活泼有趣。作为修辞格,它们被称为“转品”。

③我不会任何一种乐器,不会跳三步、四步、探戈和迪斯科,不识乐谱而且嗓音不洪亮柔润,写的字象蜘蛛爬,英语的发音更是惊心动魄。

(王蒙《深的湖》)

例③为感情色彩的超常搭配。“我”的英语发音应当是“难听得怕人”,怎么会是“惊心动魄”呢?实际上这是一种“情境同义”,褒词贬用,修辞格为“易色”。

4.选词还须活用

当有人问及“为什么要作诗”这样一个问题时,一位诗人回答说:“为了打破日常语言的符号性。”语言符号是人们创造出来的,然而有时候,人们创造出来的语言符号又会用那些条条框框来束缚人们的自由,于是就需要诗人们乃至每一个修辞者去打破这种束缚,创造出新的语言表达式。选词并不只是消极地从词库里挑选出现成的词语,还可以“打破日常语言的符号性”,活用这些词语。

事实上,“活用词语”的事情每时每刻都在发生着。“超常同义词语选择”以及“超常搭配”，都是对日常语言符号性的“打破”，许许多多修辞格也是对于这种“打破”的承认和推崇。这里主要讨论拆用、简缩和创新这三种活用词语的方式。

(1)拆用。

词语拆用是这样一种活用方式，即为了提高表达效果，临时把一个词语分拆开来，或者变换它们的结构。例如：

①慨当以慷，忧思难忘。何以解忧？惟有杜康。

(曹操《短歌行》)

“慷慨”是个合成词，一般是不允许被拆解开来的，但是例①不仅把“慷”和“慨”拆开，而且颠倒了过来。这主要是为了适应四音步和谐韵的需要，在表达效果上是非常好的。

②他素来谈话是老气横秋的；他又横秋起他的老气来了。

(郭沫若《我的童年》)

成语由于相沿已久，结构上凝固成型，一般不允许拆用。例②的“老气横秋”是成语，这里也是拆开并颠倒使用。这样地活用成语，使得语言生动有趣，人物个性也更加突出。

③然而“上任三把的新官火”不幸正落在宿君的头上，就在那天下午，学校竟公然雷厉风行的挂了宿君的斥退牌。

(郭沫若《我的童年》)

“新官上任三把火”是谚语，也不宜拆用，例③拆改为“上任三把的新官火”，生动地表现了新上任的监学压服罢课学生的蛮横行为。

(2)简缩。

为了表达明快，把比较复杂的词语简化或缩略。例如：

①惜秦皇汉武，略输文采；唐宗宋祖，稍逊风骚。一代天骄，成吉思汗，只识弯弓射大雕。

(毛泽东《沁园春》)

②旦复旦兮，施昌东在复旦度过的三十多个年头，难道不是天天如此么？

(叶文玲《美的探索者》)

例①“秦皇汉武”“唐宗宋祖”分别是对四个帝王称号“秦始皇”“汉武帝”“唐太宗”“宋太祖”的简缩。例②“复旦”是对“复旦大学”的简缩。

③此文所谈，中外古今，包罗既广，错误自必更多，不揣浅陋拿出来见人，聊以“引玉”而已。

(茅盾《夜读偶记》)

④当然，因为第二卷部头较大，难免留有蛇足，在付印前注意不够，仍然存在。

（姚雪垠《李自成·前言》）

例③“引玉”是成语“抛砖引玉”的简缩。例④“蛇足”是成语“画蛇添足”的简缩。

（3）创新。

新事物不断出现，自然需要不断地创造出新的词语，但这不是我们所要说的“创新”。这里所说的“创新”，是指出于修辞的需要而创造出来的富有表现性的词语。例如：

①看他被海风吹粗、被阳光晒紫的脸，还有被汗浸渍后又晒出一片片碱花的军衣就可看出，他确实是老兵了。

（刘兆林《船的陆地》）

②哟，这小翻译真神气，同洋人说话真溜索。

（苏晓康《阴阳大裂变》）

例①“碱花”是新创的名词，它同“水花”“雪花”“钢花”一样，属于“花”的引申义。例②“溜索”是新创的形容词，它同“流利”同义，但更富有形象感，且有一点儿浮滑的味道。

创新与拆用和简缩不同，拆用和简缩只是在原来词语结构上进行一些改造，而创新则是创造新的词语。然而，不论是拆用、简缩还是创新，都属于词语的活用，它们同“生造滥用”是毫不相干的。

词语修辞格是一些关于选词的表现性修辞模式，包括比喻、比拟、借代、拈连、移就、藏词等等。它们最大的特点就是超常规选词，例如前面说到的比喻格、借代格和反语格。当然，超常规选词并非一定要归结为什么模式，贴上一个辞格的标签。事实上创造性的选词都是对常规的突破，而创新又是永无止境的，如果每一个创新都贴上一个辞格的标签，那么修辞者将不胜其烦，无所适从了。

由于比喻、借代、反语等词格都能够精彩地传达言外之意，在修辞式推论中占有极为重要的地位，我们将在以后的章节中做更为具体的讨论。

第四节　修辞技艺（下）

一、炼句

炼句，顾名思义，就是冶炼或锤炼语句。从修辞的意义上说，为了提高表达效果，修辞者以切意、切境为前提，对句子进行反复的推敲和修改，这样的修辞功夫称之为“炼句”。

炼句属于句子修辞。如果说词是最小的能够独立运用的有意义的语言形式，那么句子则是能够表达完整意义的语言形式，是语言系统中的核心层次。因为修辞的选词固然重要，但要把选中的词以最佳方式组合起来，还需要花一番“炼句”的功夫。况且，选词也必须切意切境，只有在炼句的过程中才能选中那个“唯一”的词。

句子修辞的关键是个“炼”字，要在“炼”字上狠下功夫。诗人杜甫曾在《江上值水如海势聊短述》一诗中说：

为人性僻耽佳句，语不惊人死不休。

前句说明作者沉溺（耽）于炼句，后句则体现了作者炼句时的执着与刻苦精神。“语不惊人死不休”应当是修辞者“炼句”的最高追求。唐代贾岛“两句三年得，一吟双泪流”，皮日休“百炼成字，千炼成句”，清代孔尚任“一字一句，扶心呕成”，说的也都是这种精神。

炼句并不都是知识分子的事情，人民大众同样讲究炼句。鲁迅在《门外文谈》中曾经说过：“方言土语里，也有些意味深长的话，我们那里叫‘炼话’，用起来是很有意思的，恰如文言的用古典，听者也觉得趣味津津。”[①]炼话，比如谚语，就是“炼”出来的。《诗经》中的《国风》以及后来的《竹枝词》之类，其原生态也应当是人民大众炼句的作品。

1.“以适应题旨情境为第一义”

《修辞学发凡》说，“修辞以适应题旨情境为第一义”[②]。适应题旨情境是修辞的第一要义，也是炼句最重要的语用原则。

在题旨情境中炼句，要求做到“言随意遣，语随境变”。为此，修辞者必

① 鲁迅：《且介亭杂文》，人民文学出版社 1973 年版，第 81 页。

② 陈望道：《修辞学发凡》，新文艺出版社 1957 年版，第 13 页。

须做到两点：一是熟知“情”和“境”，二是掌握语言技巧。

首先是要熟知“意”和“境”。这个句子写什么？意图或目的是什么？主客观的情境是什么？修辞者都必须了然于心，并且有深切的体味。如果硬是要写自己不熟悉的东西，那么怎样苦炼也是炼不出好句子来的。

请看鲁迅笔下的两段文字：

①(闰土)那手也不是我所记得的红活圆实的手，却又粗又笨而且开裂，像是松树皮了。

(《故乡》)

②孩子们呵着冻得通红，像紫姜芽一般的小手，七八个一齐来塑雪罗汉。

(《雪》)

句①写了一位海边农民的手，表达了闰土的勤劳与艰苦；句②是孩子塑雪罗汉时的手，用了一个比喻。两例都非常出彩，适应题旨情境，“天衣无缝”。这就叫作“言随意遣，语随境变”。由此可以看出，修辞者要熟知意和境，就得注意生活积累，养成细心观察事物的习惯。

要做到“言随意遣，语随境变”，除熟知意和境以外，还必须具有娴熟的语言技巧，否则眼高手低，心里想的却写不出来。

《红楼梦》里《菊花诗》很有名，佳句甚多，这里摘录几个句子，从语言技巧上略做分析：

①满纸自怜题素怨，片言谁解诉秋心。

(潇湘妃子《咏菊》)

②空篱旧圃秋无迹，瘦月清霜梦有知。

(蘅芜君《忆菊》)

③泉溉泥封勤护惜，好知井径绝尘埃。

(怡红公子《种菊》)

句①加《问菊》中“孤标傲世偕谁隐”和《菊梦》中“醒时幽怨同谁诉”，显现了一个活脱脱的“对月伤情，临风洒泪”的林黛玉(潇湘妃子)。句②在红学家那里，评论是薛宝钗(蘅芜君)十足的“寡妇腔”。句③以及《访菊》中的“酒杯药盏莫淹留”“休负今朝挂杖头”等语，都表现了贾宝玉(怡红公子)“绝尘离世”的情结。其实这些诗句都出自曹雪芹一人之手，但却表现了不同人物的不同个性、遭遇以及艺术水准，甚至暗示了他们的人生结局。正是曹雪芹高超的语言技巧，使得他真正地进入了“言随意遣，语随境变”的修辞境界。

当然，修辞者熟知意和境，而且掌握了语言技巧，并非一定就能够造出适应题旨情境的佳句来。这中间还有一个"炼"的实践过程。杜甫说的"语不惊人死不休"这句话，听起来颇有些吓人，容易让读者视修辞为畏途，其实这里说的是一种炼句的执着精神，并非一定要死去活来，甚至也未必就那么苦。有人有时候思如泉涌，妙语连珠，他的炼句过程是极为短暂的，虽然这中间也有一个适应题旨情境的"炼"的过程。

2.选择句式

表示一种意思而有多种多样的句法结构，修辞学上称为"同义结构"或"同义句"。选词在同义词语中选择那"唯一"适切的词语，而炼句则是在同义结构中选择适应题旨情境的最佳句式。这些可供选择的句式包括：顺说和倒说，主动和被动，肯定和否定，以及语气的选择，等等。

(1)顺说和倒说。

汉语句子中的词语排列必须按照一定的词序(亦称"语序")，比如"主—谓—宾"。如果改变了词序，有可能不成句子，但也有可能起了某种特殊的修辞作用。比如"我吃饭"，这是一个典型的"主—谓—宾"常规句式，符合汉语语法规则，意思简单明白。如果改变词序为"饭吃我"，由于饭不具有吃东西的属性，违反了语义规则，就不能成为句子。但是如果改变为"饭我吃"，却由于表达"我只吃饭，不吃其他(比如面条)"的特定含义，符合语用规则，倒成了一个不错的句子。

遵循常规语法顺序的句子称为"顺说"，反之，称为"倒说"。例如：

①水生笑了一下。女人看出他笑得不像平常，"怎么了，你？"

(孙犁《荷花淀》)

女人的话"怎么了，你？"属于倒说，语法上叫作"倒装"。如果是顺说，应当是："你怎么了？"女人(水生的妻子)看出水生笑得不像平常，感觉到将有事情发生，急于探询究竟，把谓语"怎么了"提前，然后补上主语"你"。作者这样写，是为了突出说话人当时的心境和情态。在这特定的情境中，倒说的修辞效果显然优于顺说。

当然，并不是所有倒说都优于顺说。它们孰优孰劣，要看是否符合题旨、情境。例如：

②女人们，在场里院里编着席。编成了多少席？六月里，淀水涨满，有无数的船只，运输银白雪亮的席子出口，不久，各地的城市村庄，就全有了花纹又密、又精致的席子用了。

(孙犁《荷花淀》)

同是小说《荷花淀》，这里几个句子都是顺说。如果换成倒说："在场里院里编着席，女人们""席编成了多少"，岂不是弄巧成拙，令人不知所云么？事实上，人们的表达在绝大多数情况下都是顺说。

(2)主动和被动。

如果句子为“主—动—宾”句式，通常情况下主动者在前为主语，被动者在后为宾语，称为主动式。比如“我吃饭”“女人们在场里院里编着席”“女人看出他笑得不像平常”，都是主动式。但是修辞者的意向如果侧重于被动者一边，也可以改变语序，把被动者提到主语的位置，这就成了被动式。请比较：

①鲁提辖拳打镇关西。

(施耐庵《水浒》)

②五六颗重炮弹落在围墙边爆炸了，墙被打倒，气浪把周大勇掀在一边，他被深深地埋在土中。

(杜鹏程《保卫延安》)

例①为主动句，表现了鲁达(出家后法名智深)的豪迈气概和主动精神。例②第一个分句为主动式，准确、鲜明地陈述了一个事件；后面连用了两个“被”字，把宾语“墙”和“他”提到前面主语的位置，属于被动式(“气浪”句仍为主动句)。在这个特定的情境中，修辞者两次选择被动式，突出了被动者，强调了被动者在表达中的重要地位，以期收到更佳的修辞效果。主动式和被动式的选择，同样取决于题旨和情境的要求。

(3)肯定和否定。

有些话可以用肯定的说法，也可以用否定的说法，两者的意思差不多，但在语气上却有轻重强弱的不同。例如：

①我们中国人是有骨气的。

(吴晗《谈骨气》)

②这时，在我周围，已不是一个严寒的冰雪之夜，眼前蓦地看见千百万盏灯火的海洋。

(曹禺《我们的春天》)

例①为肯定句，是陈述的语气，说明了一个无可争辩的事实。例②是否定句，否定了“严寒的冰雪之夜”，用以衬托眼前的万家灯火。

③你不能不让人乐于为你而生，勇于为你而死，为了你而奋发前进！

(魏巍《战士和祖国》)

④我没出去拉车，我天天光闲着来着？

(老舍《骆驼祥子》)

例③应用双重否定“不，不”来加强肯定的语气。例④为反诘的疑问句，含有否定词“没”，但在实际上肯定了“我出去拉车”的事实，当然同时否定了“(我)天天光闲着”的不可能情况。

吕叔湘先生说：“修辞学，照我的看法，应该是‘在各种可供选择的手段之间——各个(多少是同义的)词语之间，各种句式之间，各种篇章结构之间，各种风格(或叫作“文体”“语体”)之间——进行选择，选择那最适合需要的，用以达到当前特定的目的’。”[①]从“炼句”的角度上说，正因为“同义结构”的存在，修辞者才有了选择句式的自由，我们才能在特定的题旨情境中选择最佳句式，实现最佳的表达。

在句子的同义结构中选择最佳句式，功夫就在于“选择”。而“选择”能否得当，又同修辞者自身的修辞素养息息相关。请看下面一段文章：

> 同样的一个老年的医生对记者发表谈话说：“我从事医生三十年，从未经历过这种惨绝人寰的患者，一妇人以手按住已流出之肚肠，而犹频频回头视其背上的婴儿，而婴儿之头盖，已被机枪子弹扫去一半。”人间何世？这是什么世界？世界上一切理智清明的人，能够袖手旁观，让这野蛮的屠杀继续下去，扩大下去吗？
>
> (夏衍《广州在轰炸中》)

在这段文字中，医生的话用的是陈述语气，客观地叙述了亲身经历的一件惊心动魄的事件。“我从事医生三十年，从未经历过……”用的是否定式，更加强调了事态的“惨绝人寰”。“而此婴儿的头盖，已被机枪子弹扫去一半”，用的是被动式。最后三个反诘句，用的是疑问语气，表现了作者强烈呼吁的口吻和悲愤的感情。由于作者选择了适应题旨、情境的多种句式，使得我们今天的读者犹然动情不已。而这种令人动情不已的文章，自然是与夏衍先生崇高的人品和娴熟的修辞技巧分不开的。

3.组织句子

修辞者在选定句式之后的任务，就是如何组织好句子，以获取预想中的修辞效果。内容包括句子的长短、整散、松紧等等。

(1)句子的长短。

修辞者把句子写得长些还是短些，这是由多方面因素决定的。但是不论长句或者短句，首先必须符合特定的题旨和情境。例如：

> ①心理咨询是运用心理学的知识、理论和技术，通过咨询者与来访者的协商、交谈和指导的过程，提供可行性的建议，针对正

---

① 吕叔湘：《我对于“修辞”的看法》，引自王希杰：《修辞学通论》，南京大学出版社1996年版，第257页。

常人及轻度心理障碍者的各种适应和发展问题,帮助来访者进行探讨和研究,从而使其达到自立自强,增进健康水平和提高生活质量的目的。

(马立骥、张伯华《心理咨询学》)

这是作者给“心理咨询”所下的定义,100多字,是个长句。作者在给出这个定义之前,考察了数十年来各国学者的“心理咨询”定义,考察了心理咨询的各种因素,最后把这些思想组织起来,构造了这个长句子。由于句子所包含的内容全面,用词准确,观点鲜明,获得了预期的修辞效果。

②母亲:儿子,下街头四奶奶知道你笛子吹得好,送来一盒空白磁带,想要你吹些老歌,录下来,时常听听。时间不急。离过年还有半年多,春节前录好就可以。

儿子:行!

(黄华新《描述语用学》)

母亲的话包括三个句子,第一句较长,第二句较短,第三句不算长也不算短,长短杂陈。儿子的话最短,只有一个字:“行!”

长句容量大,表现力强,短句简洁,长短句各有用处。无论长句短句,只要适应题旨、情境,能获得良好的修辞效果,都是好句子。一般说来,科学著作和议论文长句子偏多,日常会话中短句子偏多。

(2)句子的整散。

句子有整有散。凡是形式相同或者相似的语言格式,对称地排成一对或一串,使人有整齐感觉的,是为整句;相反,各种语言格式夹杂使用,没有给人整齐感觉的,是为散句。整句整齐匀称,富有节奏感;散句活泼多姿,富于变化,各有情趣,只需用得恰当,都能收到良好的修辞效果。例如:

①真读书人天下少,不如意事古今多。

(金圣叹撰联)

②西湖胜景很多,各处有不同的好处,即使一个绿色,也各有不同。黄龙洞绿得幽,屏风山绿得野,九溪十八涧绿得闲。

(宗璞《西湖漫笔》)

③一个臭皮匠,没张好鞋样;两个臭皮匠,彼此有商量;三个臭皮匠,抵个诸葛亮。要想入地有门路,要想上天长翅膀。

(民谚)

④治国者贵民壹,民壹则朴,朴则农,农则易勤,勤则富。

(《商君书·壹言》)

例①为对偶;例②为排比;例③为层递——一种非平列的排比,后两句为对偶；例④为顶真。它们都是整句。

在日常的说话写文章中，人们更多地使用散句，或者在散句中夹杂整句。例如：

⑤梨花的颜色也是美丽动人的。如果说白莲像出浴池的少女的皮肤，如果说玉兰像无瑕疵的白玉，如果说玫瑰像在牛奶缸里浸过，那么，我也不愿意再煞费心地找更蹊跷的比喻来描写梨花了，我将斗胆地说：梨花集了一切白花之大成，是它们之魁首和王冠。

（李养玉《梨花情思》）

第一句为散句，不算长。第二句是个长句，三个"如果说"分句属于宽式整句，"那么"为散句，整个句子有整有散。

(3)句子的松紧。

紧句的各个成分之间结构严谨，容量大而集中，显得紧凑有力。松句即组织成分松散、语气舒缓的句子。紧句多见于科学著作和议论文，有时也出现在文学作品里。松句更多地见之于日常会话和文学作品。例如：

①世上珍禽异兽好找，人间的可心干部难求。陈玉珊是雪中炭、雨中伞、渴中茶；她又是锦上花、汤上油、刀上刃；一身数任，黄金不换。

（王蒙《快乐的故事》）

②我住十一楼，我们走下去。从十一楼到十楼、九楼、八楼、七楼，然后是六楼、五楼、四楼、三楼、二楼……却没说一句话，只有我们两人劈劈啪啪的脚步声。全是脚步声。

（冯骥才《船歌》）

例①第二句在两个分句的宾语中把这个善于逢迎拍马的"可心干部"刻画得淋漓尽致，可谓紧缩之至；例②表现气氛沉闷，两个人下楼时不说话，从十一楼、十楼、九楼这样一楼一楼地数下去，又可谓松散之至。它们或紧或松，但都组织得十分精彩。

当然，在很多情况下，松句和紧句是混合使用的。如果一味地紧下去，会使听读者精力不济，容易疲劳，而一味地松下去，也会让听读者精力松弛，难以继续下去。

4. 字斟句酌

句子修辞的最后一道工序就是字斟句酌，反复修改，把句子"炼"到炉火纯青。修辞者在这"冶炼"的过程中，至少要考虑下面几个方面的事情：

(1)是否适应题旨、情境。离开题旨情景的任何让自己得意的句子都必须忍痛割爱，果断地放弃。

(2)是否违反语法，出现病句。

(3)是否违反逻辑，不合事理。

(4)是否符合美学原则，做到准确、鲜明、生动、赏心悦目。

在炼句的过程中，修辞者必须经过仔细斟酌，最后“搞定”。

当然这只是在具有相关的条件下，比如足够的时间，才能做到。至于平日里的口语交际，那就更多地依赖于修辞者自身的修辞素养了。

下面说几个故事，让读者们体味一番字斟句酌的理趣，看看是不是这个“理儿”！

故事之一：

宋代欧阳修任滁州太守时，写了一篇游记《醉翁亭记》。文章开头把滁州东西南北各有什么山都描述了一番，可是自己并不满意，于是把文章贴在墙壁的显眼处，朝夕出入，边读边改。数日后，欧阳修在城外散步，仔细环顾城四周的景色，忽然悟出文章开头只需五个字便足够了，于是赶回家中，将原文的第一段统统勾去，然后写上短短的一句话：

环滁皆山也。

这五个字就是这样“炼”出来的。

故事之二：

据传有马践死一犬，引起一些文人的好奇。他们分别写出过以下一些句子：

①马逸，有犬死于其下。 （穆修）

②有犬死于奔马之下。 （张景）

③适有奔马践死一犬。 （沈括）

④有犬卧通衢，逸马蹄而毙之。 （欧阳修的同事）

⑤逸马杀犬于道。 （欧阳修）

这五位文人并不是同时代人。①②③句见之于五代时沈括《梦溪笔谈》，④⑤句见于宋代陈善《扪虱新话》。就着眼点而言，①③⑤句着眼于马，②④着眼于犬，各有见地。如果从简洁性来说，句②简洁明快，优于①。对于前三句，陈善评价是：③比②好，②比①好。句④生动形象，富有情趣，欧阳修从史学的角度出发，嫌它啰唆，批评说：“使子修史，万卷未已也。”句⑤最简洁，但自然不及④。如果撇开史学的角度，③比⑤更好，因为句③还写出了逸马杀犬的方式“践”和时间“适”，信息量更大一些。

故事之三：

宋时，在一水潭边，一只老虎饮水时被鳄鱼拖下水去吃掉了。苏东坡要同伴们用一句话表述这件事，看谁最简洁。最后，苏东坡用字最少，句子为：

深潭有饥蛟，掉尾杀渴虎。

苏东坡用十个字把这一事件的角色、地点、方式、过程、原因、结果都讲清楚了，可以说非常简洁。然而在当代的不久前，有一个初中生却说还可以更简洁些。他刚读过《水浒》，其中，在武松打虎的故事中，“掉尾”叫作“剪”，因此他说可以修改为：

深潭饥蛟，剪杀渴虎。

只有八个字。从简洁上说，这位初中生的修改并非没有道理。

句子的修辞格包括语形辞格和语义辞格两种，前者如对偶、排比、错综、跳脱、层递、反复等，后者如婉曲、闪避、映衬等。正如第二节“辞格”中所说，这种区分只在于“着眼点”的不同，但是如果就修辞式推论来说，它们之间的区别可就大了。这将在以后的章节中进行详细的讨论。

二、美文

美文属于文本修辞。“美文”为动宾短语，“美”是动词，即“美化”的意思。“美文”乃“美化文本”或“使文本美化”之意，也就是把文本搞得漂亮一些，更漂亮一些。

《文心雕龙》说：“夫人之立言，因字而生句，积句而成章，积章而成篇。”[①]“章”和“篇”都是文本，所以文本也叫“篇章”。不过在我们这里，文本(text)是相对于句子来说的，它可以是句群、段落、章节乃至全文。

比起句子，文本是表达更为完整意义的言语形式。在修辞的意义上，如果我们知道一句话该怎么说，而不知道整篇整章的话怎么说，那就犯了“只见树木不见森林”的错误，这绝不能算是完整而又圆满的表达。文本修辞是表达上最有组织的体现。

如果要举出美文的例子，左思写的《三都赋》是具有典型意义的。

据《晋书·左思传》记载，左思欲写蜀、吴、魏三国都城的赋，前后“构思十年”，写成以后，“豪贵之家竞相传写，洛阳为之纸贵”。“构思十年”，可见左思对于“美文”的认真态度；“洛阳纸贵”，又可见左思写的《三都赋》确实很美很美。

文章学和修辞学都讲到章法和技法：章法是谋篇布局的方法；技法是

① 赵仲邑译注：《文心雕龙译注》，漓江出版社1982年版，第294页。

用语言表情达意、释事论理的方法。然而实际上，文章学和修辞学的研究却有视角上的区别：文章学是讲怎样才能积句而成篇章，而修辞学则说怎样才能使文本更美。在文本修辞中，修辞者是在寻求“达意传情”的最佳表现形式，使作品具有一定的美学特征并让听读者产生美感。此外，文章学研究章法、技法只限于做文章，而文本修辞还包括口语，比如演讲和会话。下面分别讨论文本修辞中的章法、技法以及成稿后的修饰。

1. 章法

文本修辞的章法，是指在特定的题旨、情境中如何谋篇布局，从而使得文本更美。修辞学的章法包括剪裁、呼应、波澜、悬念等等。

剪裁一词是从裁缝工艺那儿借来的，指的是修辞者对于材料的取舍和详略的确定要像裁缝剪裁衣服那样精心设计和操作。艺术家罗丹说过，雕刻就是大刀阔斧，把不需要的东西统统砍掉。在说话写文章中，为了更好地“达意传情”，修辞者必须选取那些表现力最强的材料，其余统统舍弃。魏巍当时写《谁是最可爱的人》时，从 20 多个自认为最生动的例子中只选择了几个。在他看来，只有这样才能说明最本质的东西，给人以清楚、明白的印象。这就是“剪裁”。

呼应指的是伏笔和照应。清人毛宗岗说到《三国演义》的结构时说：“前能留步以应后，后能回照以应前，令人读之，真一篇如一句。”说的就是呼应。《三国演义》中那么多的“伏笔”，就是为了呼应。

波澜是文章起伏变化的形象说法。有经验的修辞者常常在某一事件叙述到紧张之处，暂时中断线索，转而叙述其他事件，从而吊起听读者的胃口，文章的波澜由此而生。“文似看山不喜平。”组织波澜起伏的情节，可以激起听读者情感上的变化，增加文本的韵味。清人刘熙载论诗云：“大起大落，大开大合，用之长篇，此如黄河之百里一曲，千里一曲一直也。然即短至绝句，亦未尝无尺水兴波之法。”写诗如此，作文亦如此。

悬念也叫“卖关子”，是指人们对文章中人物、情节的一种期待的心情。本章开头曾经举过一个例子：一位二年级小学生在一篇作文的开头说，“昨天我到中山陵去玩，看到三个孙中山”，这就是悬念，而且是一个不错的文章开头。通常所说的“倒叙”，也是在制造悬念。

作文法中的许多章法，比如开头、结尾、分段、连接等等，只有在“达意传情”的意义上，才是文本修辞所关注的对象。

2. 技法

这里所说的技法，是指在文本修辞过程中的一些具体方法。章法是文本修辞的宏观方法，技法属于微观方法。文本修辞的技法包括白描、暗示、渲染、点睛等等。例如：

①车不能行了，只好步行上山。一路石径崎岖，曲折得很。两旁松林密布，间或有一两人家清妙的几间屋筑在山上，大概窗前都有果园。泉水从石上流着，潺潺作响，当日恰遇微雨，山景格外新鲜。走了约四五里许，才到五峰的韩公祠。

(李大钊《五峰游记》)

文中除"潺潺"为摹声外没有任何雕饰，平铺直叙，简洁明白。这样描写事物的方法，称为白描。

②李固只得忍气吞声，自去安排行李……李固走了。娘子看了车仗，流泪而去。

(施耐庵《水浒》)

"娘子"指卢俊义的妻子贾氏。李固是卢的管家，管家走了，贾氏为什么流泪？这里暗示贾氏与管家有私情。

③风开始在外面怒吼，猛烈地摇撼着窗户，把窗格上糊的纸吹打得凄惨地叫。寒气透过了窗户纸。屋里骤然冷起来，灯光也颤抖了。一股寒气从衣袖里侵到她的身上，她又打了一个寒噤。便放下手，向四周望了一下。

(巴金《家》)

这里极力铺陈环境的凄惨、恐怖，用以显现主人公凄凉的心境和悲惨的命运。这种方法称为"渲染"。

④山不在高，有仙则名；水不在深，有龙则灵。斯是陋室，惟吾德馨。苔痕上阶绿，草色入帘青。谈笑有鸿儒，往来无白丁。可以调素琴，阅金经。无丝竹之乱耳，无案牍之劳形。南阳诸葛庐，西蜀子云亭。孔子云：何陋之有？

(刘禹锡《陋室铭》)

全文的"点睛"之笔在"惟吾德馨"一句。陋室之可铭，在吾德馨而不在室陋。有德者居陋室，满目都是乐趣。

点睛是指用传神的语句突出文本的中心，能起画龙点睛的作用。陆机《文赋》曰："立片言以居要，乃全篇之警策。"说的也是这种"点睛"之笔。点睛由于涉及文本整体(《陋室铭》就是一篇短文)，所以也被看作章法。

文本的技法当然不止这些。其他如对比、衬托、象征、含蓄、幽默等等，都可以看成文本的技法，这里就不一一讨论了。

3.修饰

修饰是指文本完成以后对文本加工润色的一道工序，目的是使文本更加准确、鲜明、生动，以达到预期的修辞效果。

古往今来，流传着许多经典著作家修饰文本的佳话，它们一直令我们后学者动情不已。

马克思在完成《资本论》第一卷之后又对文稿进行许多修饰。他曾经形象地说："我于一月一日开始誊写并琢磨风格，这事进行得很轻快，因为经过这许多产痛后，我自然享受舔净这孩子的愉快。"[①]保尔·拉法格也说，马克思"决不出版一本没有经过他仔细加工和认真琢磨过的作品"[②]。

曹雪芹在《红楼梦》成稿以后，"批阅十载，增删五次"，说明作者修饰文本的认真态度。作者还说："满纸荒唐言，一把辛酸泪。都云作者痴，谁解其中味。"更说明他的辛苦和执着精神。

杜甫作诗向以严谨、刻苦闻名于诗坛。李白《戏赠杜甫》的诗也说："借问别来太瘦生，总为从前作诗苦。"然而杜甫作诗苦中有乐，在修饰中不乏"享受舔净这孩子的愉快"。杜甫在《解闷十二首》中说过："陶冶性灵存底物，新诗改罢自长吟。"我们不难想象他在修饰诗作时那种怡然自乐的情景。

关于杜甫改诗，胡仔《苕溪渔隐丛话》有这样一则故事：

《漫叟诗话》云："桃花细逐杨花落，黄鸟时兼白鸟飞。"李商老云："尝见徐师川说，一士大夫家有老杜墨迹，其初云，'桃花欲共杨花语'，自以淡墨改三字，乃知古人字不厌改也。不然，何以有日锻月炼之语？"

杜诗原句"桃花欲共杨花语"为拟人，改为"桃花细逐杨花落"是描写。诗人为什么要把拟人法改掉呢？这要从题旨和情境中寻求答案。杜甫当时坐在长安的风景区曲江喝闷酒，想到自己不为朝廷所用，心情懒散而无聊，坐得久了，注意到"桃花细逐杨花落"，这样写更能够衬托出他那空闲无聊的心情，自然是最佳的修饰。

下面再举几个修饰实例，让我们细细地体会其中的妙处。

①a. 其时进来的是一个黑瘦的先生，□身材，戴着大眼镜，挟着一叠大大小小的书。一将书放在讲台上，便向学生自我介绍道：

"我就是叫作藤野严九郎的……"

b. 其时进来的是一个黑瘦的先生，八字须，戴着大眼镜，挟着一叠大大小小的书。一将书放在讲台上，便用了缓慢而很有顿挫

① 《马克思恩格斯通信集》第3卷，李季译，生活·读书·新知三联书店，第352页。

② 保尔·拉法格等：《回忆马克思恩格斯》，马集译，人民出版社1973年版，第12页。

的声调，向学生自我介绍道：

"我就是叫作藤野严九郎的……"

（鲁迅《藤野先生》）

a为原稿，b为定稿。b把"□身材"修改为"八字须"，添加了"用了缓慢而很有顿挫的声调"，从而更为准确地描绘了藤野先生的肖像，逼真地再现了藤野先生的音容语态。

②a. 日头堕到鸟巢里，

黄昏里扇动着归鸦的翅膀，

……

b_1. 日头堕到鸟巢里，

黄昏里还辨得出归鸦的翅膀，

b_2. 日头堕到鸟巢里，

黄昏里还没溶尽归鸦的翅膀，

（臧克家《难民》）

诗稿经过两次修饰，最后使用了拟物的写法。作者说："请闭上眼睛想一想这样的景象：黄昏朦胧，归鸦满天，黄昏的颜色一霎一霎的浓，乌鸦的翅膀一霎一霎的淡，最后两者渐不可分，好像乌鸦翅膀的黑色被黄昏溶化了。"显然，最后的修饰才是最佳表达。

③a. 世界上从没有牛顿力学到有牛顿力学，以后又从牛顿力学到相对论。这本身就是辩证法。

周培源本来是相对论者，爱因斯坦的学生……

b. 世界上从没有牛顿力学到有牛顿力学，以后又从牛顿力学到相对论。这本身就是辩证法。

前些年，陈伯达曾狂妄到极点，竟说要批判相对论。周培源当场批判了他：不能批！你敢乱批？你批批看！

周培源木来是相对论者，爱因斯坦的学生……

（徐迟《在湍流的旋涡中》）

文章添加了一个语段，用当时的"理论权威"陈伯达来反衬周培源，表现了一位科学家的智慧、胆略和原则性，增加了文章的说服力。

修辞格如果按照修辞技艺进行分类，可以分成语音辞格、语词辞格、句子辞格和文本辞格。属于文本辞格的有讽喻、反复、比兴、对比、烘托等。不过这种分类只是图个方便，并不是那么严格。因为语音辞格、语词辞格、句子辞格和文本辞格都有交叉现象，特别是句子和文本的界线很难划分清楚。有的人喜欢造短句，句号多，使得一些句子成了文本；有的人喜欢长句子，逗号多，使得一些文本成为句子。所以，我们在分析辞格的时候，不必过于看重辞格的归属，只需具体情况具体分析就够了。

修辞的技艺，分开来说就是调音、选词、炼句、美文四件事情。然而在修辞实践中，这四件事情通常是一起来完成的。也就是说，一篇好作品总是能同时注意到调音、选词、炼句和美文。文本的修饰是完成文本的最后一项工作，除进行章法和技法的修饰以外，也必然涉及调音、选词和炼句。这时候的调音、选词、炼句，它们也是美文。

最后还须说到一点：美文，或者说整个修辞，是一种遗憾的艺术。我们平时说话（包括演讲）和写文章，无论怎样构思和推敲，嗣后往往觉得仍有不妥或需要修改的地方。甚至经典著作家，有时也不免疏漏。例如：

①凤凰上击九千里，绝云霓，负苍天，翱翔乎杳冥之上；夫藩篱之鷃，岂能与之料天地之高哉？

（宋玉《对楚王问》）

②无论如何，我明天决计要走了。

（鲁迅《祝福》）

例①“天”固然可以论高，而“地”则不能以高论之。例②“我明天决计要走了”应当改为“我决计明天要走了”，这里有个词序问题。

战国时秦相吕不韦邀集一批文人写了一本《吕氏春秋》，挂在咸阳城门上，说是能增加或减少一个字的重赏以千金，但终没有人能改动一个字。果真不能改动一个字吗？实际上不是不能修改，只是想修改的人因为畏惧相国的势力而不敢修改而已。

文本的修饰是没有止境的。

第五节　修辞与逻辑

一、语言和思维

语言和思维的关系，历来为哲学家、逻辑学家、语言学家以及心理学家们所关注。学者们提出过各种各样的理论，其中一种颇具影响力的观点认为：语言和思维是一个不可分割的整体——语言是思维的“物质形式”，思维是语言的“思想内容”；在人们的语言和思维实践中，既没有没有语言的思维，也没有没有思维的语言。用一句形象的话说，没有语言外壳的赤裸裸的思维是不存在的。

然而心理学的最新研究表明，上述观点是站不住脚的。比如说，画家创作绘画，音乐家创作乐曲，他们未必使用语言，但不能说他们没有思维。心理学家把艺术家们创作时的这种不使用语言的思维，称之为“形象思维”。现代心理学根据抽象性程度不同，把思维分为直观行动思维、具体形象思维和抽象逻辑思维三个类别。

从符号学的意义上说，思维实际上并不是语言的对应物，语言和思维压根儿就不是什么形式和内容的关系。语言和思维各有自己的形式和内容，即语言形式（语音）和语言内容（思想）、思维形式和思维内容。

什么是符号？符号是一种二元或三元关系，表现为这样一个“符号三角”：

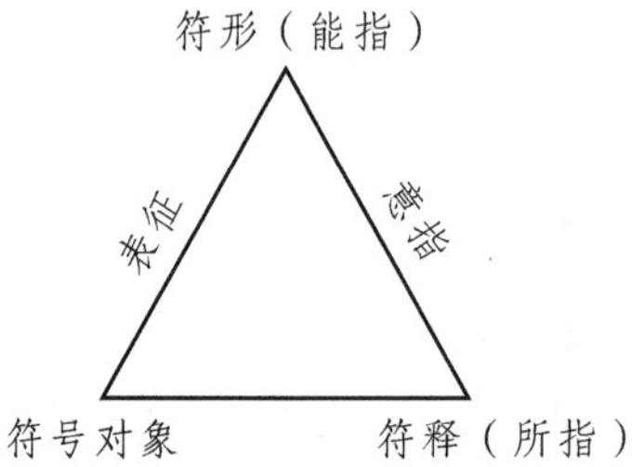

例如，奥运会的五环旗是符号，五色连环图案是符号形体（符形），它所代表的组织“奥运会”是符号对象，五环图象征五大洲的团结是符号解释（符释）。符形与符号对象之间为表征关系，符形与符释之间为意指关系。语言作为一种符号，它的符形（能指）是语音，符释（所指）是思想，符号对象是指语音所表征的客观事物。

法国符号学家罗兰·巴尔特说：“符号是音响、视象等的一块（双面）切片。意指（signification）则被理解为一个过程，它是将能指与所指结成一体的行为，该行为的产物便是符号。”[①]就语言符号而言，意指的行为过程实际上就是语言使用者认知客观事物的过程，而思维就是这样的一种意指行为或过程。现代心理学指出：“思维是认知活动的最高级形式。说它是最高级的，是因为它还包括了感觉、知觉和记忆等低级认知形式，同时又具备了新的质，能完成低级认知形式所不能认知的任务：概括规律、推断未知。”[②]

---

① 罗兰·巴尔特：《符号学原理》，王东亮等译，生活·读书·新知三联书店 1999 年版，第 39 页。

② 邵志芳：《思维心理学》，华东师范大学出版社 2001 年版，第 1 页。

从以上的讨论中不难看出，语言是一种符号，它的能指是语音，或曰语言的“形式”，所指就是人们认知过程中所获得的关于客观对象的知识，或曰语言的内容，亦即“意义”。所谓“思维”不是别的什么，它是人们认知过程中的一种意指方式(其他意指方式如感觉、知觉等)。思维的成果即是人们常说的“思想”——语言符号的所指(意义)。

因此我们说，思维不是语言的对应物。语言是一种符号(人类符号的最高成就)，而思维是符号(不限于语言符号)的一种意指方式和过程，即人类“认知活动的最高形式”。这就是我们当前对于语言和思维关系的认知。

二、逻辑

逻辑是一门研究思维形式的科学。说它“研究思维形式”的意思是说，逻辑不研究思维内容。例如：

①杭州是历史名城。

②2是偶数。

例①和例②在思维内容上毫不相干，但是却有着相同的思维形式，即：

S是P

这里的S分别代表着“杭州”和“2”，P分别代表“历史名城”和“偶数”。当然，S和P也可以代表其他各式各样的词项，我们叫它“变项”，而“是”代表恒常不变的项，叫作“常项”。

作为一门科学，逻辑的创始人是古希腊的亚里士多德。亚里士多德逻辑是形式的逻辑，它给出了许多“形式”的逻辑公式。比如：

一切A是C，
没有任何B是C，
∴没有任何B是A。[①]

这是一个证明A与B分离的三段论。公式中含有变项A、B、C和常项“一切(任何)”“没有”“是”，所以我们叫它“形式”的逻辑或“形式逻辑”。

这个例子告诉我们，逻辑就是这样撇开了具体的思维内容，而只研究纯粹的思维形式。这是逻辑的本质性的特征。

亚里士多德逻辑是“形式”的逻辑，但它还不能算是“形式化”的逻辑。

逻辑把诸如A、B、C，p、q之类的符号称为“形式语言”或“人工语言”，而把人们在日常交际中所说的语言称之为“自然语言”。自然语言最明显

---

① 亚里士多德：《工具论》，李匡武译，广东人民出版社1984年版，第185页。

的缺点是具有模糊性和多义性，而人工的形式语言恰恰保证了一个符号一个含义，因此，逻辑使用人工语言可以有效地避免自然语言的模糊性和多义性，使得表达式无比地精确化起来。

亚里士多德逻辑使用人工的形式语言还只局限于逻辑变项，而在常项中保留了自然语言。也就是说，亚里士多德逻辑使用了形式语言，所以它是“形式”的；但它没有“彻头彻尾”地使用形式语言，所以它还不能算是“形式化”了的逻辑。

不过“形式化”的含义主要还不在这里。“形式化”的最高成就是建立起严格的形式系统。形式系统的特征是，给出初始符号、形成规则和变形规则，把命题转换为符号公式，定理的推演转换为符号的变形，并把一个证明变成符号公式的有穷序列。严格的形式系统还必须对系统进行一致性和完全性的证明。

当代的“形式化”逻辑就是数理逻辑。数理逻辑的诞生为分析自然语言提供了现代化的工具，使得自然语言的语义分析达到从未有过的精确化水平。例如：

①鲁迅是《阿Q正传》的作者。

②鲁迅是文学家。

③文学家是艺术家。

这三个汉语句子，如果用作为自然语言的汉语来做解释，大概只能说“是”为判断词，“鲁迅”等为名词或名词性短语而已。如果用亚里士多德逻辑（在当代称为“传统逻辑”或“普通逻辑”）也不过是把他们分析为“S是P”。但如果应用数理逻辑，那就不同了。它可以分析为以下三个不同的公式：

$$a=b$$

$$a\in A$$

$$A\subseteq B$$

小写a、b表示个体，大写A、B表示事物的类，＝读作“等于”，∈读作“属于”，⊆读作“真包含于”。公式一“a等于b”，意思是说，个体“鲁迅”和个体“《阿Q正传》的作者”之间是“等于”关系；公式二“a属于A”，意思是个体“鲁迅”和“文学家”这个类是“属于”关系；公式三“A真包含于B”，意思为“文学家”的类真包含于“艺术家”这个类。这样的分析，比起前两种分析岂不是深刻得多，精确得多了吗？

三、修辞的逻辑

记述性修辞必须严格地遵守逻辑规律，这一点绝无异议。问题在于表现性修辞是否也需要遵守逻辑规律。陈望道先生在《修辞学发凡》中说，记述性修辞“是抽象的，概念的，必须处处同事理符合”，“常以因明、逻辑的关系为常轨”；表现性修辞“是具体的，体验的”，“只要能够体现生活的真理，反映生活的趋向，便是现实界所不曾经见的现象也可以出现，逻辑律所未推定的意境也可以存在”。[①] 这些话多少含有表现性修辞可以不尊重逻辑的意思。

那么，逻辑和修辞究竟是什么样的关系呢？表现性修辞是不是真的可以不尊重逻辑呢？先看下面的例子：

> 要是不值得爱，我不会和他结婚；要是值得爱，我不会和他离婚。他不是坏人，也不是不坏的人。
>
> （陈村《当我二十二岁的时候》）

这不是典型的矛盾句吗？逻辑的矛盾律说，两个矛盾命题必有一假，这不是明显在向逻辑挑战吗？然而这在修辞上却是受到赞扬的好句子，属于“精警”格。难道逻辑和表现性修辞真的就是一对冤家对头，彼此不能相容吗？

其实，这段话看似矛盾实际并不矛盾，不存在违背逻辑的地方。说话人紧接着做了解释：“我是被他的琴声勾引来的，他的琴声很美；赶走我的也是琴声，因为他想使琴声更美，而不是使妻子更美。”原来那些自相矛盾的话语是在不同意义上说的，并没有违背逻辑的矛盾律。

如果用逻辑公式来表示，我们不妨简单地写成：

$$C_i(\neg p \rightarrow \neg q) \wedge C_j(p \rightarrow \neg\neg q) \wedge (C_i \neg r \wedge C_j \neg\neg r)$$

这里的 C_i 和 C_j 表示不同的修辞情境，p 表示“他值得爱”，q 表示“我和他结婚”，r 表示“他是坏人”，¬ 表示“并非”，→ 表示“如果，则”，∧ 表示“并且”。这个长长的公式是说，这些似乎矛盾的说法是在不同的修辞情境中说的，实际上并不违背逻辑的矛盾律。

再举一个例子：

> 梳妆台呵，千万载，
>
> 梳妆台上何人在？

① 陈望道：《修辞学发凡》，新文艺出版社 1957 年版，第 50—52 页。

乌云遮明镜，
黄水吞金钗。
但见那：辈辈艄公洒泪去，
却不见，黄河女儿梳妆来。

（贺敬之《三门峡歌》）

前面的“梳妆台”是一个山崖的名称，后边的“梳妆台”是女子用以梳洗打扮的妆台。诗中不加区别地变换了词的含义，在逻辑上称为“偷换概念”，是一种逻辑错误；然而在修辞上却表现了作者丰富的联想，从山崖的名字联想到从前黄河儿女的苦难，创造出一个美妙的意境。由于诗句着眼于表现情感而不在于理性的思考，所以也没有违背逻辑，更谈不上偷换概念。

表现性修辞并非没有逻辑，只是由于它着眼于表现情感，使得逻辑问题复杂化了。

从逻辑的角度上说，表现性修辞可以分为两类，一类是表面上好像不大尊重逻辑，另一类则很像是记述性修辞，即使在表面上也是符合逻辑的。先说后一类，例如：

大漠孤烟直，长河落日圆。

（王维《使至塞上》）

这两句诗就具有记述的性质，是两个合取命题，A 并且 B，完全符合逻辑。然而作者把大漠这一景色写得极为壮丽，表现了作者的深切感受，形式上又是对偶，所以属于表现性修辞。

至于那些好像不大尊重逻辑的表现性修辞，“不尊重逻辑”毕竟只是表面的现象。不过在很多情况下，它们的真正含义必须通过推理才能做出比较完整的解释。例如：

不因鹏翼展，哪得鸟途通。

（陈毅《六国之行》）

从逻辑上说，这是个条件句。“不因鹏翼展”蕴涵“哪得鸟途通”，“鹏翼展”是“鸟途通”的必要条件。公式可以写成“如果非 p 则非 q”，或者“只有 p 才 q”，两者是等值的。然而对于表现性修辞来说，如果只分析到这里，那是远远不够的。因为世界上不存在“大鹏”这种鸟，何来“鹏翼展”？“鸟途通”又是什么意思？这就需要联系语言环境，进行“言外之意”的推理。

原来这首诗是作者访问阿尔及利亚等六国时写的，诗的前面两句是：“万里西行急，乘风御太空。”“鹏翼展”是指航空飞行。“鸟途”即“鸟道”，指险绝的山路，仅通飞鸟。李白《蜀道难》诗云：“西当太白有鸟道，可以横绝峨眉巅。”根据这些背景知识，我们可以推出这样的结论：只有现代化的航空交通，才能飞越这险绝的千山万水。这才是诗句的本来意义。不过这样的分析，仍没有包括诗的美学意义。

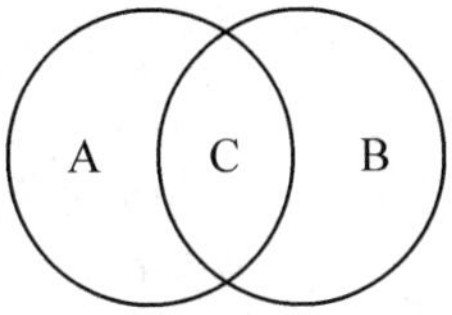

逻辑和修辞毕竟是两门不同的科学，逻辑说的是理，修辞说的不仅是理，而且有情。理是思想，情是感情（或情感），思想和感情分属于不同的心理学范畴，它们之间既有共通之处，也有不同之点，大体构成逻辑上所说的交叉关系。如右图所示，交叉关系有A、B、C三个区域，A是纯思想而不含感情的区域，B是纯感情而不含思想的区域，只有C才是思想感情交融的区域。思想可以用语言来表达，但语言是不能表达纯感情的，所以语言表达的思想感情仅限于A、C两个区域。可以这样说，A区域主要是记述性修辞的活动场所，而C和B两个区域则主要是表现性修辞驰骋的天地。

逻辑研究语言符号所传达的思想感情，也只及于区域A和C。对于表现性修辞，特别是诗，尤其是抒情诗，总有一些东西是说不清、道不明的。这就叫"言有尽而意无穷"。例如人们熟知的李商隐无题诗之一：

相见时难别亦难，东风无力百花残。
春蚕到死丝方尽，蜡炬成灰泪始干。
晓镜但愁云鬓改，夜吟应觉月光寒。
蓬山此去无多路，青鸟殷勤为探看。

这首诗写离别相思之情，但是内容隐晦，像是爱情诗，又像是表面写爱情而别有寄托。那么诗人是在寄托什么呢？有人说可能有政治上的隐喻，那又隐喻什么呢？恐怕谁也说不清楚了。所以不能指望逻辑能够解释表现性修辞的所有意义。

在修辞中，无论是记述性修辞还是表现性修辞，既然存在着逻辑，那就可以进行逻辑的分析；既然修辞中总有一些说不清、道不明的地方，那么用逻辑来分析修辞现象，就总有一些是不能尽如人意的。

这第一章《修辞》的写作目的有二：一是提供必要的修辞学预备知识，为讨论修辞式推论准备条件；二是可以看作压缩性的修辞学读本，读者读完这一章，对于如何提高自身的修辞素养就心中有数了。

第二章　修辞式推论

第一节　推　论

一、推论，推理的言语形式

在逻辑的研究中，推理占据核心地位，因此人们往往简单地说：逻辑就是研究推理的。

推理是一个认知过程。具体说来，就是从已有知识推出新知识的认知过程。推理中的已有知识称为前提，推出来的新知识称为结论。推理的一般模式可以表示为：

A，所以 B

A 是前提，B 是结论。“所以”表示从前提 A 可以推出结论 B。

作为前提的 A 通常不止一个，可以表示为集合：

$$A=\{A_1, A_2, \cdots, A_n\}$$

结论通常只有一个，但也有可能不止一个。如果不止一个结论，则结论 B 可以记为：

$$B=\{B_1, B_2, \cdots, B_n\}$$

不止一个的结论 B 可以是“并且”关系，即“B_1 并且 B_2 并且……并且 B_n”，也可以是“或者”关系，即“B_1 或者 B_2 或者……或者 B_n”。

推理的例子如：

①所有干部是公仆，
所有市长是干部，
所以，所有市长是公仆。

这个推理式有两个前提，一个结论。模式应为：

A_1，A_2，所以 B

这是一个三段论。如果应用三段论模式，可以表示为：

所有M是P

所有S是M

———————

所有S是P

其中M、S和P表示变项，分别代表推理中的“干部”“市长”和“公仆”。“所有”和“是”为常项。横线表示推出，即“所以”的意思。

三段论属于演绎推理。除演绎推理以外，推理还有归纳推理和类比推理。例如：

②金能导电，
银能导电，
铜能导电，
铁能导电，
所以，金属能导电。

这是归纳推理。模式可以记为：

S_{1-n}是P，所以S是P

意思是说，如果S类中有若干个S是P，可以推出S类都是P。

③乌兹别克：日照长，霜期短，雨量适中，宜种长绒棉。
塔里木：日照长，霜期短，雨量适中。
所以，塔里木宜种长绒棉。

这是类比推理。模式为：

A相似B，A_i，所以B_i

i表示事物的某属性，A_i表示A事物具有某属性，B_i表示B事物具有某属性。公式的意思是说，如果A事物和B事物具有某些相同或相似的属性，并且A事物还具有某属性，那么可以推出B事物也具有这一属性。

推论不同于推理。推理是思维的认知活动，而推论是思维活动的表达，即推理的言语形式，也就是推理的应用。这就是说，人们在思维中如何进行推理是一回事，而把推理的过程和结果用言语“表之于外，达及他人”，是另一回事。

请看下面的例子：

①无论如何，任何规律都具有一定的普遍性。否则，就不成其为规律。因此，对于任何规律来说，都不存在一个有无普遍性的问题，存在的只是普遍性的大小和主要地表现了哪种普遍性意义的问题。

（赵培星《论规律》）

②古今君子，每以禽兽斥人，殊不知便是昆虫，值得师法的地方也多着哪。

（鲁迅《夏三虫》）

作为推理的言语形式，例①"无论如何，任何规律都具有一定的普遍性。否则，就不成其为规律。"为推理的前提，"因此"后面为结论。"因此"即是"所以"。例②结论在前，前提在后。这是一个反驳，指出"以禽兽斥人"是错误的，理由是昆虫也有值得师法的地方。

再看：

③千锤万击出深山，烈火焚烧若等闲。
粉身碎骨全不怕，要留清白在人间。

（于谦《石灰吟》）

④上不在上，下不在下；天无它大，人有它大。

（谜语）

例③是一首哲理诗，表达一个推论。作者以石灰自喻，表示自己不怕牺牲的精神和执着于热烈的追求。诗的字面意义是推论的前提，隐藏着的比喻意义才是结论。例④作为谜语，字面四句话是谜面，亦即前提；要求猜谜的人推出结论，亦即揭示谜底。谜底是"一"字。

从上面推论与推理的对比来看，推论至少有以下三个极为重要的特征：

1. 不拘一格

推理作为认知过程，在人类长期的思维实践中形成了各种不同的"推理模式"和操作程序，不容许有任何变动。比如三段论，大小前提的顺序和大词（大项）、小词（小项）、中词（中项）的位置，哪怕是最微小的变动，也会成为另一种三段论。至于推论，它"不拘一格"，可以任意地颠倒结构顺序，省略推理成分，或者穿插相关而不是直接的其他内容。对于推论来说，怎么样更好地"达意传情"就怎么样表达，可以不拘一格。总之，推理是严格的，推论是自由的。

比如例①，作为推理，它的基本形式应当是：

如果规律都具有普遍性，那么不存在有无普遍性的问题。
规律都具有普遍性，
所以，不存在有无普遍性的问题。

公式是：

如果 p 那么非 q
p
所以，非 q

应用数理逻辑公式，可以记为：

$$(p \to \neg q) \land p \to \neg q$$

例①是一个假言推理，“如果”大前提被省略了，同时附加了其他内容。这些附加内容可以而且应当进行逻辑分析，但是作为基本的推理形式，就是这个“如果”的假言推理。至于例②，前提和结论倒置，省略的成分更多。例③和例④，大概很少有人把它们同推理联系起来。

这里特别值得关注的是，推论差不多都是推理的省略形式。人们说话最忌啰唆、重复，难得有人按照推理模式说话。请问读者，您听过有人说“所有干部是公仆，所有市长是干部，所以，所有市长是公仆”这样的话吗？如果有人总是这样说话，听话人受得了吗？在人们的交际实践中，如果要表达这样的意思，那么他会说成：

干部都是公仆，所以市长是公仆。

或者

市长是公仆，因为市长是干部。

前者省略三段论小前提“市长是干部”，后者省略大前提“所有干部是公仆”，并且结论提前。当然还有其他省略方式。这里省略的都是一些“不言而喻”的内容，听者会自己补充进去的，所以不必啰唆重复。我们不要忘记，人人都会修辞，而简洁是语言鲜明性最重要的条件，善于修辞的人是不愿意多说一句话，多用一个词的。

2.依赖于情境

推理是一个认知过程，也是一种认知方式(从符号学的意义上说，它是符形与符释之间的一种意指关系)。人类在运用思维认知客观事物的过程中，逐渐形成了一些固定的推理模式，逻辑上叫它推理公式。这些推理模式(公式)深植于人类的基因之中，所以人们生来就会推理。人们在推理的时候，必须严格地遵循这些推理模式，即使表达时并不按照这些模式说话。比如上述例①的推论，虽然有所省略和添加，但是它对假言推理模式却是严格遵守的，那个“如果”的假言大前提真真实实地存在于推理者的大脑之中。如果没有这个“如果”大前提，就不能推出“因此”这个结论，推理就不能成立。推理模式与情境无关。

然而推论作为推理的言语表达形式，就完全不同了。推论是人们在日常生活中所进行的推理，我们不妨称之为“日常推理”。日常推理总是依赖于特定的情境，离不开特定的时间、地点、交际者以及相关的背景。正是由于在特定的情境中进行推理，所以才有可能省略、添加或者改变程序而不至于影响交际。相反地，它会更好地“达意传情”，实现成功的交际。比如例②的推论，这是鲁迅杂文《夏三虫》最后一个语段。“古今君子，每以禽兽斥人，殊不知便是昆虫，值得师法的地方也多着哪。”这个推论的意思是说，因为昆虫也有值得师法的地方，所以古今君子每以禽兽斥人是错误的。无论是表达还是理解这个推论，都离不开特定的情境——《夏三虫》文本以及相关的文化背景：比如蚊子叮人之前“哼哼地发一篇大议论”，跳蚤“抓着就是一口，决不谈道理”，苍蝇拉屎之后“似乎还不至于欣欣然反过来嘲笑这东西的不洁”，以及成语“衣冠禽兽”，等等。由此可以看出，这一语段还可以推出许多结论，表达更多的“情”和“意”。

关于推理的情境，前面已经说到一些，后面还有专门的讨论。

3. 结论具有或然性

推理中的归纳推理和类比推理，即使按照公式进行推理，它们的结论也只是或然而不是必然的。上述归纳推理“金能导电，银能导电……所以金属能导电”，由于符合科学真理，它是一个正确的归纳推理。但是如果换成下面的例子：

金是固体，银是固体……所以金属是固体。

这就是一个错误的归纳推理，因为水银是金属，但它不是固体。这就说明了归纳推理属于或然性推理。又如前述“塔里木宜种长绒棉”的类比推理，由于塔里木试种长绒棉成功，说明它是个正确的推理。但是下面的类比推理有了问题：

地球是行星，围绕太阳运行，有人类。火星也是行星，围绕太阳运行，所以火星也有人类。

它是一个错误的类比推理，因为科学未能证实火星上有人类。这就说明，类比推理也是或然而不是必然的推理。

至于演绎推理，逻辑上称之为“必然性推理”。演绎推理只要前提真实、形式正确，结论必然为真，可是在日常推理亦即推论中，演绎推理的结论往往靠不住，通常也只具有或然性。

比如，在一次同学聚餐会上大家约定：谁管的人多谁坐首位。在座的人分别说出自己所管理的人数，最多的管二十几个人。这时候在场一位同学的儿子说：

我是班长，管 50 个人，我坐首位。

这位“儿子”的推理是：

谁管的人多谁坐首位。
我管的人多，
所以，我坐首位。

这是个假言推理，内容真实、形式正确，但它却是个错误的推理。因为“儿子”遗漏了一个重要前提：这是他爸爸的同学聚会，参加排座次的是“同学”而不包括同学的儿子。

推论结论的或然性根源于推理情境的复杂性。事实上，由于情境的极端复杂性，推论者防不胜防，即使是演绎推理也难以保证结论的必然性。

推论的结论通常只具有或然性的这一特征提醒我们，推论时必须慎之又慎，不要自以为是，过分地相信自己所推出的结论。

二、立论和驳论

“论证”是逻辑学的一个重要概念。论证的一般定义是：根据若干已知为真的命题来确立另一命题的真实性或虚假性的过程。

论证由论题、论据和论证方式组成。论题提出“论证什么”，论据回答“用什么论证”，论证方式解决“怎样论证”。例如：

> 我之所以喜欢侦探、间谍小说，是因为这类小说经常把人物置于生死关头。
>
> （王朔《文学与人生》）

这就是一个论证。论题是“我喜欢侦探、间谍小说”，也就是要确立为真的那个观点。论据是“这类小说经常把人物置于生死关头”，即理由。论证方式为假言证法，即推理形式：如果某类小说经常把人物置于生死关头，那么我喜欢这类小说。侦探、间谍小说经常把人物置于生死关头，所以我喜欢侦探、间谍小说。假言证法属于演绎证法。

论证是推理的应用：论证的论题相当于推理的结论；论据相当于推理的前提；论证方式相当于推理形式，如三段论、假言推理、归纳推理等。推理与论证的区别在于：推理的前提在前，结论在后，而论证通常表现为结论在前，前提在后。但是这一点并不重要，因为论证只是推理的应用，可以不拘一格，顺序可以随意颠倒。

论证（或推论）与推理之间更重要的区别在于：一个论证可以是一个推理，但往往不止一个推理。有时候一个论证由许多推理构成，甚至一篇议论文、一本理论著作都可以看成一个大论证。例如《三国演义》的“隆中对”，诸葛亮论证“三分天下”时用了许多推理，但只看作一个论证。

论证分为立论和驳论两种。

1. 立论

立论就是根据若干已知为真的命题来确立另一命题的真实性的过程。

已知为真的命题即论据;"另一命题"即论题。立论的任务就是通过真实的论据来确立论题的真实性。

因为立论和驳论都是论证,所以立论也被叫作狭义的论证。上例就是一个立论,下面再举几个立论的例子。

> ①万事开头难,每门科学都是如此。所以本书第一章,特别是分析商品的部分,是最难理解的。
>
> (马克思《资本论·第一版序言》)
>
> ②从马克思到邓小平,从霍金到海伦·凯勒,无不说明卓越的性格成就了伟大的思想和美好的心灵。
>
> (余式厚《辩手风采》)
>
> ③脑子越用越灵,越想越能想;因为脑子是物质的,它和身体上任何部位一样,肩越挑越有力,腿越跑越有劲,脑子也越用越发达。
>
> (刘心洁《学会想问题》)

例①论题是"《资本论》第一章是最难理解的"。论据是"万事开头难"这个为人们所熟知的"公理"。论证方式为三段论证法:第一步,所有事情开头都是难的,所有科学的开头都是事情的开头,所以所有科学的开头都是难的;第二步,所有科学的开头都是难的,《资本论》第一章是科学的开头,所以《资本论》第一章是难的。(这都是从难理解意义上来说的。)例②的论题是"卓越的性格成就了伟大的思想和美好的心灵"。论据是"从马克思到邓小平,从霍金到海伦·凯勒,他们都通过卓越的性格成就了伟大的思想和美好的心灵"。论证方式是归纳证法。例③论题是"脑子越用越灵"。论据是后面的"因为"句。论证方式是类比证法。

立论的一般模式是:

A 真,因为 B

A 为论题,B 为论据。论证不同于推理:推理不管真假,只要给出前提就可以按照规则推出结论,而论证是要关心真假的,论据必须是已知为真的命题。

2. 驳论

驳论就是根据若干已知为真的命题来确立另一命题的虚假性的过程。驳论和立论都是论证,它们的区别仅仅在于:立论确立的是论题的真实性,而驳论确立的是论题的虚假性。

驳论也叫反驳。反驳是一种特殊的论证,即用自己的论证来推翻别人论证的论证。例如:

①河曲智叟笑而止之曰："甚矣，汝之不惠。以残年余力，曾不能毁山之一毛，其如土石何？"北山愚公长息曰："汝心之固，固不可彻，曾不若孀妻弱子。虽我之死，有子存焉；子又生孙，孙又生子，子又有子，子又有孙。子子孙孙，无穷匮也，而山不加增，何苦而不平？"

（《列子·汤问》）

愚公率领家人要挖平挡在家门口的太行、王屋两座大山，智叟不以为然。智叟的论题是：这两座大山是挖不平的；论据是"以残年余力，曾不能毁山之一毛"，还有土石问题。愚公用自己的论证推翻了智叟的论证，论题是：这两座大山是可以挖得平的；论据是"虽我之死，有子存焉；子又生孙，孙又生子，子又有子，子又有孙。子子孙孙，无穷匮也，而山不加增，何苦而不平？"

反驳的一般模式为：

甲：A 真，因为 B

乙：A 假，因为 C

智叟是以愚公"残年余力"为论据来论证"挖平太行、王屋二山是不可能的"论题为真，而愚公则以"子子孙孙无穷匮也"为论据反驳了智叟的论证，亦即论证了智叟的论题为假，而自己的"太行、王屋二山是可以挖得平的"论题才是真的。智叟在于论证自己论题的真实性，所以是立论，愚公在于论证智叟论题的虚假性，所以是驳论。

论证有论题、论据和论证方式三个要素，愚公反驳的是智叟的论题，称为反驳论题。此外，还有反驳论据和反驳论证方式两种反驳。它们的一般模式分别为：

甲：A 真，因为 B

乙：B 假，因为 C

甲：A 真，因为 B 且 B 推出 A

乙：并非 B 推出 A

前者为反驳论据，后者为反驳论证方式。例如：

②范蜀公不信佛，苏公常求其所以不信之故。范云："平生事非目见则不信。"苏曰："公亦安能然哉？设公有疾，令医切脉，医曰寒，则服热药；医曰热，则服寒药；公何尝见脉而后信之？"

《古今谭概·塞语部》

③一个旅行者走进了下野的有钱的大官的书斋，看见有许多

很贵的砚石，便说中国是“文雅的国度”；一个观察者到上海来一下，买几种猥亵的书和图画，再去寻寻奇怪的观览的物事，便说中国是“色情的国度”。

（鲁迅《内山完造作〈活中国的姿态〉序》）

例②属于反驳论据。范景仁（蜀公）的论题是：佛不可信；论据是：自己没有亲眼见过佛。苏东坡反驳说，你相信医生切脉，你见过脉热或者脉寒吗？苏东坡反驳的是范景仁的论据而不是论题。例③属于反驳论证方式。作者指出，说中国是“文雅的国度”或者“色情的国度”都是错误的归纳证法，犯了“以偏概全”或“轻率概括”的逻辑错误。

3. *辩护*

辩护是这样一种认知过程和言语表达方式：通过反驳对方的反驳再度确认自己论证的正确性，亦即反驳的反驳。所以辩护既是驳论，也是立论。

例如惠子和庄子游于濠梁之上，有这么一段对话：

①庄子曰：“鯈鱼出游从容，是鱼之乐也。”惠子曰：“子非鱼，安知鱼之乐？”庄子曰：“子非我，安知我不知鱼之乐？”惠子曰：“我非子，固不知子矣，子固非鱼矣，子之不知鱼之乐全矣。”……

庄子说：“鯈鱼出游从容，是鱼之乐也。”这是庄子的论证，论题为：我知鱼之乐。惠子说：“子非鱼，安知鱼之乐？”这是惠子的反驳，反驳庄子的论题。惠子的论题为：你不知鱼之乐。庄子说：“子非我，安知我不知鱼之乐？”这是庄子的辩护，也是对惠子的反驳。惠子曰：“我非子，固不知子矣，子固非鱼矣，子之不知鱼之乐全矣。”这是惠子的辩护，也是对庄子的进一步反驳和对自己论题的进一步论证。

辩护的一般公式为：

$甲_1$：A 真，因为 B

乙：A 假，因为 C

$甲_2$：A 真，因为 B'

$甲_1$ 为立论，乙为驳论，$甲_2$ 为辩护。

第二节　亚氏修辞式推论(上)

一、修辞术和论辩术

古希腊时代伟大的思想家亚里士多德(Aristotle,前384—前322)是逻辑学的创始人。他的逻辑著作有《范畴篇》《解释篇》《前分析篇》《后分析篇》《论辩篇》和《辨谬篇》六篇,后人编为《工具论》一书。此外,亚氏还著有《修辞学》,有人把它同《诗学》一起看作文艺理论著作,也有人因为《修辞学》研究推论,把它看成逻辑。

亚氏《修辞学》所说的"修辞术"即"演说术",原文是 tekhne rhetorike,意思是"演说的艺术"。在古希腊时代,散文的主要形式是演说辞,所谓"演说的艺术"也就是散文的艺术,包括立论的艺术和修饰词句的艺术。亚里士多德以前,所有的希腊文学作品,以及哲学论文、科学著作等,都是以诗体写成的。后来因为民主政治的兴起,演说和诉讼之风盛行,作为演说术的修辞学说应运而生。亚氏《修辞学》是西方修辞史上第一部系统的学术著作,对后世的影响极为深远。

《修辞学》第一章第一句,开宗明义地宣称:"修辞术是论辩术的对应物,因为二者都论证那种在一定程度上是人人都能认识的事理,而且都不属于任何一种科学。"(1354a)[①]

"对应物"是指与另一事物非常相似而不完全相同的事物。"修辞术是论辩术的对应物"的意思是说,修辞术和论辩术是"非常相似而不完全相同"的两个事物,它们属于姐妹艺术。由于修辞术和论辩术都是用来论证一般事理的,它们都有自己独特的研究对象,所以不属于任何一门其他科学。

紧接着,作者进一步指出:"人人都使用这两种艺术,因为人人都企图批评一个论点或者支持一个论点,为自己辩护或者控告别人。大多数人,有一些是随随便便地这样做,有一些是凭习惯养成的熟练技能而这样做。既然这两种办法都可能成功,那么,很明显,我们可以从中找出一些法则来,因为我们可以研究为什么有些人是凭熟练技能而成功的,有些人却是

① 《修辞学》译文采用罗念生译本(三联书店1991年版)。"1354a"为原著页码,下同。

碰运气而成功的。人人都承认这种研究是艺术的功能。”(1354a)

这里说的是修辞术和论辩术“非常相似”的地方。“因为人人都企图批评一个论点或者支持一个论点”，所以要使用论辩术；又因为人人都为自己辩护或者控告别人，所以使用修辞术。所以，人人都使用这两种艺术。既然人人都使用这两种艺术，那么我们就有必要来研究它们，使之成为科学；既然有些人凭着熟练技能而成功，有些人因为好运气而成功，那么我们就可以从他们的成功中找出规律，使修辞术和论辩术成为科学。

修辞术和论辩术“不完全相同”的地方在于：修辞术采用陈述的方式；论辩术采用问答的方式。演说的陈述方式是一人讲大家听的“独白”。推而广之，散文是作者对读者的陈述，也是一种独白。而论辩总是存在对抗的双方，彼此互相制约。

亚氏认为，修辞术的“躯干”是修辞式推论，原文为 enthymema(恩梯墨玛)。他说：“按照艺术的原则制定的法则同或然式证明有关系，或然式证明是一种‘证明’，因为在我们设想事理已经得到了证明的时候，我们就完全信以为真。修辞式‘证明’就是‘修辞式推论’，一般说来，这是最有效力的或然式证明，因为修辞式推论是一种三段论法，而且整个论辩术或一部分论辩术的功能在于研究各种三段论法，所以，很明显，一个善于研究三段论法的题材和形式的人，一旦熟悉了修辞式推论所运用的题材和修辞式推论与逻辑的推论的区别，就能成为修辞式推论的专家。”(1355a)

在这里，作者指出，修辞术是一种“或然式证明”。“或然式证明是一种‘证明’”的意思是说，或然式证明是证明的一种，它不同于“科学证明”或“必然性证明”：前者的结论只具有或然的性质，而后者的结论则是必然的。

作者指出，修辞式推论是一种三段论法。亚氏逻辑的最大贡献就是创立了三段论，至于“蕴涵”理论等则是由后来的斯多噶派最先提出和研究的。但是亚式所说的“三段论”，实际上包含有“蕴涵”的思想，这在《修辞学》中有明显的体现。

关于论辩术，原文是 tekhne dialektike，意思为“问答式论辩的艺术”，后世转义为 dialectics(辩证法)。论辩术也是一种推论，即“论辩式推论”。论辩式推论也是一种或然式的三段论法。亚氏说，论辩术的功能“在于研究各种三段论法”，可以从《工具论》中的“论辩篇”“辨谬篇”等篇目中得到说明。作者由此推论说：“所以，很明显，一个善于研究三段论法的题材和形式的人，一旦熟悉了修辞式推论所运用的题材和修辞式推论与逻辑的推论的区别，就能成为修辞式推论的专家。”

亚氏继续讨论修辞式推论的作用以及它同论辩术的关系。他说：“修辞术是有用的。……在演说中，演说者应当能从两方面论证，这并不是说我们应当从两方面去说服人(因为我们不应当劝人做坏事)，而是说，这样论证，事情的真象才不至于被我们疏忽，而且，在别人不正当地使用论证时，我们便能把他驳倒。在各种艺术中，唯有论辩术从两方面论证。”(1355a)

亚氏把演说术和论辩术看成“非常相似而不完全相同”的“姐妹艺术”，并把演说术称之为“修辞术”。他把修辞术和论辩术并列在一起，用意在于批评他的老师柏拉图否定修辞术是一种艺术这一论断。

其实在今天看来，演说术和论辩术都在于论证一般事理和修饰文辞，都可以冠以“修辞术”之名；修辞式推论和论辩式推论并没有多少差别，也只需一个术语——“修辞式推论”就足够了。

我们的观点是：

修辞式推论首先是修辞。演说需要修辞，论辩也需要修辞，人们的任何表达都需要修辞。亚氏说：“修辞术的整个任务在于影响听众的判断。”(1404a)所谓“影响听众的判断”，对于演说家来说，就是要让听众也具有演说家的思想感情；对于论辩者来说，就是要让对手承认自己论题的正确性，从而赢得辩论的胜利。亚氏说“影响听众的判断”，也就是我们今天在修辞学中所说的“达及他人”。

修辞式推论并非修辞中的个别现象，而是一种极为普遍的修辞方式。记述性修辞中固然不乏修辞式推论，而在表现性修辞中，特别是诸如比喻、借代、夸张、双关等转义的修辞格，可以说它们本身就是修辞式推论。例如：

①千里送鹅毛——礼轻情意重。

(歇后语)

②床前明月光，疑是地上霜。

(李白《静夜思》)

例①一眼就可以看出来是个推论，当然是个修辞式推论。“千里送鹅毛”是前提，由此推出“礼轻情意重”的结论。例②是比喻，也有推论。“床前明月光”是个前提，由于它同“地上霜”有相似的“白”(这个前提读者会加上去的)，所以“疑是地上霜”了。读者还会由此推出诗人此时此地的处境与心情，而这也正是诗人所要表达的思想感情，虽然字面上没有表达出来。

那么人们会问：作者们为什么要采取推论或隐含着推论的表达方式呢？那还不是为了提高语言表达效果么？还不是为了说服听读者，让听读者理解并具有同作者相一致的思想感情么？

从符号学的观点来看，表现性修辞一般都要比字面意义多出一点什么，这多出的那么“一点”（或许很多），属于符号的第二系统。它们的第一系统是指作为能指的“字面”和作为所指的意义，而第二系统是把“字面意义”作为能指，另外给出新的所指，即修辞式推论所得出的结论。

修辞和逻辑从来就不是冤家对头。“修辞式推论”首先是修辞，亚里士多德明确地把它划归修辞学，所以修辞学没有理由把推论拒之于千里之外。第二，“修辞式推论”不仅是演说的论证方式，也是论辩乃至一切修辞式论证的方式。演说的特征是立论，即狭义的论证，具有论题、论据和论证方式三个要素。论辩的逻辑特征是反驳。反驳是一种特殊的论证，即以自己的论证来推翻别人的论证。论辩中有反驳还有辩护。辩护是一种特殊的反驳，是对对方的反驳进行的再反驳，亦即反驳的反驳。

例如，战国时公输盘（据说就是鲁班）为楚造云梯，将以攻宋。墨子听说后，行十日十夜，从齐国赶到楚国，与公输盘有以下的辩论：

> 公输盘曰：“夫子何命焉为？”子墨子曰：“北方有侮臣，愿借子杀之。”公输盘不说（悦）。子墨子曰：“请献千金。”公输盘曰：“吾义固不杀人。”子墨子起，再拜曰：“请说之。吾从北方，闻子为梯，将以攻宋。宋何罪之有？荆国（即楚）有余地，而不足于民，杀所不足，而争所有余，不可谓智；宋无罪而攻之，不可谓仁；知而不争，不可谓忠；争而不得，不可谓强；义不杀少而杀众，不可谓知类。”公输盘服。
>
> 《墨子·公输》

墨子要公输盘替他杀人，许以千金。公输盘说：“我是讲道理的人，从来不杀人。”墨子以此为论据，推出公输盘为楚国造云梯攻宋国的无理以及其言行的自相矛盾，使公输盘不得不服。

在这场辩论中，墨子隐含的论证是：你喜欢杀人，我花钱请你杀人。公输盘反驳说：我是讲道理的人，从来不杀人。于是墨子论证公输盘“义不杀少而杀众”，既是对公输盘的反驳，也是为自己辩护，最终影响了公输盘的判断，使得公输盘也具有墨子的思想感情。墨子的论辩推论，毫无疑问，就是修辞式推论。

在人们的交际活动中，充满着论证、反驳和辩护，而本质上都是论证。它们的论证方式就是修辞式推论。修辞式推论不同于逻辑推论，后者一般总是板着面孔说话，而修辞式论证往往寓推理于字里行间，前提多有省略，甚至结论也常在“不言而喻”之中，让听读者自己去体会，并在体会中获得一种美的享受。

因此，按照我们的理解，亚氏修辞式推论除演说推论以外，还可以而且应当包括论辩推论以及其他一切修辞意义上的推论。

二、说服和说服方式

亚里士多德《修辞学》说："修辞术的定义可以这样下：一种能在任何一个问题上找出可能的说服方式的功能。"(1355b)意思是说，修辞术是一种"功能"——找出说服方式的功能。

亚氏这一定义是针对诡辩派的。诡辩派对修辞术的定义是："修辞术是说服的艺术。"在亚氏看来，修辞术必须寻求正确的说服方式，为真理和正义服务，而不是像诡辩派那样，强调"说服"而不择手段，故意混淆黑白，颠倒是非。亚氏说："修辞术是有用的。真理和正义自然比它们的对立面强一些，所以，如果判决不当，当事人应当对自己的失败负责，受到责备。当我们面对广大听众的时候，我们的或然式证明和论证必须建立在普通的语言上。正如在逻辑的论证中一样……"(1355a)

所以亚氏特别指出："修辞术的功能不在于说服，而在于在每一种事情上找出其中的说服方式。造成'诡辩者'的不是他的能力，而是他的意图。"(1355b)亚氏所强调的"说服方式"，就是修辞式推论——一种或然式证明。也就是说，只有应用修辞式推论，才能实现说服的目的。

亚氏把或然式证明分为两大类。他说："有的或然式证明不属于艺术本身，有的或然式证明属于艺术本身。所谓'不属于艺术本身的或然式证明'，指不是由我们提供的，而是现成的或然式证明，如见证、拷问、契约；所谓'属于艺术本身的或然式证明'，指所有能由法则和我们的能力提供的或然式证明。"(1355b)

对于第二种或然式证明，即"由演说提供的或然式证明"，亚氏又分为三种。他说："第一种是由演说者的性格造成的，第二种是由使听讲者处于某种心情而造成的，第三种是由演说者本身有所证明或似乎有所证明而造成的。"(1356a)性格指善良的性格，即道德品质、品格。

在这里，亚氏把说服力的来源(由演说提供的或然式证明)归结为这样三个方面，也就是人们通常所说的"说服(说服力)三要素"：品格(ethos)、情感(pathos)和理性(logos)。亚氏对这三个方面都有比较详细的讨论。

1.品格

亚氏说："当演说者的话令人相信的时候，他是凭他的性格来说服人，因为我们在任何事情上一般都更相信好人，由于这个缘故，我们对于那些不精确的、可疑的演说，也完全相信。”“有些修辞学作者在他们的课本中认为演说者的善良品质无补于他的说服力，这个说法不合乎事实；其实演说者的性格可以说是最有效的说服手段。”(1356a)在讨论演说者需要具有什么样的品质时，亚氏说：“演说者要使人信服，须具有三种品质，因为使人信服的品质有三种，这三种都不需要证明的帮助，它们是见识、美德和好意……任何一个显然具有这三种品质的人，必然能使听众信服。”(1378a)在《修辞学》第二卷的第十二至十七章中，亚氏详细地分析了年轻人、老年人、壮年人、贵族、富人、当权者的性格。这是欧洲文学史上最早的性格描述。

品格对于演说者乃至一切修辞者的重要性是不言而喻的。中国古代就有“己不正焉能正人”的警示语。所谓“身教重于言教”，一个品格高尚的修辞者，其本身就是一种极强的说服力。伪善者可能得逞于一时，但不会持久，因为骗局迟早会被揭穿。

2. 情感

亚氏说：“当听众的情感被演说打动的时候，演说者可以利用听众的心理来产生说服的效力，因为我们在忧愁或愉快、友爱或憎恨的时候所下的判断是不相同的，正如我们所说的，唯有这种事情是今日的修辞学作者所注意的。”(1356a)他还进一步解释说：“情感包括所有使人改变看法另作判断的情绪，伴之而来的是苦恼或快感，例如忿怒、怜悯、恐惧和诸如此类的情绪以及和这些情绪相反的情绪。每一种情绪都应从三个方面来分析，例如对于忿怒，须分析动辄发怒的人处于什么样的心情，他们惯于对什么样的人发怒，在什么时候发怒，如果我们只知道其中之一二而不知道所有这三个方面，我们就不能激起忿怒的情绪。同样的办法使用于其他情绪。”(1378a)在《修辞学》第二卷的第二至十一章中，亚氏对于各类情感以及如何激发或控制这些情感都做了详细的讨论。

调动听读者的情感，是说服力的另一个重要因素。优秀的修辞者总是善于用自己的肺腑之言、由衷之语来感染听读者，引起他们的共鸣，从而影响他们的判断，实现成功的交际。

有一位演说家说：“言出心声，动之以情，是任何消极对立的观点都难以招架的。”诚然如此。所谓“春风化雨，润物无声”，消极对立的观点往往会消融于不知不觉之中。

3. 理性

亚氏说：“最后，当我们采用适合于某一问题的说服方式来证明事情是真的或似乎是真的时候，说服力是从演说本身产生的。”(1356a)

这最后一种产生说服力的方法,亚氏分为演绎法和归纳法两种。他说:“修辞术和论辩术一样,采用归纳法以及真正的和假冒的三段论法来提出真正的和假冒的论证,因为例证法是一种归纳法,修辞式推论是一种三段论法。所以我们称呼恩梯墨玛为‘修辞式三段论法’,称呼例证法为‘修辞式归纳法’。所有的演说者都采用例证法和修辞式推论而不采用别的方法来证明,以求产生说服力。”(1356b)亚氏所说的三段论法,即演绎法,例证法为修辞式归纳法。亚氏提醒读者,他所说的“三段论法”和“归纳法”,在《工具论》的前后分析篇①中都已经讲清楚了。

对于例证法和修辞式推论的区别,亚氏说:“用许多类似的事例来证明,在论辩术中叫作‘归纳法’,在修辞术中叫作‘例证法’。如果有了某些命题,由这些普遍被认为或多半被认为是真实可靠的命题推出另一个与它们并列的命题来,这个方法在论辩术中叫作‘三段论法’,在修辞术中叫作‘恩梯墨玛’。”(1356b)亚氏说得颇为清晰、细致,简单说来,就是“从演说本身”产生说服力的方法有两种:一是作为修辞式归纳法的例证法;二是作为修辞式演绎法的“恩梯墨玛”,即修辞式推论。

亚氏还对这两种方法进行了比较。他说:“很明显,修辞术享有这两种好处,有的演说富于例证,有的演说富于修辞式推论;同样,有的演说者擅长例证法,有的演说者擅长修辞式推论。依靠例子的演说的说服力并不比较差,但依靠修辞式推论的演说更能受到高声的喝彩。”(1356b)

在说服力的三要素中,理性这种来自“演说本身”的要素应当是最为重要的因素,我们可以理解为演说乃至一切修辞本身的最重要因素都是那些强有力和合乎逻辑的推理。马克思说:“理论只要说服人,就能掌握群众;而理论只要彻底,就能说服人。所谓彻底,就是抓住事物的根本。”②

在亚氏看来,说服力产生于演说本身的修辞式推论和来源于演说者的性格和听众的心情一样,都属于或然式证明。他说:“既然或然式证明是用这些方法产生的,那么,很明显,演说者要掌握这些方法,他要能作逻辑推论,要能分析人的性格和美德,还要能分析人的情感以及产生情感的原因和方式。”(1356a)在演说者分析人的性格和情感时,同样需要使用或然式证明。

在《修辞学》一书中,亚氏着眼的不是“说服”而是“说服方式”。所谓“说服方式”,就是言之成理、合乎逻辑的论证——一种或然式证明。

---

① 指《前分析篇》第2卷第27节、《后分析篇》第1卷第1节。

② 《马克思恩格斯选集》第1卷,人民出版社1972年版,第9页。

第三节 亚氏修辞式推论(下)

三、或然式证明

"或然性"是修辞式推论的本质特征。这就是说,修辞式推论不同于通常所说的"逻辑证明":后者的结论是必然而非或然的,而前者的结论则是或然而非必然的。修辞式推论虽然也是证明,但它是一种或然式证明。所以在《修辞学》中,亚氏用大量的篇幅讨论了或然式证明,其中主要讨论修辞式或然式证明。

亚氏说:"修辞式推论的前提为数不多,往往比正规的三段论的前提要少一些;如果前提中的任何一个是人们所熟知的,就用不着提出来,因为听者自己会把它加进去。"(1357a)作者举例说:"例如要证明多里欧斯是参加以桂冠为奖品的竞技的胜利者,只须说他在奥林匹克竞技会上获胜就够了,不必说奥林匹克竞技会上的奖品是桂冠,那是人人都知道的。"(1357a)

在许多情况下修辞式推论的前提有所省略。这是因为许多"不言而喻"的事情无须提起,以避免话语的啰唆重复。这本来是表达的需要,但是由于省略部分并非都是"不言而喻"的,因而难免会导致结论的或然性。也正是这个原因,有人误解为修辞式推论就是省略三段论。其实亚氏所说的"往往",是指"许多情况下",而"许多情况下"并不等同于"所有情况下",并不是每一个修辞式推论的前提都有所省略。

造成修辞式推论的或然性,更重要的原因是修辞式推论前提的或然性。亚氏说:"修辞式三段论的前提很少是有必然性的,因为我们所要判断和考虑的事情大多数都有另一种可能,作为我们所审议和考虑的题材的行动就是这种性质的事情,一般说来,这些行动没有一件是有必然性的。所以,很明显,构成修辞式推论的题材,有一些是有必然性的事,但是大多数乃是多半会发生的事,这些题材是或然的事和证据。或然的事是多半会发生的事,但不是如某些人所说的,漫无限制,而是指有另一种可能的事,这种事对于某种事说来,它是或然的,其关系有如一般与特殊的关系。"(1357a—1357b)

修辞式推论的前提是一些特定情境中的话语,由于情境的极端复杂性,所以通常只具有或然的性质。

或然式证明作为一种论证，它也具有论题、论据和论证方式。在《修辞学》中，亚氏对于“论证三要素”都有所讨论，特别是对论证方式的讨论尤为具体。

1.关于论题

亚氏说：“或然式证明应当能证明论点。”(1417b)以诉讼演说为例，亚氏说：“如果事情的有无成了争论之点，应当在审判的时候首先加以证明；如果事情是否造成伤害成了争论之点，应当加以证明；如果事情是否有那么重大成了争论之点，或者如果事情是否做得正当成了争论之点，也应当照样加以证明，正如你证明事情的有无那个争论之点一样。”(1417b)

亚氏还说：“在典礼演说中，一般说来，可以用夸张法来证明事情是高尚的或有益的。事情必然是可信的，则很少用得着证明；只有当事情是难以令人相信或者有别的理由的时候，才需要证明。”“在政治演说中，可以争辩说某一建议不可能实现，或者说对方的建议可能实现，但是不正当，没有益处，或者没有那么重要。”作者说：“例证法最宜用于政治演说，修辞式推论法最宜用于诉讼演说。”(1417b—1418a)

亚氏告诫修辞者说：“不要用修辞式推论来论证每一件事情，否则你就是在摹仿某一些推出比造成结论的前提还要为人们所熟知、还要令人相信的结论的哲学家。”他还具体地指出：“在打动听众的情感的时候，不要使用修辞式推论，那样一来会把情感挡回去，或者使修辞式推论等于白说，因为同时发生的运动会互相排斥，结果是相互抵消或彼此削弱。在使演说表现性格的时候，也不应当使用修辞式推论，因为在证明的过程中，不能表现性格，也不能展示选择。”(1418a)亚氏的这些告诫，颇有些语重心长。

2.关于论据

亚氏说：“证据分两种，第一种和它所要证明的论点的关系，有如个别与一般的关系；第二种和它所要证明的论点的关系，有如一般与个别的关系。有必然性的证据叫作‘忒克墨里翁’(tekmerion)；没有必然性的证据没有名称。在各种证据中，有的表示个别与一般的关系，例如说：‘苏格拉底是一个聪明而正直的人，这是所有的聪明人都是正直的人的证据。’这是一个证据，但即使事实是真实可靠的，这个论证还是可以驳倒的，因为不能构成一个三段论。但是，如果说：‘他发烧是他有病的证据。’或者说：‘她有奶是她生了孩子的证据。’这是一种有必然性的证据。在各种证据中，只有这种才是忒克墨里翁；只要事实是真实可靠的，这个证据便是驳不倒的。有的证据表示一般与个别的关系，例如说：‘他呼吸急促是他发烧的证据，’即

使事实是真实可靠的，这个论证还是可以驳倒的，因为一个人不发烧也会呼吸急促。”(1357b)

必然性证据是演绎推理的证据，非必然性证据只是归纳推理和演绎推理可能式的证据。亚氏从一般和个别关系上划分论据(证据)，甚至直到今天，对于推论者来说仍然有启示的作用。

3.关于论证方式

亚氏把或然式证明区分为属于和不属于艺术本身两大类别。对于不属于艺术本身的或然式证明，亚氏又分为法律、见证、契约、拷问、誓言五类，并且分别讨论了它们的论证问题。(1375a—1377b)

以法律为例。亚氏认为，可以根据需要来利用成文法或不成文法。他举出索福克勒斯悲剧中的一个故事：忒拜的吕涅刻斯带着外邦军队和哥哥争夺王位，在兄弟相残中被杀。按照新王克瑞翁的法律，禁止埋葬吕涅刻斯，而妹妹安提戈涅却根据传统的宗教法则(天条)，把哥哥埋葬了。剧中是这样写的：

> 它的存在不限于昨今，而是永久的，
> 也不知道它是什么时候出生的。
> 我决不会因为害怕任何人皱眉头，
> 而违背这条神律，以致在神面前受到惩罚。

安提戈涅违反了克瑞翁的法令，但没有违反不成文法，所以她是无罪的。

对于艺术本身的或然式证明——修辞式推论，亚氏用了许多篇幅，分别讨论了作为归纳法的例证法和作为演绎法的修辞式推论。

(1)作为修辞式归纳法的例证法。

亚氏说：“通用的或然式证明分两种，即例证与修辞式推论，格言是修辞式推论的一部分。先讲例证，例证类似归纳法，归纳法又是起点。”(1393a)亚氏说“例证类似归纳法”，是说例证法不同于他在《工具论》中所说的“归纳三段论”。“归纳法又是起点”，是指归纳法是演绎法的起点，因为演绎法的大前提通常都是由归纳法得出的一般原理。

亚氏说：“例子分两类，一类是从前发生的事情，另一类是演说者虚构的事情，后者又分为比喻和寓言。”(1393a)

“从前发生的事情”，亚氏举例说：

> 必须准备对付国王，不让他征服埃及，因为大流士在侵占埃及之前，没有渡海前来，但是他一侵占埃及，就渡海前来；薛西斯在侵占埃及之前，没有向我们进攻，但是他一侵占埃及，就渡海前来；因此，如果这人侵占了埃及，他也会渡海前来；所以我们不能

让他侵占埃及。(1393b)

关于比喻,亚氏举苏格拉底的话为例:

有人说,官吏不应当用拈阄法来挑选,因为这个办法就像凭运气而不是凭竞技本领来决定运动员的取舍一样,或者像凭运气而不是凭知识来决定谁当舵手一样。(1393b)

关于寓言。当希拉墨人挑选法拉里斯为全权将军时,诗人斯忒西科洛斯对他们讲了一个寓言:

有一匹马独占一块牧场,一只鹿跑来践踏草地;马想向鹿报复,便问某个人能否帮助它惩罚鹿。那人回答说,他能帮助,只要马愿意戴上嚼子,让他拿着枪骑在他背上。马同意了,于是那人骑在马的背上,但是马不但没有能报复,反而成为那人的奴隶。(1393b)

诗人由此推出:"所以你们要当心,免得在你们有意向敌人报复的时候,和那匹马遭遇同样的命运。"

亚氏还说到例证法的具体应用问题。他说:"没有修辞式推论可以利用,就用例子来证明自己的论点,因为例子具有说服力;有修辞式推论可以利用,就把例子作为证据使用,作为修辞式推论的结束语。"(1394a)

(2)作为修辞式演绎法的修辞式推论。

亚氏在讨论例证法之后,紧接着讨论修辞式推论。亚氏首先说到格言的用法。他说:"格言就是修辞式推论去掉三段论形式以后剩下的结论或前提。"(1394a)他举例说:

一个头脑很清醒的人决不应当
把他的子女教养成为太聪明的人。

这是一句格言,再加上理由和原因,整段话就成了修辞式推论,比如:

因为他们不但会得到书呆子的骂名,
而且会招惹本地市民的恶意的嫉妒。

从这里不难看到,人们的每一个判断,都是一个修辞式推论的结论;只要恢复它的前提,就可以构成一个完整的三段论。仅就这一点而言,修辞式推论的研究就是一项极其诱人的事业。

在《修辞学》第二卷第二十三章(1397a—1400b),亚氏集中地讨论了修辞式推论的28种形态,即部目(topika,或译"论题",即topic)。这里略举数例:

①节制是有益的,因为放荡是有害的。

②连神都不是无所不知,更不用说人了。

③他说我爱打官司，可是他不能证明我控告过任何人。

④死是一件坏事。因为神们是这样判断的，否则他们也愿意死。

⑤在流亡的时候，我们参加战争，以便回到国内；如今回到国内，我们又愿意流亡，以免参加战争。

例①为对立面部目，意思是说，因为“放荡”的对立面是“节制”，“有害”的对立面是“有益”，所以从“放荡是有害的”可以推出“节制是有益的”。例②为更多、更少部目，意思是说，如果某种性质在更多见的地方都没有，那么在更少见的地方也就不会有了。例③为矛盾部目，意思是说，对方的言语和行动是相矛盾的。例④为判断部目，意思是说，神是不容反对的判断者，所以这是个权威性判断。例⑤为相反抉择部目，意思是说，同一个人的选择并非永远是一样的，有时候恰恰相反。

值得注意的是，在这28个部目中有一个归纳部目。例如：

妇女总是能确定她们的儿女的父亲是谁，因为在雅典，当演说家曼提阿斯同他的儿子打官司时，那孩子的母亲说明了真情。

这是一个从个别到一般的归纳推理。因为在亚氏逻辑中，归纳是作为演绎来处理的，被称为“归纳三段论”。所以亚氏把例证法和归纳推理区别开来，说它“类似归纳法”。

四、真假三段论

亚氏《修辞学》说：“既然三段论有真正的和假冒的之分，那么修辞式推论也必然有真正的和假冒的之分，因为修辞式推论是一种三段论。”(1400b)在亚氏看来，“修辞术是有用的。真理和正义自然比它们的对立面强一些，所以，如果判断不当，当事人应当对自己的失败负责，受到责备。当我们面对广大听众的时候，我们的或然式证明和论证必须建立在普通的语言上。正如在逻辑的论证中一样……”(1355a)

三段论是亚氏逻辑的核心内容。亚氏在《工具论》中说：“三段论是一种论证，其中只要确定某些判断，某些异于它们的事物就可以必然地从如此确定的论断中推出。所谓‘如此确定的判断’，我的意思是指结论通过它们而得出的东西，就是说，不需要任何其他词项就可以必然得出的结论。”(《前分析篇》24b15—20)关于推理，亚氏说：“推理是一种论证，其中有些被设定为前提，另外的判断必然地由它们发生。”(《论辩篇》100a25—30)在亚氏那里，推理可以说就是广义的三段论。

亚氏三段论并不就是传统逻辑所说的三段论。以三段论第一格AAA式为例,它们的基本形式分别为:

亚氏逻辑:

a. 如果A被断定为B的全体分子的属性;

b. 并且B被断定为C的全体分子的属性;

c. 那么,A必然被断定为C的全体分子的属性。

传统逻辑:

M是P(凡人皆有死)

S是M(苏格拉底是人)

∴S是P(所以,苏格拉底有死)

在传统逻辑中,三段论是一种"因为,所以",而亚氏逻辑则为"如果,那么"。这就无怪于亚氏修辞式推论中那么多"如果,那么"被说成三段论了。

还应当说到,亚氏三段论与亚氏修辞式三段论也不是同一回事。前者是逻辑证明,具有必然性,而后者是或然式证明,只具有或然的性质。

如前所述,亚氏的修辞术强调"说服方式"而不是"说服",原因是诡辩派强调"说服"而不是"说服方式"。亚氏说:"造成'诡辩者'的不是他的能力,而是他的意图。"诡辩派出于不良的动机,制造了许多假冒的三段论,企图颠倒黑白,混淆是非。

亚氏在《修辞学》第二卷第二十四章(1401a—1402a)里举出了假冒三段论的九个部目,这里选录其三:

①有人知道佩赖欧斯有一只三层桨战船,因为他知道佩赖欧斯和那只三层桨战船。

②狄俄倪西俄斯是个小偷,因为他是个坏蛋。

③狄摩西尼的政策是一切灾难的原因,因为战争随之而发生。

例①为分合部目。从分开来说"他知道佩赖欧斯和那只三层桨战船",推不出合起来说的"佩赖欧斯有一只三层桨战船"。例②为或然的证据部目。并不是每个坏蛋都是小偷,尽管每个小偷都是坏蛋。例③为非因作因部目。这就是把先后或同时关系当成因果关系。

假冒三段论是诡辩派故意为之的,亦即"不是他的能力,而是他的意图",因而假冒三段论不同于一般谬误。亚氏指出:"诡辩术的推论:不存在是存在的,因为不存在存在于不存在。"(1402a)这不是典型的胡搅蛮缠、故意制造混乱么?

由于修辞式推论本身只具有或然的性质,可能真也可能假,因而一般的非必然性推论是可以理解和容忍的,而不必看成假冒三段论。

这里举一个汉语例子:

人非草木,孰能无情?

该句来源于白居易《李夫人》诗末句:“人非木石皆有情,不如不遇倾城色。”后来演化为人人熟知的一句成语。这个成语的推论是:

草木是无情的。

人不是草木。

所以,人不是无情的。

大前提把“草木”包括在“无情的(东西)”范围之内,小前提把“人”排斥在“草木”之外,但并未把“人”排斥在“无情的(东西)”之外,而结论断言“人不是无情的”,结论超出前提(就三段论规则而言,它违反大项在前提中不周延而在结论中周延的逻辑错误)。可是在修辞式推论中,人们只是觉得这句成语很有哲理,谁又会把它看成假冒三段论呢?

因此,由于修辞式推论只是或然式证明,我们不必拘泥于严格的逻辑证明,不必强调三段论的必然为真,而是可以把它看成可能式,一种或然式证明。

不过亚氏认为,假冒三段论也见于修辞式推论。他说:“修辞术和论辩术一样,采用归纳法和真正的和假冒的三段论法来提出真正的和假冒的论证。”(1356b)由于修辞术可以像论辩术那样做逻辑论证,亚氏把修辞术看成论辩术的分支,并在讨论修辞式推论的时候说到否定式修辞式推论和反驳。

亚氏说:“修辞式推论分两种,一种是证明式的——证明事情是有是无,另一种是否定式的,二者的分别有如论辩术中的反证与三段论。证明式修辞式推论根据对方所承认的前提得出结论,否定式修辞式推论得出对方不同意的结论。”(1396b)“否定式修辞式推论比证明式修辞式推论更受人称赞,因为在否定的过程中,我们可以更清楚地看到合乎逻辑的结论,这是由于把对立的论点并列起来,它们的对立性质更为显著。”(1418b)

关于反驳,亚氏说,“反驳方式不外提出证明或提出异议”,而“异议并不是修辞式推论”,异议只是“指出对方的三段论不合逻辑,或者指出对方的前提是虚假的”。(1403a)用现在的普通逻辑来说,“证明”就是反驳论题,“异议”就是反驳论据和反驳论证方式。

否定式修辞式推论并不等同于反驳。例如:

①正当的事不一定完全是好事，否则凡是“正当地”发生的事都是好事，然而“正当地”被处死却不是可取的。(1397a)

②断言神出生和断言神死亡，同样是大不敬，因为这两种说法所产生的后果是：有一个时期神不存在。(1399b)

例①是反证法，例②是二难推理。它们都是否定式推论而不必看作反驳。前述对立面部目和判断部目所举的例子也都是否定式修辞式推论而不是反驳。但是也有否定式推论同时也是反驳。例如：

因为你讲正义的话，人们会憎恨你；你讲不正义的话，天神会憎恨你。

亚氏说，可以这样反驳：

因为你讲正义的话，天神会喜欢你；你讲不正义的话，人们会喜欢你。(1399a)

这是反驳，也是否定式推论。前述矛盾部目所举的例子也可以用来反驳。

至于异议，如果仅仅表示异议而不说出理由，它只是异议；如果说出了理由，它也可以是否定式修辞式推论。

五、风格和技艺

亚氏在《修辞学》第三卷里着重讨论了风格和一些修辞技艺问题。亚氏说：“我们还要讨论风格问题，因为只知道应当讲些什么是不够的，还须知道怎样讲，这大有助于使我们的演说具有一定的特色。”(1403b)关于“怎样讲”的技艺，我们按照调音、选词、炼句、美文四个方面，约略地做些介绍。

1. 调音

亚氏说，“我们要研究朗读”。“朗读是读音问题，即怎样用声音来表达各种情感……我们所要注重的是三种性质，即音量、音高和节奏。”(1403b)

亚氏说：“散文的形式不应当有格律，但不应当没有节奏。散文有了格律，就没有说服力(因为好像是做作的)，同时还会分散听者的注意力……可是没有节奏，就没有限制，限制应当有(但不是用格律来限制)，因为没有限制的话是不讨人喜欢、不好懂的。”(1408b)亚氏还根据希腊语的特点，提出了一些处理好节奏的具体建议。

2. 选词

亚氏说：“措词要是能使事物呈现在眼前，也能受欢迎，因为我们应当看得更清楚的，是正在发生的事情，而不是将来要发生的事情。”(1410b)亚氏说："我们的基本原则是这一条：不费劲就能有所领悟，对于每个人说来自然是件愉快的事情；每个字都有一定的意思，所有能使我们有所领悟的字都能给我们以极大的愉快。"(1410b)

在选词中，亚氏特别强调使用隐喻字。在他看来，只有隐喻字最能产生"给我们以极大愉快"的效果。例如：

①城邦丧失了青年——他们是死于战争的——"有如一年中缺少了春天"。(1411a)

②我的闺女们的婚期已经"过期"了。(1411a)

③那些长枪栽在泥土里，依然想吃肉。(1412a)

例①用春天来比喻城邦的青年。例②以罚款到期未交付为喻，表现女儿们迟迟没有结婚。例③是荷马史诗《伊利亚特》中的一个句子，意思是说那些投枪者因为没有杀死大埃阿斯而遗憾。选用"想吃肉"这样的词语，确实是绝妙好辞，生动极了。

3. 炼句

亚氏说："散文的句法必须像散漫的酒神颂那样串连起来，用联系词联系起来，或者像旧诗人的回舞歌那样回旋。"(1409a)"串连句"是指本身没有结束，要等事情说完了才告结束的句子，亚氏说它"由于没有限制而不讨人喜欢"。"回旋体"即环形句，指本身有头有尾，容易掌握长度的句子，亚氏说它"讨人喜欢，容易理解"。

亚氏把环形句分为简单环形句和由子句构成的环形句；又把后者分为分立式环形句和对立式环形句。特别是对立式环形句，亚氏钟爱有加，举了很多例子，这里录其二：

①在这样的活动中，经常是智者失败，愚者成功。

②他们生而为公民，一道法令就剥夺了他们的公民权。

亚氏说："这种风格讨人喜欢，因为对立的意思是最容易懂的，特别是在并列的时候，还因为对立句很像三段论，这是由于把对立的意思摆在一起，等于否定。"(1410a)此外，亚氏还研究了平衡句、谐音句等。

4. 美文

亚氏认为，散文的风格应该有别于诗的风格。散文"风格的美可以确定为明晰(证明是，一篇演说要是意思不清楚，就不能起到它应起的作用)，既不能流于平凡，也不能提得太高，而应求其适合(诗的风格也许不平凡，但不适用于散文)"。(1404b)

风格是否适合？亚氏说："风格如果能表现情感和性格，又和题材相适应，就是适合的。求其适合，就是对大事情不要太随便，对小事情不要太认真，而且不对普通的字加以修饰，否则就会显得滑稽。”(1408a)

亚氏说：“不要忘记不同风格适合于不同的演说。笔写的文章的风格不同于论战的演说的风格（政治演说的风格也不同于诉讼演说的风格）……笔写的文章的风格最精确不过；论战的演说的风格最适合于口头发表。”(1413b)

亚氏进一步指出：“政治演说的风格完全像一幅浓淡色调的风景画：群众越多，景色越远；所以在这种风格和图画里，过于精确是浪费笔墨，反而糟糕。诉讼演说的风格比较精确；面对单个审判者发表的演说，风格更精确，这是由于很少有机会使用演说的手法，因为审判者更能一眼看出哪些话与案情有关，哪些话与案情无关；由于没有商讨，他的判断是单纯的。”“典礼演说的风格最宜于用来写文章，因为这种演说的用处在于供人阅读。”(1414a)

亚氏的风格学理论，对于后世欧洲的修辞学和散文风格有很大影响。

第四节 亚氏修辞学说的历史命运

一、从拉姆斯到佩雷尔曼

亚里士多德《修辞学》问世之前的修辞学是希腊古典修辞学。希腊古典修辞学曾经受到诡辩派的操纵，一度沦为颠倒是非、以假乱真以及为打赢官司而不择手段的诡辩工具。正是亚里士多德的《修辞学》挽救了希腊古典修辞学。

亚氏修辞学说的继承者是忒俄弗拉斯托斯，他写过好几部修辞学著作，其中一部是《论风格》。

从公元前4世纪末期起，演说在希腊衰落了，亚氏《修辞学》的影响力也随之衰落。其原因之一是希腊处在马其顿的高压之下，政治自由受到限制；其二是诡辩派的余毒未能肃清，使得一些哲学家看不到修辞学的价值。在很长的一段时间里，西方一些很有影响的哲学家都持有修辞学“无用论”的观点。

古罗马时期，大演说家西塞罗重述亚氏修辞学说，反对流行的技术传授。修辞学家昆体良著有《修辞规范》一书，继承了亚氏传统。

然而，历史经过漫长的中世纪和文艺复兴时期，亚氏的修辞学说，用比利时哲学家佩雷尔曼的话说，“被莫名其妙地遗忘了”。亚氏逻辑中的证明理论被发展为纯形式的数理逻辑，而论辩式推论被完全排斥在逻辑学大门之外，修辞学更是成为与逻辑无关的纯粹“美辞学”了。

历史发展到16世纪，亚氏学说的命运出现了转机。法国著名的逻辑学家拉姆斯(P. Ramus)自称是“真正的亚里士多德”，打算创立新型的逻辑——辩论中的技艺、证明的学说。他所研究的推理，既包括形式(证明)的推理，也包括论辩的推理。而“修辞学”这一术语则用于那些不能称之为“推理”的劝说性交际成分，并把这方面的研究任务交给了修辞学家奥默·塔隆(O. Talon)。然而，拉姆斯不幸死于一次宗教大屠杀，“出师未捷身先死，长使英雄泪满襟”。拉姆斯未能完成自己的历史使命。而塔隆则是在“修饰语言的艺术”这个意义上理解修辞学的，修辞学从此以后就仅仅被看作研究文学形式和语言表达方式的学科了。

比利时当代哲学家、逻辑学家恰姆·佩雷尔曼(Chaim Perelman)再次以复活亚里士多德的修辞学说为己任。20世纪50年代末，他和奥尔布雷赫兹-泰特卡女士合著的《新修辞学：论辩论》出版(法文版1959年，英文版1969年)，奠定了论辩修辞学的基础。1970年，威廉·布兰特《论辩修辞学》问世，标志着论辩修辞学日趋完善。

在佩雷尔曼看来，拉姆斯强调形式推理和论辩推理的统一性，这是他的历史功绩，但是拉姆斯认为“劝说性”修辞手段不具有推理的特征，在这一点上他是错误的。佩雷尔曼认为，这些劝说性修辞是一种“压缩的论证”，也应当属于推理的组成部分。正因为如此，修辞式推论才会成为卓有成效的说服方法。

自从莱布尼茨倡导人工语言以来，形式化的数理逻辑得到充分的发展。数理逻辑的单义性和它严格的形式推理系统，令人们叹为观止。然而一些逻辑学家把逻辑的定义限制于形式语言的研究，把逻辑学归结为形式逻辑，认为形式逻辑以外无逻辑，从而导致对非证明的推理领域的忽视。

事实上，形式语言的单义性是以排斥自然语言的丰富性以及不一致、烦琐或不可接受为代价的，而以自然语言为载体的修辞式或论辩式推论就不同了。比如说，一位父亲教育儿子说：“孩子要诚实，不能说谎。”可是当他偷偷吸烟的时候，却对儿子说：“不要告诉妈妈，小孩要听大人的话。”两者自相矛盾，但都有理由。那么“儿子”该怎么做呢？再说“诚实”，诚实是美德，然而对敌人也要讲诚实么？这些都是纯形式逻辑无法接受和处理的。然而修辞术或论辩术却可以讨论并解决这些问题。因为它们使用的是具有实用价值的或然式证明，它们的推理属于非形式逻辑。

作为当代修辞学的一个分支，论辩修辞学研究各种论证技巧，分析能使论辩毫无阻碍地开始、顺利地发展并取得良好效果的条件。《新修辞学》讨论了各种类型的论辩，并对论辩过程中所产生的特殊问题进行了详细的分析。这是一些“准逻辑的论证”。

对于论辩的这种“准逻辑论证”，有人问，各种类型的论辩论证能不能归结为纯粹的形式结构？佩雷尔曼说，对这样的问题要给出一个完全普遍性的回答是不可能的，但是可以列举可能将论辩归结为形式运算所要求的条件。在佩雷尔曼看来，待条件成熟的时候，论辩论证的形式化并非是不可能的。

佩雷尔曼的新修辞学亦即论辩修辞学，继承了亚氏修辞学的传统，并使之迈进了现代修辞学的新领域。

自从亚里士多德提出修辞式推论以来，历史已经发展到了 21 世纪，该是修辞式推论返回修辞学家园的时候了。

二、“批判性思维”之潮

在 20 世纪后 30 年里，“批判性思维”逐渐成为人们关注的一个热点，也再次唤起了人们对亚里士多德修辞学说的兴趣。

北美非形式逻辑与批判性思维运动、法国激进论辩主义和荷兰语用论辩术的兴起，可以看成是批判性思维研究兴起的直接动因；佩雷尔曼的“新修辞学”也有重要的启示作用。

什么是批判性思维？北美非形式逻辑与批判性思维协会主席罗伯特认为，它是“用慎思的怀疑态度去从事活动的倾向或技能”。这个定义强调“批判性思维”是一种方法和能力。也有人把“批判性思维”定义为“通过积极、严谨的分析、评价，以辨别、确定某一论题、论述的是非正误的思维过程”，简言之，就是论辩思维。当然还有其他说法。

尽管目前对“批判性思维”还缺乏统一的诠释，但是我们可以把握它的一些基本特征。比如说，批判性思维的基本信念是“任何思想都没有受质疑的豁免权”，也包括思维者对自己思想行为的反思和质疑；批判性思维通过对论证的评估和建构，思维者可以据以选择自己的信念，并做出行动的决策；批判性思维的目标在于追求合理性，追求真、善、美；如此等等。因此我们可以这样认为：批判性思维既是一种思维的论辩方法，也是一种分析、评价、决策的能力和技巧。

论辩术是批判性思维的重要方法。人类许多最有意义和最具批判性的交流是以辩论的形式进行的。这样的辩论可以发生在人际间的交流,也可以发生在个人正反两方面的思考和选择之中。也就是说,论辩性对话有时会被看作是以个人独白方式进行的,论辩对象只是潜在的另一方。

论辩术作为一门古老的艺术,早在古希腊时期,苏格拉底就在与人无休止的辩论中总结出"教育应在交谈中揭示真理,通过交流使人信服"的教学方法论。他的弟子柏拉图把论辩术定义为"用论据赢得人心的一种普遍性艺术"。至于柏拉图的弟子亚里士多德,则是论辩术研究的集大成者,并且创立了科学的修辞学。在亚氏看来,修辞术是论辩术的分支(《修辞学》1356a);在我们看来,恰恰相反,论辩术应是修辞术的分支。历史发展到了今天,论辩术的研究无论是深度还是广度,都是以往所不能及的。

当代论辩术的研究,通常包括以下一些基本内容:

辩题的提出和确认。

(1)制定论辩方案。(正方和反方)

(2)论据以及论据的检验。

(3)论辩的表达。(书面论辩、口头论辩)

(4)推论。(推论的结构、种类)

(5)反驳。(反驳的种类)

(6)谬误。(谬误的种类)

(7)论辩的评价。

在知识密集、崇尚民主与科学的今天,论辩术更加受到人们的重视,它是人们实现批判性交流的语言形式。这种形式既可以通过语言的交锋达到启发思维、追求真知的目的,又可以成为对重大决策的有效手段,因而在当今的社会生活中发挥着越来越大的作用。

非形式逻辑可以说就是论辩思维的逻辑。亚里士多德的逻辑本来就是有关论辩的逻辑,是对古希腊时期政治论辩、学术论辩的逻辑总结。亚氏说:"我们首先要说明我们研究的对象以及这种研究属于什么科学:它所研究的对象是证明,它归属于证明的科学。"(24a10)"三段论是一种论证"(24b15),"推理是一种论证"(100a25)。所谓"非形式逻辑",是相对于"形式逻辑"亦即"数理逻辑"而言的,它无须建立严格的形式系统,不是"形式化"了的逻辑。它可以应用自然语言进行论述,以提高人们批判性思维的能力,发展论辩思维。

非形式逻辑是关于批判性思维的逻辑,但批判性思维并不就是逻辑,只有总结出批判性思维中的逻辑规律和规则,才能算得上逻辑。批判性思维的逻辑可以是非形式的，但并不意味着它不能形式化。由于“形式化”的复杂性，就目前来说，非形式逻辑的研究具有更重要的实践意义。

“批判性思维”作为当代的一种思潮，席卷了哲学、逻辑学、语言学、心理学和教育界。西方国家有许多以“批判性思维”为研究对象的团体和刊物。加拿大几乎所有大学都开设批判性思维的相关课程。澳大利亚每位大学生都必须通过批判性思维能力的测试。中国教育部制定的《语文课程标准》中，也强调要“发展想象能力、思辨能力和批判能力”。最近 30 年来，许多关于论辩和批判性思维的论著和教科书相继问世，推动这一思潮一浪高过一浪。

三、语用学的兴起

语用学是符号学的分支。现代符号学创立于 20 世纪初年，瑞士语言学家索绪尔（F. Saussure）和美国哲学家皮尔斯（C. S. Peirce）是符号学两位公认的奠基人。美国哲学家莫里斯（C. W. Morris）把符号学三分为语形学（syntactics）、语义学（semantics）和语用学（pragmatics）。语形学研究符号的符形，语义学研究符号的意义，语用学研究语境中符号的意义。

语用学作为符号学的一个分支，似乎与亚氏修辞学说搭不上关系，其实不然。正是语用学的研究，为亚氏修辞学说带来了蓬勃生机，创造了崭新的局面，使得修辞式推论更有条件回归它的修辞学家园。

语用学作为符号学的一个维度，是当代常用的一种思维方法。瑞士哲学家鲍亨斯基（J. M. Bocheński）把符号学三个组成部分——语形学、语义学和语用学看成符号学思维方法的三个维度，它们好像一个几何体一样，具有三个维度关系。他说，当一个人向另一个人说写什么的时候，他所用的每个词都涉及三个不同的对象，因此形成句法（语形）的、语义的和语用的三种不同的关系。① 语用学研究情境中的意义，也逻辑地包含了一般意义和形式意义的研究。

历史回溯到 1892 年，德国哲学家弗雷格（G. Frege）在他的《论涵义与指称》论文中提出了“预设”问题。他说，如果人们陈述某些东西，总有一个预设，即所用的专名总有一个意谓。例如“开普勒死于贫困”，就预设“开普勒”这个名字表示某物，“开普勒”这个名字也是其否定句“开普勒没有死于贫困”的预设。“预设”理论经过英国哲学家罗素（B. A. W. Russell）、斯特

① 鲍亨斯基：《当代思维方法》，童世骏等译，上海人民出版社 1987 年版，第 35—37 页。

劳森(P. F. Strawson)等人的发展,成为语用学说的基本理论之一。

1955年,英国哲学家奥斯汀(J. Austin)在美国哈佛大学做了题为《论言有所为》的系列讲演,提出了"言语行为"理论。他把"言语行为"(speech acts)区分为"语谓行为"(locutionary act)、"语旨行为"(illocutionary act)和"语效行为"(perlocutionary act)。例如,"请把窗子打开!"这个话语就是语谓行为;说话人表示"请求",为语旨行为;听话人把窗子打开了,就是语效行为。美国哲学家塞尔(J. Searle)继承和发展了奥斯汀的言语行为学说,并把它看作人类言语交际的理论。

1967年,美国哲学家格莱斯(H. P. Grice)也在哈佛大学做了系列演讲,提出了"会话含义"(convesational implicature)理论。例如甲:"晚上打牌好吗?"乙:"明天考数学。"可以推出:晚上不陪你们打牌了。这推出来的意思就是会话含义。会话含义理论后来也有许多发展,称为"新格莱斯理论"。

1983年,英国语言学家莱文森(S. C. Levinson)出版《语用学》一书,构建了一个比较系统完整的理论框架,初步界定了语用学的研究范围。他把语用学归结为五个方面的内容:(1)指索语;(2)言语行为;(3)预设;(4)会话含义;(5)会话结构。显然,以上哲学家们的创造都被纳入语用学的基本内容中了。

语用学还在另一条线上得到重要的发展,那就是形式语用学。

20世纪中期,美国逻辑学家蒙太格(R. Montague)发表了《语用学和内涵逻辑》等一系列论文,论述了语言表达式与内涵逻辑之间的关系,后来被人们称之为《蒙太格语法》。

语用学的兴起,为修辞式推论研究注入了新的生命活力,极大地丰富了修辞式推论的研究内容。我们可以举出许多例子,如:

①您要是把门关上,我就太感谢你了。

②我参加总统宴会时就穿这套西装。

③我不是不想去北京。

例①从言语行为上说,说话人把本来是"命令"的语旨行为转换为有条件的"感谢",以便取得更好的修辞效果。例②预设说话人"参加过总统宴会",巧妙地传达一个引以为豪的信息。例③的言外之意是:说话人想去北京,但是由于某种原因去不了北京。这些都是很巧妙的修辞,理应成为修辞式推论研究的重要内容。

佩雷尔曼说,任何劝说性的句子都是一个"压缩的论证"。也有人这样说,任何一个判断都是推理的结论。从修辞学的意义上,我们可以这样说,无论是记述性修辞还是表现性修辞，我们都可以做出许多推论。例如：

④天晴了。

这个简单不过的句子，属于平平实实的记述性修辞，我们却可以从中推出许许多多结论。比如：

a. 陈述了一个事实。

b. 在此之前，天不是晴的。

c. 可以出门了。

d. 可以晒衣服了。

e. 并非天不是晴的。

……

a 是就言语行为而言的；b 是预设；c 和 d 是会话含义；e 是直接推理。

这些推论都是"天晴了"这个句子的意义。修辞不就是为了"达意传情"么？修辞式推论就是要弄清"达"了一些什么"意"，"传"了一些什么"情"。"情"也可以理解为一种意义，即"情感意义"。

格莱斯"会话含义"理论的一些规则，如"要避免晦涩和歧义""要简洁""要井井井有条"等，本来就是修辞学的要求。格莱斯还用会话含义理论来说明隐喻、夸张、缓叙、讽刺、双关等修辞格。例如：

你是我咖啡里的奶油。

人怎么会是"奶油"呢？从表面上看，说话人违背了会话的质的原则，说了虚假的话，然而在实际上，这是个隐喻，"奶油"喻指"精华"，属于表现性修辞。格莱斯理论为我们提供了重要的修辞式推论的语用学理论根据。

当代"批判性思维"运动也同语用学密切相关。荷兰阿姆斯特丹大学教授凡·爱默伦(H. van Eemeren)等吸收了奥斯汀言语行为理论和格莱斯会话含义理论之后，提出了自然语言论证的分析、评价与表达的语用辩论术，被称为"阿姆斯特丹学派"。他们研究了论辩方法与修辞方法之间的关系，并把修辞方法整合到重构论辩性话语的语用论辩方法之中。简言之，语用论辩术就是从语用学的角度对日常生活中的自然语言论证进行分析和评价。

综上所述，我们不难看出语用学的兴起对于修辞式推论的巨大影响。修辞式推论应是语用学的一个重要分支。

四、修辞的形式推演

语用学研究自然语言的推论，历来有两种不同的方法，一种是非形式的，即用自然语言进行推论的方法，比如语言学家莱文森他们所使用的方法;另一种就是形式的方法,比如逻辑学家蒙太格他们的方法。前者称为“描述语用学”,后者称为“形式语用学”。

修辞式推论既可以是描述的,也可以是形式的。前面所举各例使用的都是描述法,即用自然语言阐释的方法。所谓“形式”的方法,是指应用人工语言给出推论的推导过程。

由于人工语言具有单义性,使用形式分析法有助于消除自然语言的不确定性,使得推论更为准确和鲜明。下面简略地分析几个例子:

例1:某公司来了一位漂亮的女职员,追求者甚多。在一次聊天中,她似乎不经意地说了一句话,从此避开了男青年们的纠缠。这句话是:

我男朋友要我读点泰戈尔。

翻译和推导的过程是:

$\Rightarrow \exists x(F(x) \land x=b) \land R(a,b) \land \exists pR'(b,p)$

$\vdash R(a,b) \land \exists pR'(b,p)$(合取消去)

$\vdash R(a,b)$(合取消去)

$\Rightarrow$表示翻译,$\exists$表示存在,F=男朋友,$\land$表示“并且”,a表示“我”,b表示“我的男朋友”,R=有,R′=要,p=我读点泰戈尔。$\vdash$表示推出。公式第一行的意思是说,汉语句子“我男朋友要我读点泰戈尔”可以翻译为形式语句$\exists x(F(x) \land x=b) \land R(a,b) \land \exists pR'(b,p)$,读作:存在x,x是男朋友,他就是b,并且我有男朋友,并且我男朋友要我读点泰戈尔。第二行的意思是:从第一行可以推出我有男朋友,并且我男朋友要我读点泰戈尔。第三行推出:我有男朋友。“我有男朋友”实际上就是这句话的预设,所谓“话中有话”,听者明白名花已经有主,于是放弃了追求。这位女职员是否有了男朋友并不重要,重要的在于她巧妙地运用预设的方法,既不伤害同事,又达到了交际的目的。多么巧妙的修辞啊!

例2:

新来瘦,非关病酒,不是悲秋。

(李清照《凤凰台上忆吹箫》)

翻译和推出:

$\Rightarrow \neg p \land \neg q$(p=新来瘦由于病酒;q=新来瘦由于悲秋)

设:$p \lor q \lor r$(r=新来瘦由于离愁)

已知:$\neg p \land \neg q$

$\vdash r$(选言三段论否定肯定式)

$\neg$表示否定,$\lor$表示“或者”,p、q、r表示命题。作者的本意是说:新来瘦由于离愁。但她偏不直接说出来,而是给出两种否定,要读者从语境中推出结论，显示出一种委婉含蓄的修辞效果。

例 3：

时间就是金钱。（流行语）

翻译和推出：

$\Rightarrow\lambda A\lambda B\{A\neq\varnothing\wedge B\neq\varnothing\wedge A=B\}$（λ 读为“莱姆达”，是一种演算符号，$A=\{时间\}$，$B=\{金钱\}$，∅表示空集）

$\vdash\{时间\}\neq\varnothing\wedge\{金钱\}\neq\varnothing\wedge\{时间\}=\{金钱\}$

读作：时间和金钱都是存在的，并且时间等于金钱。

∵金钱＝{货币，…}

时间＝{物质运动的存在方式，非货币，…}

∴{时间}≠{金钱}

设：$^{\wedge}$金钱＝{货币，珍贵，…}（$^{\wedge}$表示内涵义）

$^{\wedge}$时间＝{非货币，珍贵，…}

⊢时间～金钱（～表示“相似于”）

读作：时间像金钱一样珍贵。

这句话是个隐喻，说明了时间和金钱一样珍贵，赢得时间就等于赢得了金钱。“时间就是金钱”由于外延义解释不通，转而应用内涵逻辑的方法推导出它的隐喻意义。

以上三个形式推演的例子只在于说明修辞的形式推演的高度准确性。在我们这本书里，为了方便，所谓“割鸡焉用牛刀”，在一般情况下，我们使用描述的方法；如果必要，我们也适当地使用形式的方法。

第五节 汉语修辞式推论研究简述

一、名辩学说

中国是一个有着悠久的修辞学传统的国家，虽然对于汉语修辞式推论研究没有系统理论的创造，但也做过重要贡献。其中名辩学说、推类理论、连珠体和言意论等，都是这个大型宝库中的珍品。

先秦时期，社会经济政治发生重大变革，“名实相怨”，诸子百家因“名”生辩，形成一场热闹非凡的“名辩”之争。

名家以“名”命名，在于他们关注“名”（概念）的研究。名家最早也被称为“辩者”(相似于古希腊的“智者”),因为他们好辩而且善辩。

名家早期的代表人物邓析,一方面主张“按实定名”“循名责实”,一方面又“操两可之说,设无穷之辞”,开先秦名辩的先河。《吕氏春秋》记载了这样一件事情:

> 洧水甚大,郑之富人有溺者。人得其死者,富人请赎之,其人求金甚多。以告邓析,邓析曰:“安之,人必莫之卖矣。”得死者患之,以告邓析,邓析又答之曰:“安之。此必无所更买矣。”
>
> (《吕氏春秋·离谓》)

这是“两可之说”的典型例子。针对得尸者和赎尸者的不同需求,邓析提出的方案似乎相矛盾,而在实际上由于情境不同,两个推论都没有错误。至于结果,那只能是彼此让步,达成共识。

先秦名家拥有许多著名的“辩者”,提出过许多著名的论辩推理。惠子(惠施)就是代表人物之一。庄子在《天下》篇里记录了惠子“天与地卑”“山与泽平”“今日适越而昔来”以及“鸡三足”“卵有毛”“犬可以为羊”等著名辩题,可惜没有记录惠子当时的论证过程,为此我们深感遗憾。惠子同庄子的“濠梁之辩”,庄子最后一句话是:“请循其本。子曰‘汝安知鱼之乐’云者,既已知吾知之而问我,吾知之濠上也。”惠子与庄子的辩题是“人能不能知道鱼的快乐”,而庄子最后的辩护却是在濠上知道的,这叫“偷换论题”,是一种诡辩。所以这场辩论的胜者应是惠子。

名家公孙龙和他的“白马非马”论在先秦的“名辩”学说中是具有代表性的,甚至直到今天,人们仍然津津乐道。公孙龙《白马论》开篇与问难者的一段对话是:

> “白马非马”可乎?曰:可。曰:何哉?曰:马者,所以命形也;白者,所以命色也。命色者非命形也。故曰:白马非马。……
>
> (《公孙龙子·白马论》)

公孙龙的意思是说,“白”和“马”不是一个概念,“白马”的概念异于“马”的概念,所以说“白马非马”。这当然没有问题。紧接着,公孙龙还有许多论证。由此可见,“白马非马”并非诡辩,而是一个很“逻辑”的命题。公孙龙还著有《名实论》,系统地讨论了名家名实观念。

当然,名家的名辩思想未必为其他各家所认可,以致纷争不已。先秦各家中具有代表性的“名辩”观点还有:

儒家主张“正名”“以名正实”。孔子提出了“名不正则言不顺,言不顺则事不成”的名言思想;孟子则进一步将其发挥为“正人心,放淫辞”,他还是一位著名的雄辩家;荀子提出“循名实而定是非”,反对“擅作名以乱正名”，并且明确地提出“君子必辩”，发展了“辩说”推理和论证的理论。

道家主张“无名”。老子说：“无名天地之始，有名万物之母。”“道常无名。”庄子说：“泰初有无，无有无名。”“圣人无名。”进一步发挥了老子的“无名”思想。道家还主张“无辩”。老子说“大辩若讷”，庄子说“大辩不言”。

墨家主张“以名举实”，把名分为“达、类、私”三种，对名进行了更为具体的研究。墨家还对“辩”的任务、原则和方法做了精细的研究。他们认为，辩的任务应是“明是非之分，审治乱之纪，明同异之处，察名实之理，处利害，决嫌疑”；辩应遵守“以类取，以类予”的原则；“以名举实，以辞抒意，以说出故”是辩的基本方法。墨家建立了一个比较完备的名辩学说体系。

法家主张“名正物定，名倚物徙”，属于“正名”派。法家也认为“辩无用”，反对“辩士繁说”。

先秦以后，名辩之争仍绵绵不绝。直到今天，名辩学说仍然为人们所关注，被看成东方传统智慧的结晶。

二、推类理论

中国古代的逻辑思想突出地表现为推类理论。“推类”是以事物间类同关系为依据的推论，是人们生活实践中常用的一些推理形式。在先秦诸子的著作中，十分强调类同关系的认识，强调“知类”“察类”“明类”，以防“殊类”使推论走向谬误。

推类理论在《墨经》中得到比较充分而完善的研究。《墨经》兼收各家之长并融汇了自己的体会，总结出譬、侔、援、推等各种推类的论式，进行许多具体的讨论。

1.“譬”式推论

《小取》篇说：“辟（譬）也者，举他物而以明之也。”意思是说，举出另外为人们所熟知的事物，用以说明这个还不明确的事物之理，这就是“譬”式推论。例如：

> 今有一人，入人园圃，窃其桃李，众闻则非之，上为政者得则罚之。此何也？以亏人自利也。至攘人犬豕鸡豚者，其不义又甚入人园圃窃桃李。是何故也？以亏人愈多。苟亏人愈多，其不仁兹甚，罪益厚。至入人栏厩，取人牛马者，其不仁义又甚攘人犬豕鸡豚。此何故也？以其亏人愈多。苟亏人愈多，其不仁兹甚，罪益厚。至杀不辜人也，拖其衣裘，取戈剑者，其不义又甚入人栏厩取人牛马。此何故也？以其亏人愈多。苟亏人愈多，其不仁兹甚

矣，罪益厚。当此天下之君子皆知而非之，谓之不义。今至大为不义攻国，则弗知非，从而誉之，谓之义。此可谓知义与不义之别乎？

（《墨子·非攻上》）

墨子举出一连串人人皆知其非的“他物”用以说明“攻国”的不义，是很有说服力的。

“譬”式推论亦即比喻推理，是人们最常用的一种修辞式推论。

2.“侔”式推论

《小取》篇说：“侔也者，比辞而俱行也。”意思是说，以两个类同的命题（比辞）为依据进行推论，这就是“侔”式推论。例如：

白马，马也；乘白马，乘马也。

获，人也；爱获，爱人也。

（《墨子·小取》）

因为“白马”属于“马”的类，即“白马是马”，所以“骑白马是骑马”。同理，“获”是“人”，所以“爱获是爱人”。

3.“援”式推论

《小取》篇说：“援也者，曰：子然，我奚独不以为然也。”意思是说，引述（援）对方的论点与自己的论点做比较，以双方论点属同类，反驳对方对自己所持论点的否定，这就是“援”式推论。说得更为简单一些，就是：既然你的话是真的，为什么我的话就不真了呢？例如：

盗人，人也；多盗，非多人也；无盗，非无人也。奚以明之？恶多盗，非恶多人也；欲无盗，非欲无人也。世相与共是之。若若是，则虽“盗人，人也；爱盗，非爱人也”；不爱盗，非不爱人也；杀盗人，非杀人也，无难矣。

（《墨子·小取》）

世人有“盗人，人也；多盗，非多人也”等说法，既然人们都认为这些说法是正确的，那么墨者所说“盗人，人也；杀盗人，非杀人也”的说法为什么就不正确了呢？也就是说，它当然是正确的。这就是“引彼以例此”的道理。

“援”式推论兼有立论和驳论的作用，而以驳论为主。

4.“推”式推论

《小取》篇说：“推也者，以其所不取之，同于其所取者，予之也。是犹谓他者同也，吾岂谓他者异也。”“取”是采用，“予”是推演。“其所不取之”即尚未被认知的对象，“其所取者”即已被认知的对象。“推”就是“其所不取之”与“其所取者”属于同类而从已知类推未知。有人认为“推”就是归纳法，“取”是举例，“予”是推定。例如：

> 圣人以治天下为事者也，不可不察乱之所自起。当察乱何自起？起不相爱。臣子不孝君父，所谓乱也。子自爱，不爱父，故亏父而自利；弟自爱，不爱兄，故亏兄而自利；臣自爱，不爱君，故亏君而自利。此所谓乱也。虽父不慈子，兄不慈弟，君不慈臣，此亦天下之所谓乱也。父自爱也，不爱子，故亏子而自利；兄自爱也，不爱弟，故亏弟而自利；君自爱也，不爱臣，故亏臣而自利。是何也？皆起不相爱。
>
> （《墨子·兼爱上》）

这段话举出了一系列“乱起不相爱”的实例，以此推出“天下之乱皆起不相爱”的普遍性结论。这是归纳法。但说“推”只是归纳法，应当看作一家之言。

《墨子》中还讨论了假、或、止等诸多论式。

推类思想在先秦其他诸子和先秦以降的历史年代里都有许多讨论。例如，孔子提出了“举一反三”和“叩其两端”的推知方法。荀子提出“以类度类”，认为推论的前提在于“类不悖”，同类事物因为有共同属性故可以“以近知远”，但是由于情境的复杂性，也可能导致推论的错误。《吕氏春秋·察今》说：“有道之士，贵以近知远，以今知古，以益所见知所不见。”明确地指出推知是可能的，又在《召类》篇提出“类同相召”的类推方法，指出可能出现的错误推论。

先秦以后，推类的理论研究仍在继续。比如汉代刘安在《淮南子》中一方面主张类可推，“以类推之”，一方面又提出“类不可必推”，推类的结论并非必然为真。晋代嵇康提出“推类辨物，当先求自然之理”。他们都进一步发展了先秦的推类思想。

三、连珠体

连珠体是中国古代一种推论的表达形式，后来融入文学成分，逐渐演变为一种文学体裁，成为文艺性推论。

连珠体的形成可以追溯到先秦时期。当年邓析曾有两段连珠徘偶的文字，有人将其看作连珠体最早的作者。现录其一如下（着重号为作者加，下同）：

> 夫负重者患途远，据贵者忧民离；负重途远者身疲而无功，在上离民者虽劳而不治。故智者量途而后负，明君视民而出政。

（《邓析子·无厚篇》）

这是一个修辞式推论。“故”即“所以”，“故”之前为前提，之后为结论。

五代时期沈约说：“连珠者，盖谓辞句连续，互相发明，若珠之结排也。”（《注制旨连珠表》）邓析这段文字确实“若珠之结排”，或许只是着眼于修辞，并非有意创立某种文体。而韩非的连珠之作，似乎是有意为之。

战国末年，法家代表人物韩非“内外储说”等篇中有许多联语论式，包括论点和推论，用“故”“是以”“何故”“其说在”等词语连接，成为连珠体的最初形式。韩非的联语论式多至数十篇，现录其二：

> 观听不参，则诚不闻；听有门户，则臣壅塞。其说在：侏儒之梦见灶，哀公之称“莫众而迷”。故齐人见河伯，与惠子之言“亡其半”也。其患在：竖牛之饿叔孙，而江乙之说荆俗也。嗣公欲治不知，故使有敌。是以明主推积铁之类，而察一市之患。
>
> （《韩非子·内储说上》）
>
> 人有祸则心畏恐，心畏恐则行端直，行端直则思虑熟，思虑熟则得事理。行端直则无祸害，无祸害则尽天年；得事理则必成功，尽天年则全而寿；必成功则富与贵；全寿富贵之谓福，而福本于有祸，故曰：祸兮福之所倚，以成其功也。
>
> （《韩非子·解老》）

其一，第一联“观听不参，则诚不闻；听有门户，则臣壅塞”为假言前提。此后“其说在”和“其患在”，从正反两方面，用七个历史故事论证了前面的假言命题。它们又都是“是以”的前提，由它们共同推出“是以”的结论。其二，“故曰”前面有四联连珠，由此推出“祸兮福之所倚，以成其功也”的结论。前提一、二联还是“顶真”修辞格，又名“连珠”格。

西汉文学家扬雄仿韩非作连珠，并与文学相结合，赋予“连珠”之名，使连珠格式更趋完整，所以人们通常把扬雄称之为连珠体的首创者。扬雄的连珠作品今存两首，现录其一：

> 臣闻：明君取士，贵拔众之所遗，忠臣荐善，不废格之所排。是以岩穴无隐而侧陋章显也。
>
> （《扬侍郎集》）

“是以”前为第一联，是推论的前提，“是以”后为第二联，是结论。“是以”前后体现了完整的连珠推论形式。

自扬雄创立连珠体以后，仿作者不少，其中最有成就的当推晋代陆机。陆机是西晋文坛上最有声望的人物之一，曾作《演连珠》50首，现录其二：

> 臣闻：利眼临云，不能垂照；朗璞蒙垢，不能吐辉。是以明哲

之君，时有蔽壅之累；俊义之臣，屡抱后时之悲。

臣闻：音以比耳为美，色以悦目为欢。是以众听所倾，非假百里之操；万夫婉娈，非俟西子之颜。故圣人随世以擢佐，明主因时而命官。

（萧统《文选》）

其一为二联连珠，第一联是前提，由“是以”推出第二联结论。其二为三联连珠，第一联是前提，由“是以”推出第二联结论；又以第一、第二联为前提，由“故”推出第三联结论。

陆机的演连珠，五代刘勰赞之为：“义明而辞净，事圆而音泽，磊磊自转，可称珠耳！”（《文心雕龙·杂文》）刘勰认为，扬雄以下的一些连珠体作者“欲穿明珠，多贯鱼目”，只有陆机“演连珠”才是真正的“明珠”。

连珠体是汉语修辞式推论的一种特殊形式，一颗璀璨夺目的明珠。

四、言意论

“言意论”讨论“言”和“意”之间的关系。说得具体一些，就是人们的表达能否真正地“达意传情”，实现成功的交际。或者说，听读者能否从说写者的“言”推出他真正的“意”来。

1.“诗言志”

中国最早的古籍之一《舜典》，记载了帝舜对乐官夔说过的一段话，其中有云：“诗言志，歌永言，声依永，律和声。”《诗·关雎序》解释说：“诗者，志之所之也。在心为志，发言为诗。情动于中而形于言。言之不足，故嗟叹之；嗟叹之不足，故永（咏）歌之；永歌之不足，不知手之舞之，足之蹈之也。”所谓“内志而诗外”，言诗是志的表达。

“诗言志”的“志”应是志向，有人解释为“情志”。一般地说，“志”可以理解为“诗”作者所表达的思想感情，也就是人们常说的“意”。诗可以表意，推而广之，文章也可以表意，音乐、舞蹈乃至其他形式都可以表意。

《左传》记载了这样一件事情：

郑伯与公宴于棐，子家赋《鸿雁》。季文子曰：“寡君未免如此。”文子赋《四月》。子家赋《载驰》之四章，文子赋《采薇》之四章。郑伯拜，公答拜。

《左传·文公十三年》

鲁文公归国途中在棐地会见郑穆公，郑伯想请文公帮助郑国和晋国达成和议。郑国子家先赋《鸿雁》，意思是说郑国弱小，希望得到鲁文公的帮助。

鲁国季文子赋《四月》，表示文公行程已超过预期，无暇去晋了。子家赋《载驰》第四章，意思是小国有急难，恳求大国援助。季文子赋《采薇》第四章，答应帮忙。双方都是通过吟诵《诗经》中的诗篇来表达各自思想感情的。他们所要表达的思想感情，都是从诗篇的含义中推论出来的。

“诗言志”是说，诗是作者思想感情的言语表达形式。如果言语不足以表达思想感情，还可以嗟叹之、咏歌之、舞蹈之。对于这次郑国和鲁国的外交谈判，双方似乎都觉得言语不足以表达各自的思想感情，于是采用吟诵诗篇的方法，最终实现了成功的交际。

“言”是“意”最重要的表达形式，但不是唯一的形式。

2.“辞达而已”

孔子在《论语·卫灵公》中有一句名言：“辞达而已矣。”孔子这句话，甚至直到今天仍然为一些人误解。许多人都认为孔子的意思是说：说话写文章只要能够表达意思就行，无须修饰和推敲。然而孔子的原意并非如此。

在孔子那里，“辞达”是表达的高标准，对修辞的严要求。我们不妨联系孔子另外的一些论述：

《左传·襄公二十五年》，孔子说：“《志》有之：‘言以足志，文以足言。’不言，谁知其志？言之无文，行而不远。”（文，“文采”和“修饰”之意）

《礼经·表记》，孔子说：“情欲信，辞欲巧。”

《论语·季氏》，孔子说：“不学诗，无以言。”

《论语·宪问》，孔子赞扬了郑国大臣们对于公文写作的认真态度，他说：“为命，裨谌草创之，世叔讨论之，行人子羽修饰之，东里子产润色之。”一道公文竟然经过这么多的步骤，有这么多人参与，无非要求“辞达”而已。

从这些论述中不难看出，孔子对于说话写文章，绝不是仅仅满足于“表达意思就行”。“辞达”的真正含义就是我们在第一章所说的：“表之于外”并且“达及他人”，使听读者具有说写者同样的思想感情。

因此，说话写文章要做到“辞达”，绝不是一件容易的事情。古人对此也有过许多论述。例如：

宋代苏轼《答谢民师书》说：“夫言至于达意，即疑若不文，是大不然。求物之妙，如系风捕影，能使是物了然于心者，盖千万人而无一遇也，而况能使了然于口与手者乎？是之谓辞达。辞至于能达，则文不可胜用矣。”

明代方孝孺《逊志斋集·与舒君》说：“文者，辞达而已矣，然辞岂易达哉？……夫所谓达者，如决江河而注之海，不劳余力，顺流直趋，终焉万里。势之所触，裂山转石，襄陵荡壑。鼓之如雷霆，蒸之如烟云，登之如太空，攒之如绮縠；回旋曲折，抑扬喷伏，而不见艰难辛苦之态，比至于极而后止，此其所以为达也，而岂易哉？”

那么，“而已矣”是什么意思？它不就是“足够了”的意思么？其实孔子所说的“而已矣”是有针对性的。孔子主张修辞，但是反对过分文饰，反对花言巧语。因为这样反而会因辞害意，不能做到“辞达”。《论语·公冶长》记载说：“或曰：‘雍也，仁而不佞。’子曰：‘焉用佞？御人以口给，屡憎于人。不知其仁，焉用佞？’”“佞”指巧言强辩。孔子认为，那些滔滔不绝与人争辩之徒，令人憎恨，所以用不着巧言强辩。在《学而》中，孔子说：“巧言令色，鲜于仁。”意思是花言巧语、相貌伪善的人，很少有仁德。孔子还教导颜渊“远佞人”，因为“佞人殆”（《卫灵公》）；而他自己则“非敢为佞也”（《宪问》）。

“辞达”之难还在于“达”的追求是无止境的。例如：

> 齐己《早梅》诗：“前村深雪里，昨夜数枝开。”郑谷曰：“数枝，非早也，未若‘一枝’。”
>
> （宋长白《柳亭诗话》）

“一枝开”为“点睛之笔”。齐己对郑谷的“一枝”说深为佩服，将其称为“一字师”。梅花开于百花之前，而这一枝又先于众梅，更可谓“早”了。“数枝开”已经“早”矣，就是说已经“达意”了，而“一枝开”则“辞”更“达”了。

修辞的努力没有止境，因此我们说：说话写文章常常会留下遗憾。

3.“言尽意”和“言不尽意”

“言”是“意”的表达，“达意”必须“达及他人”，而且“达意”的追求是没有止境的。那么“言”能尽意么？言能尽意或者不能尽意，于是就有了两种相对立的学说：“言尽意”论和“言不尽意”论。

先秦时期，许多论者，特别是儒、墨两家十分强调“言”的表意作用，只是没有人明确地提出“言尽意”的主张。例如：

《墨经》说：“言，口之利也。”意思是：言是口的一种功能。又说：“执所言而意得见，心之辩也。”进一步认为，通过话语可以了解说话人所要传达的思想感情，因为“心”（脑）具有辨察和分析的能力。至于“言”能否尽意，《墨经》没有说。

荀子《非相篇》说：“谈说之术，矜庄以莅之，端诚以处之，分别以喻之，譬称以明之，欣欢芬芗以送之。宝之，珍之，贵之，神之。如是则说常无不受。”他也只是认为在通常情况下，只要方法得当，“言”不会不被对方所接受。

至于孔子，他曾经说过“一言可以兴邦”“一言可以丧邦”，充分强调了言语的成事功能。他还认为，“不知言，无以知人也”（《尧曰》），透过话语可以了解说话人的思想感情乃至道德品质，强调了言语的认知功能。

然而正是孔子提出“言不尽意”之说。据《易经·系辞上传》记载：“子曰：‘书不尽言，言不尽意。’”意思是说，文字不能记录所有的言语，言语不能表达所有的思想感情。

先秦“言不尽意”论的代表是道家。老子认为“道不可道”，“道”是说不清楚的，如果说清楚了那就不是“道”了。庄子对于“言不尽意”论则有更多的论述。

庄子在《天道》中说：“世上所贵道者书也，书不过语，语有贵也。语之所贵者意也。意有所随。意有所随者，不可言传也，而世因贵言传书。世虽贵之，我犹不足贵也，为其贵非其贵也。”庄子认为“书不足贵”，因为道不可以言传，言不能尽意。

在《天道》中，庄子又引用了轮扁答桓公的话说：“臣也以臣之事观之，斫轮徐则甘而不固，疾则苦而不入，不徐不疾，得之于手而应于心。口不能言，有数存焉于其间。臣不能以喻臣之子，臣之子亦不能受之于臣。是以行年七十而老斫轮，古之人与其不可传也，死矣。然则君之所读书，古人之糟魄已夫？”庄子以轮扁的话作譬，进一步论证了他“言不尽意”“书不足贵”的思想。

先秦以降，“言”能否尽意的争论连绵不绝，其中以晋代欧阳建的“言尽意”论和王弼的“言不尽意”论最为著名。

欧阳建之“言尽意”的论证是：

“夫天不言，而四时行焉；圣人不言，而鉴识存焉。形不待名而方圆已著；色不俟称而黑白已彰。然则名之于物，无施者也；言之于理，无为者也。而古今务于正名，圣贤不能去言，其故何也？诚以理得于心，非言不畅；物定于彼，非名不辩。言不畅志，则无以相接；名不辩物，则鉴识不显。鉴识显而名品殊，言称接而情志畅。原其所以，本其所由，非物有自然之名，理有必定之称也。欲辩其实，则殊其名；欲宣其志，则立其称。名逐物而迁，言因理而变。此犹声发响应，形存影附，不得相与为二矣。苟其不二，则言无不尽。吾故以为尽矣。”（《全晋文》）

欧阳建旗帜鲜明地亮出了“言尽意”的观点，而且论证也是清晰、有力的。

王弼“言不尽意”论的论证是：

“名也者，定彼者也；称也者，从谓者也。名生乎彼，称出乎我。故涉之乎无物而不由，则称之曰道；求之乎无妙而不出，则谓之曰玄。妙出乎玄，众由乎道……名号生乎形状，称谓出乎涉求。名号不虚生，称谓不虚出。故名号则大失其旨，称谓则未尽其极。”（《老子指略》）王弼论证的根据是：

名号和称谓都是“道”的一个侧面，是不可到达至极的道，所以道不是言称所能及的。也就是说，“言”不能尽意。

那么“言”究竟能不能尽意呢？这要具体问题做具体分析。

应当说在一般情况下“言”能尽意，人们可以把自己的思想感情诉说得淋漓尽致，即所谓“达意传情”。这就是修辞所要求做到的。如果在任何情况下“言”都不能尽意，那么还说得上什么“辞达”么？

然而在有些情况下，比如深邃无极的哲理（如王弼所说的“道”）和非语言的直觉思维或纯感情，则“言”是不能尽意的。这就是“言有尽而意无穷”的意思。例如：

寒雨连江夜入吴，平明送客楚山孤。
洛阳亲友如相问，一片冰心在玉壶。

（王维《芙蓉楼送辛渐》）

最后一句“一片冰心在玉壶”，即使我们能够对“冰心”“玉壶”以及背景情境等做出细腻的分析，而作者对于洛阳亲友的那份感情，也难以说得一清二楚。实际上就是作者自己，恐怕同样说不清楚，因为这里面存在许多直觉和纯感情的因素，它们不是以语言为载体的。

从以上简略的叙述来看，在中国悠久的文化历史中，虽然没有形成汉语修辞式推论的理论系统，但是蕴藏着极为丰富的推论思想，值得我们认真地研究和总结。

第三章　情境省略

第一节　情境，省略的必然和可能

一、修辞必须适应情境

人们的言语交际，总是在特定的情境中进行的。“修辞必须适应情境”，这是修辞学的一条基本原理。

“适应情境”，既是修辞者修辞的出发点和依据，也是评价修辞成功与否的标准。因为修辞就是为了美化语言，而语言符号本身无所谓美与不美，语言的美全在于用得恰当。而切当与否，只有在特定的情境中才能显现出来。所以修辞必须从具体情境出发，讲究修辞的实际效果。

修辞必须适应情境，不能认为使用了美丽的辞藻，表达式就是美的；有时候可能恰恰相反。例如：

> 乙：我刚才那么一叫，我的最亲爱的、男性的、分割不开的、光辉灿烂的爸爸！只听得一声巨响，如雷贯耳，波澜壮阔，眼中熊熊的烈火，乱冒金星！
>
> 甲：什么呀？
>
> 乙：最亲爱的爸爸伸出英雄的魔掌，给了我一个关键性的嘴巴！
>
> 甲：活该，谁叫你乱形容呢？
>
> （老舍《乱形容》）

老舍先生笔下的乙，只知道胡乱堆砌辞藻，不顾在情境中切当与否，自然免不了闹出笑话。这就是说，在特定的修辞情境中，无论什么样华丽的辞藻，如果用得不恰当，那都只能是丑而不是美。

同这个例子恰成对照，请看大诗人李白一首广为流传的五言绝句：

床前明月光，疑是地上霜。

举头望明月，低头思故乡。

（李白《静夜思》）

这首差不多连三岁小儿都会背诵的小诗，没有精工华美的辞藻，但是清新自然，明白如话，每个词都用得十分切当，让人们深切地感受到那种“无意于工而无不工”的妙境，所以千百年来传诵不绝。

修辞必须适应情境，同一表达式用在不同情境中可能表达不同的意义。例如一对情侣相约在某个地方幽会，其中一人说：

我早就在这里等着你了。

如果是早到的男友对刚刚到达的女友说的，一般是表达自己深情地爱着对方；如果相反，男友迟到了，则可能是女友对男友的责怪和抱怨。可是，如果是公安人员在逮捕一个逃犯时说的，那又是完全不同的一个意思，这句话意味着“法网恢恢，疏而不漏”，凸显出强大的威慑力量。

修辞必须适应情境，所以修辞者可以充分而巧妙地利用各种情境因素，创造出最佳的言语表达式来。例如下面两副对联：

①磨刀以待，问天下头颅几许？

及锋而试，看老夫手段如何！

②相逢尽是弹冠客；

此去应无搔首人。

读者不禁要问：例①说的是哪一路英雄好汉，敢有这么大的口气？例②说的是什么世外桃源，会有如此美妙的社会？其实只要点出修辞的情境，人们在哑然失笑之余，不得不佩服修辞者利用情境的巧妙构思。原来贴这两副对联的是两家剃头店。读者们想想，在剃头店这个特定的情境中，这样修辞是不是最恰当不过了？古往今来，有多少聪明人巧妙地利用情境因素，创作了多少“绝妙好辞”！

“修辞必须适应情境”，既是修辞学的一条基本原理，也是寻求语言美的修辞者必须遵循的一条重要原则。修辞没有永久灵验的处方笺，要取得良好的修辞效果，就必须适应情境；只有适应情境，语言才是美的。

吕叔湘先生认为，修辞“好比穿衣服，人体有高矮胖瘦，衣服要称身；季节有春夏秋冬，衣服要当令；男女老少，衣服的材料花色不尽相同。总之是各有所宜。修辞就是讲究这个‘各有所宜’”。[①] 修辞情境永远是各不相同的，“各有所宜”就是要适应修辞情境。

---

① 吕叔湘：《漫谈语法研究》，《中国语文》1978 年第 1 期。

二、修辞的情境因素

修辞情境包含许多同修辞相关的因素，它们是修辞的情境因素。比如特定的时空条件，有两个或两个以上进行交际的人，有交际所涉及的事物，交际的目的，交际双方使用的语言符号，还有相关的社会和历史背景，如此等等。它们在很大程度上决定或影响着修辞的内容和方式。

在交际的过程中，当交际双方应用语言符号表达自己的思想感情，并在对方感知这些符号的时候，修辞情境便出现了。先看一个例子：

> 一秀才买柴，曰："荷薪者过来。"卖柴者因"过来"二字明白，担到面前。问曰："其价几何?"因"价"字明白，说了价钱。秀才曰："外实而内虚，烟多而焰少，请损之。"卖柴者不知说甚，荷的走了。
>
> （赵南星《笑赞》）

"荷薪者"即担柴的人。"请损之"，是要对方降点价钱。这位酸秀才在"荷薪者"面前咬文嚼字，最终把买柴的事情办砸了。这是一次失败的交际。

修辞的情境因素，从修辞者的角度上说，可以分为主客观两个方面。主观方面是指修辞者自身的因素，客观方面则是指情境中修辞者以外的因素。我们先讨论客观情境因素，然后讨论主观情境因素。

1. 客观情境因素

修辞情境的客观因素，主要包括对象、场合和背景。

(1)对象。

修辞情境中的对象，是指修辞者的交际对象，亦即说写者的对方——听者或读者。交际对象是修辞者最重要的客观因素，如果没有交际对象，也就失去了修辞的必要性。

修辞者的交际对象，是同自己对话的活生生的人。他们同自己构成了各种各样的关系，比如领导、被领导或者同事，长辈、晚辈或者平辈，朋友、熟人或者陌生人，等等。因为他们是自己的交际对象，他们的状况和心态，比如性别、年龄、职业、文化程度、性格特征等等，甚至当前在想些什么，情绪怎样，修辞者都应当予以关注。因为其中任何一个因素都有可能成为修辞的依据。

人们常说："射箭要看靶子，弹琴要看听众。"至于"无的放矢""对牛弹琴"，责任在于射者和弹者。同样道理，修辞要看对象，不看对象的修辞，受到嘲笑的应当是修辞者。那位秀才之所以把买柴的事情办砸了，最明显的原因是他不看交际对象。秀才和“荷薪者”之间是买方和卖方的关系，从情境上看，对方是一位体力劳动者，虽然没有文化，不懂得秀才们的“之乎者也”，但是具有一定的交际能力。他能抓住自己听懂的一些单词，实现同秀才的部分交流，只是最后秀才说的“外实而内虚，烟多而焰少，请损之”，实在不知道是什么意思，不得已挑着担子走了，以致生意没有做成。

(2)场合。

言语交际总是在特定的场合进行的，因而场合也是修辞情境的重要因素。作为修辞情境的场合，包括特定的时间、地点、话题、对话方式，以及相关事物等等。

特定的时间和地点作为时空条件具有不可重复的性质。俗话说：“过了这个村就没有那个店。”买柴秀才在另一时间即使是同一地点买到了柴，而刚才所说的这次交际总是失败了。

话题是交际双方所选择的对话题目。它可能涉及广泛的社会生活，例如政治思想、经济生活、文学艺术、科学技术、法律、教育、行政事务、家庭琐事等等。秀才这次交际的话题是买柴，包括讨价还价，秀才说“请损之”，要对方降点价钱，可惜对方没有听懂。

对话方式也就是交际形式，如口头或者书面。秀才买柴是口头的交际形式，可他却用了书面语言，而且是文言。

相关事物。秀才买柴最重要的相关事物是柴以及柴的质量和价钱。秀才说，这些柴“外实而内虚，烟多而焰少”，价钱偏高，但这都是买方的一面之词，不能作算。由于卖方没有听懂秀才的话，彼此间没能交流，究竟柴的质量如何，价钱是否公道，情况不明。如果当时有第三个人在场，做点翻译，说些协调的话，交易或许能够成功。

(3)背景。

言语交际的背景包括历史背景和社会背景，自然是非常复杂的，不过一次交际的背景则未必复杂。从秀才买柴这次交际来看，在当时的社会，劳动者缺少受教育的机会，而一些秀才又往往自命清高，耻与劳动者为伍，彼此间缺少应有的思想感情交流。秀才买柴的交际失败，不妨看作一种时代的悲剧。

综上所述，秀才这次买柴，撇开主观因素不说，他完全忽略了对象、场合、背景等客观情境因素，修辞有误，从而导致交际失败。

下面再举一个成功交际的例子，也从客观情境方面讨论它的修辞所得。

春秋时代，郑庄公的弟弟在母亲支持下造反，庄公平定了叛乱，把母亲安置到城颍居住，并且发誓说："不到黄泉，决不再见。"但不久他就后悔了。

当时镇守颍谷的地方官颍考叔，听说这件事情后，便借献礼的机会求见庄公，庄公设宴招待了他。吃饭的时候，颍考叔把肉挑出来放在一边，于是引出下面一段对话：

> 公问之，对曰："小人有母，皆尝小人之羹矣，未尝君之羹，请以遗之。"公曰："尔有母遗，繄我独无！"颍考叔曰："敢问何谓也？"公语之故，且告之悔。对曰："君何患焉？若阙地及泉，隧而相见，其谁曰不然？"公从之。
>
> （《左传·隐公元年》）

"遗"读 wèi，"给予"之意。"繄"读 yī，语气助词。"阙"读 jué，同"掘"。颍考叔是想把"君之羹"留给母亲尝尝，因此引起庄公的一番感慨。于是颍考叔为庄公出了一个主意：如果掘地见到泉水，庄公同母亲在隧道中相见，又有谁能说这不是黄泉相见呢？庄公听从了颍考叔的建议，母子和好如初。

颍考叔的言语交际之所以成功，从修辞的客观情境上说，就是因为充分考虑到相关的情境因素。首先，颍考叔很了解这次交际的背景：庄公因为弟弟叛乱的事，不恰当地处置了母亲，但是已有悔意。其次，颍考叔对自己的交际对象——庄公的品格有所认识，知道他深明大义，只是一时的愠怒做错了事情，目前还没有找到下台的台阶。第三，颍考叔选择了一个有利于交际成功的场合。庄公招待他吃饭，他有意地把餐桌上的肉食挑出来放在一边，以引起庄公的注意，从而通过对话说服庄公。

颍考叔从实际的客观情境出发，小心修辞，句句切当，因而取得了极好的修辞效果。庄公进入隧道，高兴地赋起诗来："大隧之中，其乐也融融！"庄公的母亲走出隧道，也赋诗曰："大隧之外，其乐也洩洩！"（"洩洩"，读 yìyì，舒畅的样子）

修辞的客观情境因素独立于修辞者自身之外，它们可以成为修辞的依据，决定或影响着修辞的方式。但是修辞者对它们必须有一定的认识，而且善于利用它们，才能够取得良好的修辞效果。颍考叔的交际之所以成功，正是由于他对客观情境因素比较了解，并且巧妙地利用了它们。如果不是这样，情境因素只是一些纯粹的客观存在，对修辞者没有任何帮助。秀才买柴的交际之所以失败，就是因为他完全不顾及那些客观情境因素。

2. 主观情境因素

修辞的主观情境是指修辞者自身同修辞相关的一些因素。哲学上说，外因要通过内因才能起作用。修辞情境的客观因素，只有为修辞者所认识和利用，才能取得相应的修辞效果。两相比较，修辞情境的主观因素则显得更为重要。

修辞情境的主观因素，主要包括题旨、角色和素养。

（1）题旨。

题旨是指"立言的意旨"，说写的目的和意图。具体说来，就是你要表达什么样的主题思想，达到什么样的说写目的。人们常说，说话写文章要"扣题"，就是强调题旨的重要性。"下笔千言，离题万里"，那是最要不得的违背题旨的表现。

说写的主题和目的，通称题旨。陈望道先生十分重视修辞的题旨。他说："修辞以适应题旨情境为第一义。""凡是成功的修辞，必定能够适合内容复杂的题旨，内容复杂的情境，极尽语言文字的可能性，使人觉得无可移易，至少写说者自己以为无可移易。"①陈望道说适应题旨情境为"第一义"，说明题旨非常重要，修辞若没有题旨或没有鲜明的题旨，岂不是瞎说一通么？然而离开情境的题旨一文不值，而能够决定题旨恰当与否的正是情境。所以题旨非常重要，适应题旨情境应为修辞第一要义。

秀才买柴这次交际的题旨就是要买到价廉物美的柴，但是他却采取了"咬文嚼字"的方式，修辞不适合题旨情境的需要，买柴的目的没有达到，交际失败。而颍考叔为了说服郑庄公，时刻没有忘记题旨，并且采用了适合题旨的修辞方式，从而取得了交际的成功。

（2）角色。

在日常生活中，人们的角色是相对的，而且经常地变换。例如一个男人可以是儿子、丈夫或者父亲，一个女人可以是女儿、妻子或者母亲；他（她）可以是政治家、将军或者教授，也可以是学生、顾客或者乘客，如此等等。但是在一个特定的交际情境中，他的角色一般都是确定的。所谓"装龙像龙，装虎像虎"，扮演什么角色就要像什么角色，摆正自己在修辞行为中的位置。修辞必须同角色相一致。

颍考叔作为郑国的一名地方官，庄公是他的君主，他是庄公的臣下，同时他又是一位母亲的儿子。颍考叔以儿子的角色表示了对母亲的孝心，又以臣下的角色向庄公提出一个善意而又巧妙的建议，修辞完全符合角色的需要，使庄公深为感动，最后采纳了他的意见。

买柴秀才在交际过程中，忘记了自己的顾客角色，在卖方面前摆起了知识分子的臭架子，满嘴"之乎者也"，对方连听也听不懂，又怎么能够做成交易呢？

---

① 陈望道：《修辞学发凡》，新文艺出版社1957年版，第13页。

(3)素养。

素养一般指人的素质或修养,反映一个人的道德品质、文化程度、气质、见解、趣味以及情操等。修辞者的修辞素养,还应当包括语言能力和修辞知识,通晓“语言文字的可能性”。修辞情境的“外因”,就是要通过修辞者的“素养”这个内因才能起作用。人们可以经过学习和训练来提高自己的品格素养和修辞素养,但是素养一旦形成,便具有一定的稳定性,可以长期影响说写者的修辞行为。

在言语交际中,就具体的修辞活动来说,题旨和角色是极为重要的,但是如果就源头而论,则素养才是带有根本性的主观情境因素。清代沈德潜说:“有第一等襟袍,第一等学识,斯有第一等真诗。”(《说诗晬语》)写诗如此,推而广之,一切修辞都是如此。因此,如果你想提高自己的修辞能力,必须首先提高自己的素养水平,拥有“第一等”的品格和学识素养,以及修辞素养。修辞情境,无论是客观情境或者主观情境,总是千变万化的,只有具备良好的素养,才能够应付自如,做到“言随意遣,语随境变”,实现成功的修辞。

就修辞者的素养而言,品格素养应当是第一位的。颍考叔的交际成功,同他高尚的道德情操密切相关。颍考叔首先是一个大孝之人,对庄公的懊悔之心深深地理解和同情,然后才有那样出色的修辞行为。所以《左传》评论说:“颍考叔,纯孝也,爱其母,施及庄公。”(“施”字读 yì,延及和影响的意思)

然而素养作为修辞情境的主观因素毕竟是综合性的,一个人具有良好的道德或学识素养,并不意味着他也有良好的修辞素养。买柴秀才懂得一些“诗云子曰”,却不知道怎样同一个没有文化的劳动者对话,这说明他并不是真正地懂得修辞。

在修辞的实践中,主观和客观情境因素都是修辞的依据。修辞者必须洞察情境中的相关因素,寻求各种语言文字的可能性,充分而巧妙地利用这些因素,才能实现成功的修辞。

唐代开元年间的名相张九龄,以直言敢谏著称。唐玄宗晚年怠于政事,奸臣李林甫媚上压下,妒贤嫉能,逐渐取得唐玄宗的宠信。张九龄不屑与这类人为伍,也为了避祸,有了归野之意,但又不便明言,于是做了一首《归燕诗》给李林甫,诗云:

海燕虽微眇,乘春亦暂来。
岂知泥滓贱,只见玉堂开。
绣户时双入,华堂日几回。

　　无心与物竞，鹰隼莫相猜。

这首五言律诗语言朴素，风格清淡，对仗工整，句句不离燕子，却又是作者的自我写照，明为咏物，实乃抒怀。张九龄巧妙地运用隐喻的修辞手法，委婉陈词，以示己志，同时也暗示李林甫，无意与李争宠。《归燕诗》的确是首好诗。

从修辞情境的角度上说，张九龄的交际对象是李林甫，这个人阴险狠毒，极力排斥张九龄，常在唐玄宗面前说张九龄的坏话。他们的交际场合是两人同朝为官，都是朝廷的重臣。背景是：张九龄虽是老臣，但玄宗越来越听信李林甫，大权已经落在李林甫的手中，张不可能再有什么作为了。这是修辞的客观情境。张九龄深知自己处境艰难，写诗的题旨是暗示自己即将退隐，李林甫不必再加害于他。作者打扮成一个谦卑的角色，以“微眇”的燕子自比，表明自己来自民间，只是在圣明的时代暂时来朝廷做官，像燕子春来秋去，是不会久留的。作者用自己精深的文学素养，婉转地告诉李林甫：我无心与你争权夺利，你不必猜忌，我要退隐了。这是从主观情境上说的。事实证明，作者的修辞效果很好，李林甫知其必退，停止了对他的迫害。

人们的言语交际，是从表达到理解的过程。修辞就是表达，称为编码，而理解即是解码。修辞的情境因素是修辞者编码的依据，也是听读者解码的重要参数。比如人们读《归燕诗》，不禁要问：张九龄只是在写燕子吗？他为什么要这样写呢？为了弄清作者的原意，我们必须考察时代背景和作者的写作题旨等等，此外别无他途。今天关于《归燕诗》修辞情境的任何解说，都不是张九龄的自述，而是历史的回溯，因此事实上也属于情境解码。

三、修辞情境广阔无垠

修辞的情境，小到字里行间，大到宇宙洪荒，乃至虚无缥缈的幻想世界。也就是说，修辞情境没有终极域限，言内和言外，真实和虚构，一切的一切，都可以构成修辞的情境。

修辞情境没有终极域限，但有广狭之分。从这一角度出发，修辞情境可以分为三个类别：上下文，广义情境，虚拟情境。这也是最容易说清楚而又同人们日常修辞密切相关的一种情境分类。

1. 上下文

上下文，也叫作前言后语。一般地说，在书面语里称为“上下文”，在口头语里叫“前言后语”。在人们的修辞实践中，上下文或前言后语是人们最常利用也最为重要的情境依据，它可以帮助修辞者方便而巧妙地传达各种复杂的思想感情。例如：

正说之间，玄德请商议军机之事，关、张入见。玄德曰："夏侯惇引兵十万，火急到来，如何迎敌？"云长踌躇未决，张飞曰："哥哥使'水'去便了。"

（《三国演义·第三十九回》）

张飞说，"哥哥使'水'去便了。"这句话是什么意思？"水"是指谁？原来在前面的文字里还有这么一段话：

却说新野刘备，自得孔明，以师礼待之。云长、张飞心中不悦，遂曰："孔明年幼，有甚才学？兄长敬之太过，又未见他真实效验。"玄德曰："吾得孔明，犹鱼之得水也。汝弟兄勿复多言。"关、张见说，不言而退。

这段话清楚地表明，"水"是指孔明。张飞的意思是说，叫孔明跟夏侯惇打仗去。这是上文情境。

七月在野，八月在宇，九月在户，十月蟋蟀在我床下。

（《诗经·七月》）

是什么东西"七月在野，八月在宇，九月在户"？原来都是指蟋蟀。为了使诗句简洁明快，有短有长，和谐上口，作者把主语"蟋蟀"只放在第四个句子里，前三句均省略。这是下文情境。

2. 广义情境

上下文情境没有超出交际中的言语范围，属于狭义情境。相对于狭义情境而言，超出了言语范围的情境，称为广义情境。广义情境包括除上下文以外的一切事实的情境，例如历史背景和社会背景，相关的文献资料，乃至交际者之间隐秘的情感，等等。例如：

宣室求贤访逐臣，贾生才调更无伦。
可怜夜半虚前席，不问苍生问鬼神。

（李商隐《贾生》）

"宣室"，汉朝未央宫前的正室。贾生指贾谊，曾经被贬到长沙，所以说是"逐臣"；后来汉文帝把他召回京城，并在宣室接见了他。然而在这次重要的会见中，文帝并没有同他讨论治国安邦的大事，而是问了一些诸如鬼神这样无意义的事情。李商隐的诗就是根据这样的历史背景写成的。作者惋惜贾谊不被重用，讽刺文帝并非真正重贤。然而李商隐的真正用意，还在于抒发自己怀才不遇的感愤，诗中贾谊实是诗人自己的影子。这些诗句以外的历史和社会情境，都是广义的修辞情境。

前述张九龄做《归燕诗》给李林甫，虽然句句不离燕子，但实际是张九龄的自我写照，暗示自己即将退隐，无心与李林甫争权夺利。这里所依据的也是广义情境。

3.虚拟情境

上下文和广义情境毕竟是客观的真实存在，即使是广义情境，除了宇宙的无限性以外，都还有个边际，它们都属于真实的情境。虚拟情境不是真实情境，而是出于修辞者的假想而现实世界不存在、历史上也不曾有过的情境，可以说是真正的“无边无际”了。虚拟情境泛指一切能够为人们所想象的场合，是逻辑上所说的一种“可能世界”。例如：

> 却说那女娲氏炼石补天之时，于大荒山无稽崖炼成高十二丈、见方二十四丈大的顽石三万六千五百零一块，那娲皇只用了三万六千五百块，单单剩下一块未用，弃在青埂峰下。谁知此石自经锻炼之后，灵性已通，自去自来，可大可小；因见众石俱得补天，独自己无才，不得入选，遂自怨自愧，日夜悲哀。
>
> （《红楼梦·第一回》）

这块无才补天的顽石，被那茫茫大士、渺渺真人携入红尘，又引登彼岸，他就是大观园里的多情种子贾宝玉。这顽石因缘的“大头天话”，自然出自作者曹雪芹的杜撰，属于虚拟情境。

又如：

> 折戟沉沙血未消，自将磨洗认前朝。
> 东风不与周郎便，铜雀春深锁二乔。
>
> （杜牧《赤壁》）

赤壁之战是汉代末年的一次重大战役，孙、刘联军击败曹操，奠定了三国鼎立的格局。诗的前两句讲的是这次战役的历史遗迹，属于真实情境。至于后两句，作者假定曹操是胜利者，那么江东美人大乔和小乔就会被曹操抢去，深锁在铜雀台里。而这是历史上所不曾有的事情，我们称之为“情境假设”，也是一种虚拟情境。

虚拟情境的特点在于“虚构”，一本小说，一出戏剧，一篇神话或童话，它们都属于虚拟情境。这些情境虽然不存在于真实世界，但都是某种可能世界，只要不出现逻辑矛盾，都可以像对待真实世界那样，做出语义或逻辑的分析。

四、不言而喻，推论在情境中省略

修辞的目的在于更好地达意传情，而情境的利用则在于更好地修辞。情境在修辞中的作用是明显的，只要善于利用它们，就能够帮助修辞者有效地达意传情，实现成功交际的目的。

人们在表达的过程中，为了简洁明快，有时候会省略一些话语或者句子成分，舍弃一些信息，让听读者根据特定的情境，自己把相关信息补充进来。这样的表达式称之为“省略表达式”。

省略表达式由于省略的方式不同，可以分为两类：词省略和句省略。例如：

①她问：

“他们几个哩？”

水生说：

“（ ）还在区上。爹哩？”

女人说：

“（ ）睡了。”

“小华哩？”

“（ ）和他爷爷去收了半天虾篓，早就睡了。他们几个为什么还不回来？”

（孙犁《荷花淀》）

例①为“承前省”，答话人省略的信息存在于问话人的话语之中。第一个括号省略了“他们几个”，第二个括号省略了“爹”，第三个括号省略了“小华”。

②（ ）忽然想到，我的一生也许就会这样过去，在灯下的我，不禁悚然一惊。

（席慕蓉《日子并未多出来》）

例②为蒙后省，括号里省略的主语“我”即在灯下的“我”，出现在后边的分句里。前面所举《诗经·七月》例：“七月在野，八月在宇，九月在户，十月蟋蟀在我床下。”也是“蒙后省”，前句省略的信息“蟋蟀”存在于最后一句里面。

③亲爱的孩子，你走后第二天，（ ）就想写信，怕你嫌烦，也就罢了。

（《傅雷家书》）

例③为当下省，省略的主语就是当下写信人“我”。因为不言自明，所以可以省略。

承前省和蒙后省都属于上下文情境省略。当下省所省略的成分不见之于上下文，属于广义的情境省略。

以上都属于词省略，所省略的都是一些句子成分，而不是整个句子。

句省略，即由于情境原因而省略若干句子。例如：

> ④季孙行父秃，晋郤克眇，卫孙良夫跛，曹公子手偻，同时而聘于齐。齐使秃者御秃者，使眇者御眇者，使跛者御跛者，使偻者御偻者。
>
> （《穀梁传·成公元年》）
>
> ⑤季孙行父秃，晋郤克眇，卫孙良夫跛，曹公子手偻，同时而聘于齐。齐使各以类逆。
>
> （据《史通叙事》）

例⑤认为，《穀梁传》这段话太烦赘，应除“秃者”以下诸字，作“各以类逆”四字，就可以省略例④中“使秃者御秃者，使眇者御眇者，使跛者御跛者，使偻者御偻者”四个句子。这属于句省略。（不过有人认为，这样简是简了，可是“神情忒不生动”了）

省略表达式可以是一般的陈述，也可以是修辞式推论。或者这样说，修辞式推论通常表现为省略表达式。它可以是词省略，也可以是句省略，但更多地表现为句省略。

例1：有甲乙二人在某公交车站等车，当一辆公交车开到时，他们有下面简短的对话：

甲：(　)来了。

乙：(　)上车！

甲省略主语“车”，乙省略主语“我们”，都属于词省略。他们的简短对话实际上是一个修辞式推论，推理式如下：

如果车来了，我们就上车

车来了

所以，我们上车

这是个假言“如果”推论。“如果”大前提内隐于两人的思维里，小前提和结论主项省略，是由于当下情境，你知我知，所以省略。

例2：在一所大学里，有一位女生第一次到食堂买饭，卖饭师傅给她打了三毛钱的饭，于是有了下面的对话：

问：你怎么知道我买三毛钱的饭？

答：你是女生。

师傅的答语是个省略三段论，属于“句省略”。如果把省略的信息补充出来，这个三段论推理是：

女生都买三毛钱饭。

你是女生，

所以，你买三毛钱饭。

此例属于“当下省”。“女生都买三毛钱饭”是当下的情境，无须多说，可以省略。所以在师傅看来，只要给出“你是女生”这个小前提，结论就是不言而喻的了。这位师傅的推论实在够“简洁明快”的。

如果应用“知道逻辑”，我们的分析可以更为具体一些，更贴近说话人的思维实际：

我知道女生都买三毛钱饭。（归纳推理）

我知道你是女生。（情境）

所以，我知道你买三毛钱饭。（“知道”三段论）

这个推论的结论只具有或然的性质，亦即亚里士多德所说的“或然式证明”。因为三段论的大前提只是一个归纳推理的结论，有可能出现反例，比如有的女生买四毛钱或两毛钱的饭。

例3：战国时公孙龙著《白马论》，提出“白马非马”的著名论题，引发长时期的所谓“白马之辩”，甚至绵延至今。其实“白马论”的论证是非常严谨的，这里仅以论证的第一层次为例：

“白马非马”，可乎？

曰：可。

曰：何哉？

曰：马者，所以命形也；白者，所以命色也。命色形[①]非命形也。故曰：白马非马。

这是“答客问”的对话，第一句和第三句当下省略“客问”，第二句和第四语段省略“公孙龙答”。第四语段是一个省略的修辞式推论，这个推论的过程是：

1. 马是命形的 （$A \subseteq \Delta_1$）

2. 白是命色的 （$B \subseteq \Delta_2$）

3. 所以命形不等于命色 （$\Delta_1 \neq \Delta_2$）

4. 所以马不等于白 （$A \neq B$）

5. 命色形 （$\Delta_1 \cap \Delta_2$）

6. 命色形不等于命形 （$\Delta_1 \cap \Delta_2 \neq \Delta_1$）

① “命色形”从谭戒甫校。

7. 白马　($A \cap B$)

8. 所以，白马非马　($A \cap B \neq A$)

我们应用现代的集合论方法分析了公孙龙的推论。公孙龙表达式的省略是步骤 3、4 两个“所以”句和步骤 7。虽然公孙龙当年没有使用集合论的工具，但是就推理的过程而言，的确就是这样。

修辞式推论通常采取省略表达式是不难理解的。因为在日常交际中，我们无论说话或者写文章，都以简洁明快为准则，无论说写者或者听读者，都对那些“你知我知”、啰唆重复的废话不感兴趣，于是“省略”就成为必然的事情。又因为借助于情境，省略表达式丢失的信息可以重新“拾”回来，所以“省略”又是一件可能的事情。

因此我们说，修辞式推论作为人类交际的重要形式，那些“你知我知”的信息，在交际中被省略，既是必然的，又是可能的。

第二节　省略三段论

一、三段论的表达

亚里士多德说，修辞式推论是一种三段论法。我们说过，亚氏所说的三段论法并不等同于传统逻辑的三段论，而且具有更为宽泛的“蕴涵”意义。例如我们在第二章说到的例子：

一个头脑很清醒的人决不应当
把他的子女教养成为太聪明的人。
因为他们不但会得到书呆子的骂名，
而且会招惹本地市民的恶意的嫉妒。

（欧里庇得斯《美狄亚》）

这用简单的三段论法是很难说得清楚的。

我们这里所讨论的三段论是指传统逻辑意义上的三段论。

按照传统逻辑的说法，三段论是由两个含有共同概念的判断推出一个新判断的推理形式。三段论由三个判断构成，其中两个是前提，一个是结论。三段论三个判断共有六个概念，由于两两重复，实际只有三个概念：中项 M，即前提中两次出现的那个概念；小项 S，结论中的主项；大项 P，结论中的谓项。三段论根据中项的位置不同，分为四个格，即：

M—P　　P—M　　M—P　　P—M

S—M　　S—M　　M—S　　M—S

∴S—P　　∴S—P　　∴S—P　　∴S—P

它们分别称为第一格、第二格、第三格和第四格，依次举例如下：

①干部是公仆，市长是干部，所以市长是公仆。

②市长是干部，工人不是干部，所以工人不是市长。

③工人不是干部，工人是劳动者，所以有劳动者不是干部。

④市长是干部，干部是公仆，所以有公仆是市长。

例①为第一格，中项"干部"位于大前提的主项和小前提的谓项，所以也叫"主谓格"。三段论第一格为典型格，使用最多。例②中项"干部"位于大小前提的谓项，也叫"谓谓格"。例③的中项"工人"位于大小前提的主项，也叫"主主格"。例④的中项"干部"位于大前提的谓项和小前提的主项，也叫"谓主格"。三段论的三个判断一般都有量词"所有"或"有"，如"所有干部是公仆""有公仆是市长"；都有联词"是"或"不是"，如"市长是干部""工人不是干部"。量词"所有"为全称量词，通常可以省略；"有"为特称或存在量词。联词"是"表肯定，"不是"表否定。有的语句不含"是"字，但也可以是肯定的，如"小王游泳"，就是一个肯定判断。

三段论与三段论的表达是不同的两件事情，前者是一种思维模式，后者就是三段论的修辞式推论。严格地说，"省略三段论"是说不通的。因为三段论作为一种思维模式有严格的逻辑，如果缺少一个概念或者一个判断，甚至颠倒一下顺序，就可能推不出来，或者推出另一个结论。比如说，从 M—P 是推不出 S—P 的，因为没有"中介"环节，无法从前提推出结论。三段论的"省略"是指在表达中，亦即在修辞式推论（而不是"推理"）中省略。作为思维模式的三段论不能省略，甚至颠倒一下顺序也不允许，比如第一格和第四格仅仅是颠倒了大小前提，结论就不一样了。因此，我们在这里所说的"省略三段论"不是指作为思维模式的三段论推理，而是作为修辞式推论的三段论法。所谓"省略"，不是"模式"的省略，而是表达的省略。

作为修辞式推论的三段论法很少不是省略的。也就是说，三段论推论是很少严格按照三段论推理模式进行推论的，原因是为了避免表达中的啰唆重复，以取得良好的交际效果。

我们从比较完整的三段论推论说起，逐步讨论它们的省略。

①为人民利益而死，就比泰山还重；替法西斯卖力，替剥削人民和压迫人民的人去死，就比鸿毛还轻。张思德同志是为人民利

益而死的，他的死是比泰山还要重的。

（毛泽东《为人民服务》）

这个推论属于三段论第一格，推理式为：

为人民利益而死是比泰山还要重的（M—P）

张思德同志的死是为人民利益而死的（S—M）

所以，张思德同志的死是比泰山还要重的（S—P）

作为三段论，大前提、小前提和结论，大项、小项和中项一应俱全，这在修辞式推论中实为罕见。那么怎样解释修辞"简洁"的美学原则呢？

其实，修辞固然讲究"简洁"，但是"简洁"并非唯一，"适应题旨情境"才是第一义的。这是追悼会演说辞中的一个推论，为了适应追悼会的凝重气氛，强调死者死的意义，使用这样完整的推论是最恰当不过的。当然，即使是治丧演说，也不应该单调乏味，演说者在进行推论的前面做了许多铺垫，推论中添加相关话语用以反衬（这里隐藏了一个否定肯定式选言推理），以及使用代词以减少词语重复等等，这些都体现了演说者的修辞用心。

②明代神童戴大宾13岁考中举人，有官员出对考他的才学。

问："凤鸣"何以对？

答：牛舞。

问：牛何尝舞？

答："百兽率舞"，牛不在其中耶？

（《古今楹联拾趣》）

官员出题"凤鸣"，戴大宾对以"牛舞"。官员很奇怪，问其理由，回答说《尚书》有"百兽率舞"（所有兽都舞）的话，牛是兽，所以牛舞。推理式如下：

所有兽都舞（大前提）

牛是兽（小前提）

所以，牛舞（结论）

这个三段论也属于第一格，大前提、小前提（反诘句"牛不在其中耶？"）和结论齐全，没有省略。但是戴大宾在回答下联的时候，只说出了结论"牛舞"；由于官员要他说出理由，他才补充了大小前提。

③你注意过他的脚了吗？我们渔民长年不穿鞋的，又要在摇摆的船上站稳，所以我们的脚趾像扇子一样分开。可他的脚趾是并拢在一起的。

（电影《海霞》）

德顺爷爷对于刘阿太说自己是渔民的身份有怀疑，于是向方书记说出了自己的想法。推理式为：

渔民的脚趾像扇子一样分开（大前提）

刘阿太的脚趾不像扇子一样分开(小前提)

所以,刘阿太不是渔民(结论)

这是三段论第二格"谓谓格",中项"像扇子一样分开"是大小前提的谓项,结论省略。省略的结论应是"刘阿太的脚趾不是渔民的脚趾"。这里所说的结论"刘阿太不是渔民"仍有省略。

这个三段论大前提"渔民的脚趾像扇子一样分开",前面有"所以"二字,说明它是另一推论的结论,"所以"前的句子为这"另一推论"的前提。这"另一推论"应是一个假言三段论。

④齐有黄公者,好谦卑。有二女,皆国色。以其美也,常谦辞毁之,以为丑恶。丑恶之名远布,年过而一国无聘者。卫有鳏夫,失时,冒娶之,果国色。然后曰:"黄公好谦,故毁其子,妹必美。"于是争礼之,亦国色也。

《尹文子·大道》)

黄公是个"好谦卑"的人,常常用谦辞贬低女儿("子"指女儿)容貌,以致女儿嫁不出去。有卫国人贸然娶了黄公的长女,结果却是个大美人。他由此推断:黄公次女也很美。这里有好几个省略三段论:

好谦卑的人贬低女儿容貌(大前提,省略)

黄公是好谦卑的人(小前提)

所以,黄公贬低女儿容貌(结论)

贬低女儿容貌的人女儿必美(大前提,省略)

黄公是贬低女儿容貌的人(承前省略)

所以,黄公女儿必美(省略)

这两个三段论可以合写成下面的连锁三段论:

黄公是好谦卑的人(前提 1)

好谦卑的人是贬低女儿容貌的人(前提 2)

贬低女儿容貌的人女儿必美(前提 3,省略)

所以,黄公女儿必美(结论,省略)

此外,还有一个三段论:

黄公女儿必美(承前省略)

妹是黄公女儿(情境)

所以,妹必美(结论)

这个故事的推理过程应该就是这样。

从这个例子不难看出:推理与推论是相关而不相同的两件事情,推理是严格的,必须遵守逻辑的规定,而推论是灵活的,可以不拘一格。

这个省略三段论是比较复杂的。实际上修辞式推论中的三段论,似乎大多是比较复杂或非常复杂的。请看：

⑤“先生，‘怪哉’这虫，是怎么一回事？……”我上了生书，将要退下来的时候，赶忙问。

“不知道”，他似乎很不高兴，脸上还有些怒色了。

我才知道做学生是不该问这些事的，只要读书，因为他是渊博的宿儒，决不至于不知道。所谓不知道者，乃是不愿意说，年纪比我大的人，往往如此，我遇见好几回了。

（鲁迅《从百草园到三味书屋》）

这最后一个语段是“我”的感想，里面有更多的省略三段论，而且有更多的省略。它们的推理式分别为：

1.只要读书的人是不该问这些事的（省略）

学生只要读书

所以，学生不该问这些事的

2.学问渊博的宿儒不可能不知道（省略）

他是渊博的宿儒

所以，他不可能不知道

3.说“不知道”就是不愿意说

他说“不知道”

所以，他就是不愿意说（省略）

4.年纪比我大的人往往知道而不愿意说

他是年纪比我大的人（省略）

所以，他知道而不愿意说

5.遇见好几回的事可以得结论（省略）

我遇见好几回了

所以，我可以得结论（省略）

这里面有的省略大前提，有的省略小前提，有的省略结论，有的甚至把大前提和结论都省略了。“我遇见好几回了。”本来只是一个陈述，但在特定的情境中，它也是一个推论。

日常生活中许多省略三段论，有的连“因为”“所以”这样的语言标记也没有，如果不细心考察，是很难识别的。例如：

⑥星期一上课，今天星期一。

⑦可不是吗？干就得像个干的样子，都是小伙子。

⑧我是男人。

例⑥和例⑦是王力先生在《逻辑和语言》一文中所举的例子。他说：“有些推理在口语里采用一种非常灵活的形式，不但不具备三段论法的形式，甚至判断的形式也不完全。……逻辑学家也许不承认这是推理,但这是人民群众的日常推理方式。"[①]例⑧只是一个单句,但在特定的情境中,它也可以表达一个省略三段论。例⑥、例⑦、例⑧的三段论形式分别如下:

1.星期一上课

今天星期一

所以,今天上课(省略)

2.小伙子干就得像个干的样子(省略)

(你们)都是小伙子(省略主项)

(你们)干就得像个干的样子(省略主项)

3.男人应当承担男人的责任(省略)

我是男人

所以,我应当承担男人的责任(省略)

这里对于"我是男人"的推论,当然只是在特定的情境中进行的。如果换一个情境,那就会是另一个结论了。

二、省略三段论还原的方法

由于省略三段论多有省略,所以有时很难识别某个表达式是不是三段论。如果不能识别是不是三段论,那就更难判定表达式的正确与否了。因此,我们必须学会恢复三段论的原型,也就是把三段论的推论还原为三段论的推理。

省略三段论的还原,其具体步骤是:

(1)根据表述部分确定前提或结论。一般地说,有"因为""由于"等语言标记的是前提,有"所以""因此"等的是结论。比如:"因为他是渊博的宿儒,决不至于不知道。"前句有"因为",所以是前提,后句是结论。

(2)根据结论确定大小前提。含结论主项的前提是小前提,含结论谓项的是大前提。确定之后,补上省略的前提。比如:"齐有黄公者,好谦卑。有二女,皆国色。以其美也,常谦辞毁之,以为丑恶。"从这一段话中撇开附加成分,找出结论,并翻译为推理的判断,即"黄公贬低女儿容貌"。根据结论,另一个判断"黄公是好谦卑的人"由于"黄公"是结论的主项,应是小前提。根据结论和小前提,补上省略的大前提:"好谦卑的人贬低女儿容貌"。"好谦卑的人"在前提中两次出现,应是中项;"贬低女儿容貌"是结论的谓

① 王力:《逻辑和语言》,《红旗》1961年第17期。

项，应为大项，含有大项的判断是大前提。

(3)如果结论省略，找出中项，即前提中两次出现的概念，确定大小前提，然后补出结论。比如："星期一上课，今天星期一。""星期一"两次出现，所以是中项。结论应是"今天上课"。这是三段论第一格，"星期一上课"为大前提，"今天星期一"为小前提。如果把大小前提颠倒一下，当然也可以，但就变成了第四格，结论应为"有上课的是今天"，则太别扭了。所以不应该是第四格。在修辞式推论中，几乎没有人使用第四格，可以不讨论。

(4)恢复推理的结构顺序。如果排列顺序有所颠倒，按照"大前提—小前提—结论"的结构顺序恢复过来。比如戴大宾的推论结论在前，前提在后，恢复以后应为：百兽率舞，牛是兽，所以牛舞。

(5)根据中项的位置确定第几格。三段论的格是根据中项在前提中的位置划分的，即"主谓格"(第一格)、"谓谓格"(第二格)、"主主格"(第三格)和"谓主格"(第四格)。比如："百兽率舞，牛是兽，所以牛舞"为第一格；"渔民的脚趾像扇子一样分开；刘阿太的脚趾不像扇子一样分开"为第二格。

(6)如果只是一个单句，可根据情境还原为三段论。一个单句有可能是个省略三段论，但不是必然。如果是一个三段论，可以根据情境恢复三段论的原型。这里所说的情境，可以是上下文，也可以是广义情境。比如说，在一个拯救妇女儿童的情境中，有人说"我是男人"，那就可以推出：男人有拯救妇女儿童的责任。我是男人，所以，我有拯救妇女儿童的责任。许多人就为了这个三段论付出了代价，包括自己的生命。如果是在讨论男女家务分工的情境中，有人说"我是男人"，那就可以推出：男人不做应该女人做的那些事情。我是男人，所以我不做应该女人做的那些事情。或者：男人应该做女人做不了的那些事情。我是男人，所以我应该做女人做不了的那些事情。

总之，省略三段论的省略部分，我们可以根据情境和三段论的结构方式恢复这个三段论的原型，把三段论的推论还原为三段论的推理。

省略三段论还原的意义在于：理清说话人的思路，判定这个三段论推理的真实性程度，估量这个修辞式推论的修辞价值。

三、三段论推论的或然性

亚里士多德说，修辞式推论是一种或然式证明。这就是说，它们推论的结论可真可假，是或然而非必然的。

三段论推论(省略三段论，但不全是)作为修辞式推论的重要形式，其或然性来自两个方面：一是违反三段论规则；二是前提不真实。

三段论作为演绎推理，如果前提真实并且符合规则，其结论是必然为真的。为了保证三段论在前提真实的条件下结论为真，传统逻辑规定了一些规则，主要有四条，即：

(1)中项在前提中至少周延一次。

(2)前提中不周延的项在结论中不得周延。

(3)两个否定前提不能得结论。

(4)如果有一个前提是否定的，结论必须否定。

其中(1)和(2)都涉及"周延"的概念。所谓周延，就是断定了主项或谓项的全部外延；所谓不周延，就是没有断定主项或谓项的全部外延。例如下面推理：

①法官要懂法律(P—M)
教师要懂法律(S—M)
所以，教师是法官(S—P)

②杭州是历史名城(M—P)
杭州是旅游城市(M—S)
所以，旅游城市是历史名城(S—P)

推理①属于第二格，中项"法律"出现在大小前提的谓项上，都不周延，犯了"中项两次不周延"的逻辑错误。推理②属于第三格，小项"旅游城市"作为小前提的谓项是不周延的，但在结论中作为主项，意味着是"所有旅游城市"，也就是说，它是周延的。这样就犯了"前提中不周延的项在结论中周延"的错误。据此，推理①和②的结论都只具有或然性，可能真也可能假。至于(3)、(4)两条规则很容易理解，这里就不再举例说明了。

传统逻辑把遵守三段论规则的推理式称为正确式或有效式，把违反三段论规则的推理式称为错误式或无效式。可是亚里士多德在《修辞学》中反复强调修辞式推论只具有或然的性质，因而传统逻辑这种"非正即误"的二分法并不适用。原来传统逻辑只是"二值逻辑"，只有"真"和"假"两个值。实际上在修辞式推论中，我们更为关心的是结论的真实性程度，比如必然真和可能真，乃至一般真、多数真、少数真、个别真等等，这样才更能体现推论的认知价值。修辞式推论的"真"应该属于多值逻辑的"真"。例如：

①人非尧舜，谁能尽善。

(李白《与韩荆州书》)

推理式为：

尧舜是完美无缺的(M—P)

(普通)人不是尧舜(S—M)

所以,(普通)人不是完美无缺的(S—P)

大概没有人怀疑过李白这个省略三段论的正确性,然而按照传统逻辑的说法,它是错误式,或曰无效式。因为大项“完美无缺的(尽善)”在大前提中,作为肯定判断的谓项,它是不周延的;但在结论中作为否定判断的谓项,它是周延的,因此犯了“前提中不周延的项在结论中周延”的错误。与这个省略三段论相类似,还有“人非草木,孰能无情”“人非圣贤,岂能无过”等人们熟知的格言警句,在传统逻辑中,它们同样被判定为错误或无效的三段论。

从修辞式推论的意义上说,这类省略三段论虽然形式有错,但仍然具有积极的认知意义。因此,我们不把这类推论称为错误式或无效式,当然也不必称为必然式,而是称之为可能式,它们的结论可真可假。比如“谁能尽善”“孰能无情”“岂能无过”这些结论,应当说都是可能真的,或者说就是真的。

三段论推论的或然性还来自前提的虚假性。由于情境的极端复杂性,前提的真实性是很难保证的,于是就会出现这样那样的前提虚假情况,并因此造成三段论推论的或然性。例如:

②有位母亲哄小孩睡觉,那小孩只是啼哭不肯睡,于是她叫小孩爸爸拿一本书来给小孩看。小孩爸爸有些不解,她解释说:“我时常看见你一看书就睡着了,我想拿本书来叫他看,就会睡着的。”

(据《身边的逻辑》)

这位母亲的推理应该是这样的:

人一看书就会睡着

这小孩是人

所以,这小孩一看书就会睡着

这个三段论属于第一格,形式上无误,但结论是错误的,因为大前提不真实:她丈夫一看书就睡着了,并不意味着所有人看书都会睡着。她的推理从不真实的大前提出发,即使遵守了推理规则,也不能避免结论错误。

其实,上述例①“尧舜是完美无缺的”,这个大前提也不真实,因为世上无完人,尧舜也不例外。

以上两个例子说明,要保证三段论的结论为真,前提真实,形式正确,缺一不可。

还有值得注意的是,三段论中有一种叫作“四概念错误”的逻辑错误。这种错误在于,中项“一词两义”,表面上是同一个语词,而在实际上却是不同的两个概念，加上大项和小项，共有四个概念，因为中项"一词两义"，不能发挥中项的媒介作用，从而导致推理的错误。例如推理：

③群众是真正的英雄

我是群众

所以，我是真正的英雄

这里作为中项的"群众"一词两义，表达两个概念：在大前提中表示"人民群众"；在小前提中表示"不是领导或者党团员的人"。因为中项表达两个概念，失去了联系小项和大项之间的媒介作用，因而犯了"四概念错误"。因此我们必须牢记：在应用三段论推论的时候一定要保证中项的存在，而且要保证中项含义的唯一性。

最后需要说明的是，修辞式推论的或然性与诡辩派故意违反推理规则的谬误具有本质上的区别。亚里士多德强调诡辩派"不是他的能力，而是他的意图"，即心术不正，故意骗人。所以亚氏修辞学强调"说服方式"而不仅仅是"说服"。修辞式推论的或然性与诡辩派的诡辩是不同质的两回事。

第三节　假言和选言推论

一、假言推论

从修辞学的意义上说，假言推论是假言推理的修辞式推论，通常表现为假言三段论，主要是"如果"的推论。作为修辞式推论，它们的言语表达一般都采用有别于推理模式的省略形式。例如：

①王戎七岁，尝与诸小儿戏。道旁李树多子折枝，诸儿竞走取之，唯戎不动。人问之，答曰："树在道边而多子，此必苦李。"取之信然。

（《世说新语·雅量》）

②有过于江上者，见人方引婴儿而欲投之江中。婴儿啼，人问其故，

答曰："此其父善游。"其父虽善游，其子岂遽善游哉？

（《吕氏春秋·察今》）

两例都是"如果"推论，推理式分别为：

如果李树在道边而多子，此必苦李（大前提）

此李树在道边而多子(小前提,情境省略)

所以,此李必苦(结论)

如果其父善游,则其子善游(大前提,省略)

其父善游(小前提)

所以,其子善游(结论,省略)

例①说:“取之信然”,实践也证明了推论的正确性。例②推理形式无错,但大前提虚假,正如批评者所说:“其父虽善游,其子岂遽善游哉?”因而结论为假,亦即真实性为零或趋近于零。

两例的推理模式是:

$$(p \rightarrow q) \land p \rightarrow q$$

p 和 q 表示判断或命题,→表示蕴涵,即“如果,则(那么)”,∧表示“并且”。(p→q)读作如果 p 则 q,是大前提,p 为小前提,q 是结论。前提之间用“并且”联结,前提与结论之间用蕴涵联结。(p→q)∧p→q 是假言推理的典型形式,称为“肯定前件式”,即从肯定前件到肯定后件。

③“你为什么不学得和羔羊一样驯良?”

“我怕你把我身上的毛剪个精光。”

(鲁迅《为回答某牧师而作》)

这是“如果”推论的另一类型,推理式为:

如果我学得和羔羊一样驯良,那么你把我身上的毛剪个精光(省略)

我不愿意你把我身上的毛剪个精光

所以,我不学得和羔羊一样驯良

其推理模式是:

$$(p \rightarrow q) \land \neg q \rightarrow \neg p$$

¬表示“并非”。称为“否定后件式”,从否定后件到否定前件。

“如果”推理还有两种表示“可能”的模式:

$$(p \rightarrow q) \land \neg p \rightarrow \text{可能} \neg q$$

$$(p \rightarrow q) \land q \rightarrow \text{可能 } p$$

前者为否定前件式,后者为肯定后件式,都是“如果”推理的可能式,其真实性程度为小于 1 而大于 0 的一个数值。前面两个未加“可能”二字的模式为必然式。

作为修辞式推论,“如果”三段论大都有所省略,以省略大前提为多,但也有省略小前提或结论的。因为“不言而喻”,在你知我知的情境中,推论者可以省略其中某一(些)部分。但是作为推理模式,它们是不能省略的。因为作为推理的“如果”,其大小前提和结论都必然地存在于人们的头脑里，否则推理不能成立，无法从前提推出结论。

逻辑的推理，实际上就是蕴涵。以“如果”推理那个典型式为例，如果前件成立，那么后件必然为真。蕴涵式可以写成：

如果（如果 p 那么 q）

并且 p

那么 q

这实际上就是前面给出的那个公式：$(p\rightarrow q)\wedge p\rightarrow q$。

从蕴涵的意义上说，任何推理都可以看成蕴涵。比如前述三段论也可以写成蕴涵式，以第一格为例，可以写成：

如果所有 M 是 P

并且所有 S 是 M

那么所有 S 是 P

从逻辑史上说，亚里士多德的三段论就是蕴涵式，而不是传统逻辑这样的“所以”式。

因此，我们在这里特别强调了蕴涵的重要性：任何推理都是蕴涵，推理的前提是蕴涵的前件，结论是后件。或者后件的否定式是前提，前件的否定式是结论，所以肯定前件式可以从前件推出后件，否定后件式可以从否定的后件推出否定的前件。没有蕴涵关系，推理就不能成立。

因此，日常交际中的任何一个“如果”判断都不妨理解为“如果”的省略推论。因为在特定的修辞情境中，都可以从肯定前件推出后件，或者从否定后件推出否定的前件。请看下面的例子：

④倘若在五十光年之外有一架倍数足够大的望远镜，有一个观察点，料必那些情景便依然如故，那条小街，小街上空的鸽群，两个无名的僧人，蜻蜓翅膀上的闪光和那个痴迷的孩子，还有天空中美妙的声音，便一如既往。如果那望远镜以光的速度继续跟随，那个孩子便永远都站在那条小街上，痴迷地眺望。要是那望远镜停下来，停在五十光年之外的某个地方，我的一生就会依次重现，五十年的历史便将从头上演。

（史铁生《轻轻地走与轻轻地来》）

这里有在三个虚拟情境中的“如果”判断，在特定的情境中，哪怕是虚拟情境，肯定前件都可以肯定后件，或者从否定后件可以推出否定的前件。

“如果”推论主要表现为“如果”三段论，但也可以是其他形式，即非“如果”三段论的形式。例如：

⑤名不正则言不顺，言不顺则事不成，事不成则礼乐不兴，礼

乐不兴则刑罚不中，刑罚不中则民无所措手足。

（《论语·子路》）

这在汉语修辞学中称为“顶真”格，有五个连锁的“如果（则）”判断。我们能够推出什么样的结论呢？根据“如果”的传递性质，可以推出“名不正则民无所措”。推理模式为：

$$(\neg p\rightarrow\neg q)\wedge(\neg q\rightarrow\neg r)\wedge(\neg r\rightarrow\neg s)\wedge$$
$$(\neg s\rightarrow\neg t)\wedge(\neg t\rightarrow\neg u)\rightarrow(\neg p\rightarrow\neg u)$$

这是一种纯假言的推论，叫作“假言连锁推论”。

再看下面的例子：

⑥夫欲盛则费广，费广则赋重，赋重则民愁，民愁则国危，国危则君丧矣。朕常以此思之，故不敢纵欲也。

（《资治通鉴》卷一九八）

这是唐太宗李世民说过的一段话，前面也是五个连锁的“如果”判断，根据“如果”的传递性质，可以推出“欲盛则君丧”的结论。公式为：

$$(p\rightarrow q)\wedge(q\rightarrow r)\wedge(r\rightarrow s)\wedge(s\rightarrow t)\wedge(t\rightarrow u)\rightarrow(p\rightarrow u)$$

这里也是纯“如果”的假言连锁推理，结论是：欲盛则君丧。但是事情还没有完，紧接着“朕常以此思之，故不敢纵欲也”，这才是最后的结论。这后面的推论以“欲盛则君丧”为前提，从否定后件到否定前件，推出结论：“（朕）不敢纵欲也”。即：

$$(p\rightarrow u)\wedge\neg u\rightarrow\neg p$$

显然，这里又应用了“如果”三段论。

“如果”推论说完了，下面说说假言推论的另一种形式：“只有”推论。

“只有”推论跟“如果”相比较，它们的必然式和可能式恰恰相反：“如果”的必然式是“只有”的可能式；“如果”的可能式是“只有”的必然式。“如果”称为蕴涵；“只有”称为反蕴涵。请看：

⑦我和我在座的同事们都懂得一个道理：只有把人民放在心上，人民才让你坐台上。

（温家宝：和记者谈话）

“只有把人民放在心上，人民才让你坐台上。”这是一个“只有”判断。实际上任何一个判断都是推理的结果，“只有，才”作为反蕴涵，又可以进行推论。例⑦作为省略的“只有”推论，可以有下面两个推理的必然式：

只有把人民放在心上，人民才让你坐台上
你不把人民放在心上
所以，人民不让你坐台上

只有把人民放在心上，人民才让你坐台上
人民让你坐台上
所以，你把人民放在心上

我们用符号←表示“只有，才”，即反蕴涵，它们的推理模式分别为：

$$(p \leftarrow q) \wedge \neg p \rightarrow \neg q$$

$$(p \leftarrow q) \wedge q \rightarrow p$$

它们还有另两个可能式：

$$(p \leftarrow q) \wedge p \rightarrow \text{可能 } q$$

$$(p \leftarrow q) \wedge \neg q \rightarrow \text{可能 } \neg p$$

蕴涵和反蕴涵的逻辑关系是：

$$(\neg p \rightarrow \neg q) \leftrightarrow (p \leftarrow q)$$

符号↔表示“等值”，因此，例⑤可以写成：

“只有把人民放在心上，人民才让你坐台上”等值于
“如果不把人民放在心上，那么人民不让你坐台上”

用“如果不，那么不”替换“只有，才”，推理的结果完全一样。

二、选言推论

选言推论是选言推理的修辞式推论，通常称为选言三段论，主要表现为“或者”的推论。选言推论在通常情况下自然也是省略的形式。例如：

①生在穷乡僻壤，有孤陋寡闻之虞，不好。生在贵府名门，又有骄狂愚妄之险，也不好。

生在一个介于此二者之间的位置上怎么样？嗯，可能不错。

（史铁生《好运设计》）

这是一个“或者”的推论，推理式为：

生在穷乡僻壤，或者生在贵府名门，或者生在二者之间的位置上
生在穷乡僻壤不好，生在贵府名门也不好
所以，生在二者之间的位置上可能不错

推理模式为：

$$(p \vee q \vee r) \wedge \neg p \wedge \neg q \rightarrow r$$

符号∨表示“或者”。这是“或者”推理的典型形式，称为否定肯定式，即从否定一个或几个选项到肯定其中一个选项。这是必然性的推理。

在“或者”三段论被省略的大前提里，含有若干选项，这些选项之间是一种“相容”的关系，否定其中一个（或一些）选项可以肯定余下的那个选项，但是不能相反，不能够肯定其中一个（或一些）选项从而否定余下的那

个选项。例如：

②“但愿人长久，千里共婵娟”！那是后羿对嫦娥的思念，或者是嫦娥对后羿的缅怀，便演化为人世间的团聚祝福了。

（孙民健《月到中秋》）

因为“后羿对嫦娥的思念”和“嫦娥对后羿的缅怀”两个选项可以同时为真，所以不能肯定一个选项而必然地否定另一个选项。也就是说，不能肯定“后羿对嫦娥的思念”就否定“嫦娥对后羿的缅怀”，或者相反。如果从肯定一个选项去否定另一个选项，那是一种可能式，只具有或然的性质。即：

$$(p \vee q) \wedge p \rightarrow \text{可能} \neg q$$

选言推论还有另一种形式：“要么”推论。例如：

③桓公入峡，绝壁天悬，腾波迅急，乃叹曰：“既为忠臣，不得为孝子，如何！”

（《世说新语·言语》）

“自古忠孝不能两全”，晋代大将军桓温西征，途经长江三峡，发了一番感慨。这是一个“要么”推理。推理式为：

要么为忠臣，要么为孝子

既为忠臣

所以，不得为孝子

“要么”推理的两个选项彼此相斥，不能同真，肯定一个选项就得否定另一个选项；反之，否定一个选项就得肯定另一个选项。也就是说，“要么”推理的两个模式：肯定否定式和否定肯定式都是必然为真的。它们分别是：

$$(p \mathbin{\dot{\vee}} q) \wedge p \rightarrow \neg q$$

$$(p \mathbin{\dot{\vee}} q) \wedge \neg p \rightarrow q$$

符号 $\dot{\vee}$ 表示“要么”。

“要么”在言语交际中也可以说成“或者”，“要么”推论也可以作“或者”处理。比如前例可以说成“或者为忠臣，或者为孝子”。不过作为“或者”，只有否定肯定式成立，在推理能力上“或者”小于“要么”。

就“推理即是蕴涵”而言，选言推理也是假言推理，或曰“蕴涵”，只不过前提中含有“或者”命题而已。修辞式推论都是蕴涵，或许不是那么严格的“蕴涵”。在复杂形式的修辞式推论的前提里往往含有“并且”“或者”和“如果”等判断或命题，因而无所谓假言、选言或联言（并且）之分，它们都是蕴涵式。例如：

①我内心里的“公正”和“负责”的价值观告诉我应该裁掉师兄，但是我的“怜悯心”和“知恩图报”的观念却告诉我应该留下师

兄，裁掉那位新职工。于是，我为自己做了“报纸测试”：在明天的报纸上，我希望看到下面哪一个头条消息呢？

1. 徇私的李开复，裁掉了无辜的员工。

2. 冷酷的李开复，裁掉了同窗的师兄。

（李开复《做最好的自己》）

在一次公司裁员的操作中，李开复遭遇左右为难的处境：

如果李开复徇私，那么裁掉新员工
如果李开复冷酷，那么裁掉师兄
李开复徇私，或者李开复冷酷
所以，裁掉新员工，或者裁掉师兄

这里含有假言和选言前提，推理模式为：

$$(p \rightarrow r) \wedge (q \rightarrow s) \wedge (p \vee q) \rightarrow (r \vee s)$$

这种推理使得推理者左右为难、进退维谷，所以也称为“二难推理”。

②我家墓田，若云不吉，我不当贵为天子；若云吉，我弟不当战死。

（《隋书》）

隋文帝杨坚以现身说法证明风水不可信，推理形式为：

如果我家墓田不吉，则我不当贵为天子
如果我家墓田吉，则我弟不当战死
我贵为天子，并且我弟战死了
所以，我家墓田吉，也不吉

这里含有假言和联言（并且）前提，推理模式为：

$$(\neg p \rightarrow \neg q) \wedge (p \rightarrow \neg r) \wedge (q \wedge r) \rightarrow (p \wedge \neg p)$$

结论 $p \wedge \neg p$ 是个矛盾式，意味着结论不能成立。也就是说，墓田不存在吉或者不吉的事。

三、前向或反向的推论

修辞式推论还可以是前向或反向的推论。前向为演绎推理，反向为溯因推理（abductive inference）。请看下面的例子：

①地冻。如果地冻，那么天寒。所以天寒。

②天寒。如果地冻，那么天寒。所以地冻。

它们的推理类型分别为：

$$\frac{A \quad A \rightarrow B}{\therefore B} \qquad \frac{B \quad A \rightarrow B}{\therefore A}$$

前一类型遵循的是分离规则:(1)前件;(2)如果前件,那么后件;(3)所以,后件。使用分离规则的演绎推理是前向推理,如果前提真实则结论必然为真。后一类型也使用了分离规则,不过它是反向运行的,是反向推理:(1)后件;(2)如果前件,那么后件;(3)所以(非演绎地),前件。这种推理即溯因推理,或者称作最佳解释推理。溯因推理是开放式的,科学上用它证实假设:(1)证据;(2)如果假设,那么证据;(3)因此(通过溯因推理)得出假设。不过,“这种推理的危险在于,不管你的‘最佳’解释看起来多好,总可能会有另外更好的解释”(斯坦哈特,2001)。例如对“天寒”的解释,“地冻”并非唯一。比如零度以下天气,很冷但未必结冰,它很可能是刮西北风的缘故。

前向推理实际上就是我们所说的假言推论肯定前件式,亦即蕴涵。由于前面讨论比较详细,下面只讨论溯因推理。

溯因推理看起来似乎就是假言推理的肯定后件式,从肯定后件到肯定前件。传统逻辑将其说是错误式或无效式。作为修辞式推理,我们看成可能式,即可能为真。其实,修辞式推论本来就具有或然性,溯因推理作为一种反向推理类型,不必拘泥于它是不是假言推理的肯定后件式,而应当把它看成独立于前向演绎推理的另一种推理类型,即反向推理。事实上,它无论在人们认知或修辞中都是一种极重要的推论形式。请看下面的例子:

> 魏文侯与士大夫坐,问曰:“寡人何为君也?”皆曰:“君,仁君也。”次至翟黄,曰:“君非仁君也。”曰:“子何以言之?”对曰:“君伐中山,不以封君之弟,而以封君之长子。臣以此知君之非仁君也。”文侯怒而逐翟黄。次至任座,文侯问:“寡人何为君也?”任座对曰:“君,仁君也。”曰:“子何以言之?”对曰:“臣闻之,‘其君仁者,其臣直’,向翟黄之言直,臣是以知君仁君也。”文侯曰:“善。”复召翟黄入,拜为上卿。
>
> (《新序·杂事第一》)

任座应用溯因推理说服了魏文侯,推理是:

　　其臣直
　　其君仁者则臣直
　　故君仁君也

在任座的修辞式推论中,人们只是觉得任座很有智慧,成功地帮助了翟黄,而不说他的推论是假冒三段论,是一个错误推理。这就是溯因推理的说服作用。又如:

> 他们(小蝌蚪)一齐游到鸭妈妈身边,问:“鸭妈妈,鸭妈妈,您

看见过我们的妈妈吗？您告诉我们，她在哪里？”鸭妈妈亲热地回答说：“看见过。你们的妈妈有两只大眼睛，嘴巴又阔又大。好孩子，你们到前面去找吧！”“谢谢您，鸭妈妈！”小蝌蚪高高兴兴地向前面游去。一条大金鱼游过来了，小蝌蚪看见大金鱼头顶上有两只大眼睛，嘴巴又阔又大。他们想：一定是妈妈来了，就追上去喊：“妈妈！妈妈！”大金鱼笑着说：“我不是你们的妈妈。我是小金鱼的妈妈。你们的妈妈肚皮是白的，好孩子，你们去找吧！”

（《小蝌蚪找妈妈》）

小蝌蚪的推理是：

大金鱼有两只大眼睛，嘴巴又阔又大。

如果是我们的妈妈，那么她有两只大眼睛，嘴巴又阔又大。

所以，大金鱼是我们的妈妈。

显然小蝌蚪们弄错了，接着小蝌蚪们又用溯因推理错认过大螃蟹和大乌龟为妈妈。可是聪明的小蝌蚪们应用试错法排除了错误，最终找到了青蛙妈妈。故事生动有趣，深为儿童们所喜爱，并被拍成水墨动画片《小蝌蚪找妈妈》。

从以上两个例子不难看出，溯因推理是人们认知的重要推理形式，也是修辞式推论的重要形式。无怪乎溯因推理的提出者皮尔斯认为，溯因推理是科学研究和日常生活中最重要的推理形式之一。

第四节　归纳和类比推论

一、归纳推论

归纳推论是归纳推理的修辞式推论，通常是指枚举归纳法，或者就叫归纳法，也称为例证法。例如：

①夫专诸之刺王僚也，彗星袭月；聂政之刺韩傀也，白虹贯日；要离之刺庆忌也，苍鹰击于殿上。此三子皆布衣之士也，怀怒未发，休祲降于天……

（《国策·魏策》）

战国时，秦国恃强欺侮魏国，魏派唐雎为使臣去见秦王，秦王怒说天子之怒，唐雎则对以布衣之怒。紧接着唐雎挺剑而起，秦王屈服。唐雎这段话就是一个归纳推论。推理式可以写成：

专诸之怒感天动地

聂政之怒感天动地

要离之怒感天动地

专诸之怒、聂政之怒、要离之怒都是布衣之怒

所以，布衣之怒感天动地

如果把这个推理式说得更为明白一些，还须添加一个步骤：{{彗星袭月}，{白虹贯日}，{苍鹰击于殿上}}⊆{休祲降于天}。通俗的说法就是"感天动地"。

归纳推理的模式可以写成：

S_{1-n}是P，所以（可能）S是P

意思是说，S类中有若干S具有P的性质，可以推出S类中所有S都具有P的性质。

归纳法是从若干个别事例推出普遍性结论的推论，由于没有考察S类中的所有事物，有时难免出现反例，所以它们的结论只是可能为真而不是必然为真的。

比如前面说到的那个三段论大前提"人一看书就会睡着"，就是通过枚举归纳推理得到的：丈夫一看书就睡着了，丈夫是人，所以人一看书就会睡着。由于"丈夫一看书就睡着了"只是个别人的行为，不能必然地得出"凡人都如此"的普遍性结论，而她却以此为大前提进行三段论推理，以致犯了"前提不真实"的推理错误。

请继续看下面的例子：

②丈夫，尤其是肩负领导责任的丈夫，只要耳朵根不软，有主心骨，他会从经常不断的"枕头风"中获益匪浅，更加耳聪目明。古今中外，这类例证俯拾皆是。有"圣主"之誉的唐太宗曾决意杀死谏臣魏征，文德皇后得此消息，"盛服立于庭"，为"陛下圣明，故魏征得以直言"而贺，使太宗猛然省悟。法国戴高乐是举世公认的政治家，据有关传记记载，他生前的某些决断乃至他的平静隐退，都曾得益于夫人的好主意。石家庄市造纸厂厂长马胜利，他在改革顺利时，常得到妻子的提醒和告诫，在改革受挫时，又得到妻子的支持和鼓励。妇女，从古至今的妇女，大多数是善良贤惠、深明大义的，因此，由她们吹的"枕头风"大多数是正确的，健康的。

（文大可《为"枕头风"一辩》）

这也是一个归纳推理，文中列举了文德皇后、戴高乐夫人和马胜利的妻子三个例证，从而推出"'枕头风'大多数是正确的，健康的"结论。

值得注意的是，文章中还提出"妇女，从古至今的妇女，大多数是善良贤惠、深明大义的"这个一般性原理，从而提高了归纳推理的可靠性程度，因此，这类推论也被称之为"科学归纳法"。

③即便父子两人处事风格截然不同，但作为各行其道的"平行线"亦不乏相交乃至重叠的时候。比如被人们津津乐道的子承父业。

（石川、赵兰英《谢晋 谢衍 父子情》）

④而李经纬则指导对商业一无所知的李宁经营事业，给他在公司树立威信。其中一个小例子是：李宁服装厂建成后，屋顶一块巨大的李宁广告牌与健力宝广告牌平分秋色。一份拆除李宁广告牌的报告放在了李经纬的桌上，李一看，皱着眉头立刻在报告上写下：胡说八道。

（林珊珊《李宁：用一生搏一年》）

③和④的共同特点是，只用了一个事例就推出了一般性的结论，也就是说，归纳公式中的 S_{1-n}，其中的 $n=1$。这一个事例在数量上虽然少了一些，但是它极具典型性，因而能够"以一当十"，足以由此推出一般性结论。这种一个例子的归纳推论，也称为"典型归纳法"。

⑤我们不得不承认上帝或者愿意扑灭世界上的邪恶，但他做不到；或者他能做到，但是他不愿意做；或者他既不愿意做，又做不到；最后，或者他既愿意做，又做得到。

如果上帝愿意做但做不到，这不符合"上帝是全能的"宗教观念；

如果上帝做得到但不愿意做，这不符合"上帝是全善的"宗教观念；

如果上帝不愿意做，也做不到，这不符合"上帝全能、全善、全智"的本性；

如果上帝愿意做又做得到，那么世界上为什么还有邪恶存在？

这只能证明一个问题：如果真有什么上帝存在的话，那么这个上帝同世界、同人的生活没有丝毫关系。

（《普通逻辑》）

这个推论首先列举上帝扑灭邪恶所有的四种情况，然后逐一进行论证，最后得出所需要的一般性结论。由于它是从个别推出一般，可以看作归纳推论；又由于它穷尽了 S 类的全部情况，所以被称为完全归纳法，归纳公式中的 S_{1-n}，其中的 n 等于“所有”。

完全归纳法的结论是必然为真的。在数理逻辑里，完全归纳法被看成演绎法而不是一般的归纳法，原因就在于它的结论是必然为真的。

二、类比推论

类比推论是类比推理的修辞式推论。例如：

①翟永令母皈心释氏，日诵佛不辍声。永令佯呼之，母应诺；又呼不已，母愠曰：“无事何频呼也？”永令曰：“吾呼三四，母便不悦，彼佛也，日为母呼千万声，其怒当何如？”母为少止。

（《世说新语》）

翟永令劝阻母亲诵佛，巧妙地应用了一个类比推论。其推理式为：

儿子呼母不已与母亲诵佛不辍声相似

母亲对儿子呼母不已不悦

所以，佛对母亲诵佛不辍声也会发怒的

推理模式可以写成：

A 和 B 相似，A_i，所以（可能）B_i

意思是说，A 事物和 B 事物相似，A 事物具有 i 属性，可以推出 B 事物也（可能）具有 i 属性。

②尼采就自诩过他是太阳，光热无穷，只是给予，不想取得。然而尼采究竟不是太阳，他发了疯。中国也不是，虽然有人说，掘起地下的煤来，就足够全世界几百年之用。

（鲁迅《拿来主义》）

尼采自诩是太阳，只是给予，不想取得，但他不是太阳，他发了疯。中国也有人自认为是太阳，只是给予，不想取得，可是中国也不是太阳，由此可以推出结论：这些中国人也发了疯。这也是根据某些中国人与尼采的相似性所进行的类比推论。

③王少奶奶又有了喜，肚子大得惊人，看着颇像轧马路的石碾。

（老舍《抱孙》）

这是个比喻，逻辑上属于类比推理，意思是说：王少奶奶怀孕的肚子与轧马路的石碾相似，石碾大得惊人，由此推出王少奶奶怀孕的肚子大得惊人。

作为类比推论的比喻也称为比喻推论，也叫作喻证法。

在逻辑学里类比推理是最不受重视的，传统逻辑虽然把演绎、归纳和类比并称为三大推理类型，但人们更多地把演绎和归纳并提而忽略类比，数理逻辑更与类比无关。然而在修辞式推论中，类比的地位很不一般，喻证法得到广泛的应用。尤其是在西方，“隐喻”的含义几乎等同“修辞”，而其理论基础正是类比。美国语言逻辑学家斯坦哈特《隐喻的逻辑》一书①，其副标题就是“可能世界中的类比”。书中的类比研究不仅是形式的而且是形式化的。现代心理学研究也表明类比是创新思维主要的逻辑依据。

第五节　隐含，另一种情境义

一、内隐前提和内隐结论

修辞式推论为了避免啰唆重复，更好地“达意传情”，往往在“不言而喻”的修辞情境中省略了推理中的某个（些）前提或者结论，这种被省略了的前提或结论，我们称之为“内隐前提”和“内隐结论”。

在修辞式推论中，有许多内隐的前提和结论比较容易识别出来，补足结构上所省略的部分也不困难。例如：

①所有的人都在白昼的魔法之下扮演着紧张、呆板的角色，一切言谈举止，一切思绪与梦想，都仿佛被预设的程序所圈定。

因而我盼望夜晚，盼望黑夜，盼望宁静中自由的到来。

（史铁生《轻轻地走与轻轻地来》）

在这个例子中，虽然“所有”和“因而”两个句子都比较长，内容比较多，但是分析起来并不困难。我们不难看出，“因而”句是结论，“所有”句是前提，前提和结论之间为蕴涵关系，这蕴涵关系便是被省略（内隐）的“如果”大前提：“如果所有的人都在白昼的魔法之下扮演着紧张、呆板的角色，一切言谈举止，一切思绪与梦想，都仿佛被预设的程序所圈定，那么我盼望夜晚，盼望黑夜，盼望宁静中自由的到来。”因此，只需要补上这个“如果，那么”的大前提，推理结构就完整了。

---

① 斯坦哈特：《隐喻的逻辑——可能世界中的类比》，黄华新、徐慈华等译，浙江大学出版社2009年版。

②滕文公问曰:"滕,小国也,间于齐、楚。事齐乎?事楚乎?"孟子对曰:"是谋非吾所能及也。无已,则有一焉:凿斯池也,筑斯城也,与民守之,效死而民弗去,则是可为也。"

(《孟子·滕文公下》)

滕国处于齐、楚两大国之间,滕文公感受到两国的强大压力,于是向孟子提出"事齐乎"和"事楚乎"的疑问。"事齐乎?事楚乎?"是个"或者"判断,它有四种可能:事齐不事楚、事楚不事齐、事齐也事楚、不事齐也不事楚。滕文公只说到前两种可能,忽略了后面两种。孟子根据四种选择可能,不主张前两种,即事齐或者事楚,当然事齐又事楚也不可能,所以主张最后一种,即不事齐也不事楚,只需加强战备、依靠人民就可以了。孟子的推理是:

事齐不事楚或事楚不事齐或事齐也事楚或不事齐也不事楚

并非事齐不事楚、事楚不事齐、事齐也事楚

所以,不事齐也不事楚

这是个"或者"的推理,听读者只需要把孟子内隐的修辞式推论外显化,从结构上补足相关的前提和结论,对于例②的认知也就算是完成了。

我们前面所讨论的三段论、假言和选言推论、前向和反向推论、归纳和类比推论,都可以看成这类容易补上省略(内隐)前提或结论的例子。

然而事情远不是这么简单。在修辞式推论中,有许多推论很难从结构上补足所省略的部分。例如:

③男孩自小便是问题少年,从父母衣袋掏钱是寻常的事。一天,父亲一进门就对母亲说:"为了省下两元,我步行回来的。"嗣后,男孩从父亲衣袋里摸走了仅有的两张一元的纸币。

平时,他偷了钱,喜欢去玩网络游戏,或买爆米花什么的。那天,他在街上逛了好几圈,始终不忍心将那两元钱花出去。最后,他跑回家里,将两元钱放回父亲的衣袋里。

(陈明聪《两元钱的拯救》)

在这个故事里,男孩在街上逛了好几圈,显然进行过许多推论,其外显的语言前提只有父亲的一句话:"为了省下两元,我步行回来的。"其内隐前提一定不少,但究竟是哪一些呢?推论的结论又是什么呢?孩子都没有说,只是把那两元钱放回父亲的衣袋里。这些内隐的前提和结论,有些或许可以用语言表达出来,但是还有一些,即使孩子自己大概也是说不清、道不明的。因为在这些推论中,除了可以表达的语言前提以外,还有一些无法用语言表达的情感前提,而这些情感前提又确确实实存在于孩子的推论之中。

还有更为复杂的情况。例如:

④据说，所罗门王做了一个梦，一位先圣告诉他一句话，这句话涵盖了人类所有的智慧，让他高兴的时候不会忘乎所以，忧伤的时候能够自拔，始终保持勤勉，兢兢业业。但是他醒来后却怎么也想不起那句话来。于是他召来了最有智慧的几位老臣，向他们说了那个梦，要他们把那句话想出来。他拿出一颗大钻戒，说："如果想出来那句话，就把它雕刻在钻面上。我要把这颗钻戒天天戴在手上。"一个星期后，几位老臣送还钻戒，戒面上已刻上一句简单的话：

这也会过去。

（李剑红《这也会过去》）

故事就到这里，然而作者却以"这也会过去"为外显的语言前提推出了一连串的结论：

是的，无论是痛苦与快乐、成功与失败，一切都将在时间无声的脚步中成为过去。我们不必为暂时的不如意而痛苦不堪，因为"这也会过去"；我们更不必为一时的成功而自命不凡，因为"这也会过去"；成功时不必骄矜，失意时也不必气馁，因为一切终将成为过去。

推论到这里，似乎可以结束了，然而作者兴犹未尽，选择继续推论下去：

时间如流水，流走的是光阴和生命，它比任何钻石都宝贵。所以，请珍惜现在的光阴，珍爱短暂的生命，乐观豁达地对待生命中的潮起潮落，从从容容地度过人生中的每个冬日和春天。

从"这也会过去"一句话竟然引发了这么多的推论！当然还可能不止这些。这些说出来和没有说出来的推论，有的固然可以根据情境从结构上补足所省略的部分，但是一定还有不少是难以补足的，它们只能以不清晰的形式存在于推论者的思维里。

就例③和例④而言，作为修辞式推论，它们内隐了许多前提和结论，其中有所省略，但是有一些推论似乎"难以"或者"不需要"从推理的结构上把省略部分补充出来，特别是那些内隐的情感前提，更是说不清楚、道不明白，即使想补充也补充不出来。这样的内隐推论，我们称之为"隐含"，用以区别一般的省略或内隐的推论。隐含，它是另一种情境义。

隐含与省略虽然都具有语境意义，但彼此间还是有明显区别的。省略是推理成分的缺损，省略的推理是对缺损成分的补充和还原；而隐含义的推理成分是完整的，无须补充或还原，隐含的推理是对内隐意义的显现和阐发，在句子的表达中往往反映了太多的情境因素，让听读者可以做出许许多多有价值而又饶有兴味的推论。它们极具有修辞学的价值，是修辞式推论中一些重要的内容。隐含的修辞式推论，值得修辞工作者认认真真地去探索，去研究，去总结，从而指导人们在交际的实践中更好地“达意传情”，以取得更好的修辞效果。

二、话中有话和言外有意

人们常说：“锣鼓听声，说话听音。”人们说话往往话中有话，言外有意，这样的话中话和言外意，往往能够更好地“达意传情”，取得良好的修辞效果。因此在交际中，作为听读者，应当善于听懂（或读懂）说话人话中的话和言外的意，并把它们推导出来，把内隐的意义外显化，也就是由隐推显，让内隐的意义显豁起来。

请看：

①“我”没说她偷了我的钱。
（可是有人这么说。）
我“没”说她偷了我的钱。
（我确实没有这么说。）
我没“说”她偷了我的钱。
（可是我是这么暗示的。）
我没说“她”偷了我的钱。
（可是有人偷了。）
我没说她“偷了”我的钱。
（可是她对这钱做了某些事。）
我没说她偷了“我的”钱。
（她偷了别人的钱。）
我没说她偷了我的“钱”。
（她偷了别的东西。）

（肖剑《闲话》）

同一句话“我没说她偷了我的钱”，只是由于话语的重音位置不同，以致听读者可以做出各种不同的推论（括号里的话即是推论的结论）。

这些推论都以隐含的形式存在于说话人的话语之中，它们是一些“话中的话”——一种内隐的意义。

话中有话是一种表达的艺术，它让听读者从外显的话语中推出说写者所认可并希望得出的结论，以期取得理想的修辞效果。

②相邻的两家卖粥小店,A店总是比B店多卖一些鸡蛋。原因在哪?B店客人进门,服务员会问一句,要不要鸡蛋?有人要有人不要。而A店客人进门,听到的是:要一个鸡蛋还是两个?客人有的要一个有的要两个,不要的很少。这样,A店的鸡蛋总是卖得多一些。

(马红《掌握对方思考方向》)

B店服务员问客人"要不要鸡蛋",客人在"要"和"不要"之间选择,有人要有人不要。A店服务员问:"要一个鸡蛋还是两个?"它的"话中话"就是:你是要鸡蛋的,只在数量上是一个还是两个。客人一般都会在一个或两个之间选择,所以A店的鸡蛋总是比B店卖得多一些。这就是"话中话"的巧妙运用。

下面请看言外之意的例子:

③街头小店里有一部电话,打电话的人一个接一个。

一个戴眼镜的青年在电话里说:"我叫苏若甫,苏东坡的苏,郭沫若的若,杜甫的甫。"

一个红光满面的男人从小车里钻出来,拿着手机说没电了,也在这里打电话。他说:"我叫李美发,李嘉诚的李,美女的美,发财的发。"

一个戴着安全帽、背着工具包的中年人来打电话,他在电话中说:"我叫马再新,下马的马,再就业的再,创新的新。"

一个提着菜篮的老大娘来打电话,在电话中说:"我叫黄玉芹,黄豆的黄,玉米的玉,芹菜的芹。"

(王文元《你姓甚名啥?》)

故事结束了,本来无须再说什么,可是我们总觉得作者是想告诉我们一些什么。作者要我们进行推论,从而了解打电话的人各是干什么的。或者说,他们分别喜欢些什么。

我们的推论:戴眼镜青年是一位文学爱好者;从小车里钻出来的男人是个暴富的企业家;戴安全帽的中年人是下岗再就业的工人;提菜篮的老大娘正在管理着家务。

当然,我们还可以推论出:人们的语言表达,总是"三句话不离本行";我们可以从人们的言谈中获得说话人的一些信息。当然还可以推出其他。

但是,这些推论都是话语字面意义的延伸,属于题外话,也就是"言外之意"。

④"我想把房间的墙壁粉刷一下,然后在墙上画上一些画。"画家说。

“你最好先在墙上画画，然后再粉刷墙壁。”画家的朋友对他说。

⑤一个妇女匆匆走进一家商店。

“五分钟前，我的小儿子到您的商店买了一磅果酱，可是分量不够。这个，您怎么解释？”

售货员非常有礼貌地答道：“太太，请你回家称一称您的儿子。”

（蔡衍棻《笑话连篇》）

这两则幽默故事分别传达了什么样的言外之意呢？

例④，朋友的意思是说：你的画也好画在墙上么？表示对画家的绘画技术不欣赏。

例⑤，售货员的意思是说：果酱分量不够，是因为你儿子偷吃了果酱。

⑥何姓军阀任湖南省代省长时，某年清明节去岳麓山给母亲扫墓。官方指示报纸编发新闻，标题是“何省长昨日去岳麓山扫墓”。可有家报纸登出的标题是“何省长昨日去岳麓山扫他妈的墓”。

（韩长代《旧报纸上的笑话》）

⑦在美国莱特兄弟发明飞机的庆功会上，主持人请大莱特先发表演讲。大莱特不好意思地说：“我没有什么好讲的。要不就让小莱特说两句吧！”小莱特站起来：“我也一样。”

但是，人们一定要他们讲讲。小莱特见无法推辞，只得讲道：“据我所知，鸟类中会说话的只有鹦鹉，而鹦鹉是飞不高的。”

小莱特的“一句话演讲”，赢得一片喝彩。

（武宝生《要言不烦》）

例⑥为“双关”辞格，字面上是一句骂人的话，但又不违背新闻事实，它所传达的言外之意昭然若揭，以致那位何代省长虽然愤怒，却也无可奈何。例⑦小莱特的“一句话演讲”是个隐喻，它所传达的言外之意确实代表了莱特兄弟的千言万语，所以赢得了一片喝彩之声。

由此可见，言外有意也是一种表达的艺术，一种巧妙的修辞式推论。

话中有话和言外有意是隐含推论的两大类别。作为隐含推论，它们并非只是为了语言简洁，避免啰唆重复，也是故意让听读者去思索、领悟，自己推出结论来。这样由听读者自己领悟出来的结论比起说写者直接说出来，其修辞效果往往要高出许多。

隐含义有别于省略义，话中隐义有别于言外之意。对于话中隐义和言外之意的修辞式推论，我们将在以后的章节里做比较详细的讨论。

第四章　话中隐义

第一节　预　设

一、预设，话中有话

预设的理论研究始于西方几位哲学家，后来引起语言学家和逻辑学家的关注。不过，似乎还没有哪一位修辞学家把它视为一种有效的修辞方式。

“预设”一词的英语原文是“presupposition”，语言学界有人译为“前提”，不过相比之下，还是以“预设”为佳。

预设是说写者话中的话，一种表达的艺术，一种常用的修辞式推论。请看：

> ①席间，布热津斯基问邓小平，中美建交，卡特总统在美国遇到亲台湾势力的阻挡，不知道您在贵国是否也遇到同样的麻烦。邓小平几乎不假思索地回答：当然有，台湾省就反对。多么经典的回答！
>
> （杨丽明《发言人决不能撒谎》）

邓小平的回答既然是经典的回答，那也就是经典的修辞。其经典之处就在于“台湾省就反对”这句话预设了台湾是中国的一个省，而不是另一个中国或另一个独立的国家。要知道这对当时的中国来讲，可是一个无比重大的政治命题。

例①的推导过程应当是这样的：

1.（我国）台湾省就反对（中美建交）。

2.台湾省属于中国并且台湾省反对中美建交。

$R(a,b) \land \exists p\, R'(a,p)$

∴3. 台湾省属于中国。

$R(a,b)(2. \wedge \_)$

符号 a 表示台湾省，b 表示中国，∃ 表示“存在”，p 表示命题“中美建交”，∧ 表示“并且”，R 表示“属于”，R′表示“反对”。公式 $R(a,b) \wedge \exists p\, R'(a,p)$ 的意思是说，台湾省属于中国，并且台湾省反对中美建交。∧_表示“并且”消去，消去“台湾省反对中美建交”，余下的“台湾省属于中国”即是“台湾省就反对”这句话的预设。

预设“台湾省属于中国”是从话语“台湾省就反对”推导出来的内隐结论，所以我们不把“presupposition”译作“前提”，而是译作“预设”。

交际中的语句，一般都可以分为预设和断言两个部分，预设为已知讯息，断言(assertion)是新讯息。就例①话语“台湾省就反对”而言，“台湾省属于中国”是预设，为已知讯息，“台湾省反对中美建交”是断言，为新讯息。预设作为已知讯息，就是交际双方的“共识”——共知或共信的知识。也就是说，只要听话人接受了“台湾省就反对”这句话，那就意味着接受了“台湾属于中国”这一命题。断言“台湾省反对中美建交”作为新讯息，是说话人临场告知听话人的讯息，对于听话人来说，属于原来未知的讯息。

再如：

②孔乙己一到店，所有喝酒的人便看着他笑，有的叫道：“孔乙己，你的脸上又添上新伤疤了。”

(鲁迅《孔乙己》)

“孔乙己，你的脸上又添上新伤疤了”这句话中内隐了“孔乙己的脸上原来就有伤疤”的意思，这就是预设，即交际双方共知的讯息；“孔乙己的脸上有了新伤疤”，这是断言，即此时才知道的讯息。其推导过程是这样的：

1. 孔乙己，你的脸上又添上新伤疤了。

2. 孔乙己的脸上原来就有伤疤并且添了新伤疤。

∴3. 孔乙己的脸上原来就有伤疤。(预设)

∴4. 孔乙己的脸上添了新伤疤。(断言)

任何一个句子，即使最简单的句子，也都有预设，都有断言。例如：

③陈胜者，阳城人也。

(《史记·陈涉世家》)

“陈胜者，阳城人也。”这个句子再简单不过，它同样拥有预设和断言。其推理式为：

1. 陈胜者，阳城人也。

2. 存在陈胜其人并且陈胜是阳城人。

∴3. 存在陈胜其人。(预设)

∴4. 陈胜是阳城人。(断言)

一个句子不仅拥有预设和断言,而且往往不止一个预设,不止一个断言。

④母亲去世后的那个清明节,我和父亲和妹妹去寻过她的坟。

⑤文学,正是遵奉了这种复杂的原则。

(史铁生《复杂的必要》)

它们的推导过程分别为:

1. 母亲去世后的那个清明节,我和父亲和妹妹去寻过她的坟。

2. 母亲已去世并且有那么个清明节并且我有父亲和妹妹并且我们去寻过她的坟。

∴3. 母亲已去世并且有那么个清明节并且我有父亲和妹妹。(预设)

∴4. 我们去寻过她的坟。(断言)

1. 文学,正是遵奉了这种复杂的原则。

2. 存在文学并且文学遵奉了这种原则并且这种原则是复杂的。

∴3. 存在文学。(预设)

∴4. 文学遵奉了这种原则并且这种原则是复杂的。(断言)

例④不止一个预设,例⑤不止一个断言。当然,有的句子不止一个预设,同时不止一个断言。

预设和断言是推论者应用不同的公式推导出来的。它们的公式分别是:

A 预设 B,A 真 B 真,A 假 B 也真

A 断言 B,A 真 B 真,A 假 B 假

奇妙的是,不论 A 是真是假,A 预设 B 都是真的,即 A 真 B 是真的,A 假 B 也是真的,而断言只能在 A 真时 B 是真的,如果 A 假则 B 是假的。例如:

⑥他家是一座大宅。

(张爱玲《茉莉香片》)

这个句子可以有以下的推导情况:

1. 他家是一座大宅。(S)

2. 家是他的。(预设)

3. 这个家是一座大宅。(断言)

1 的否定是:

4. 他家不是一座大宅。($\neg$S)

1 可以推出 2,也可以推出 3,2 是预设,3 是断言。然而从 4 也可以推出 2,但不可以推出 3。这是因为 4 是 1 的否定式,意思是说,“他家是一座大宅”

这句话是假的，2 作为预设，可以从 1 和 4 真假两种情况推出，而 3 作为断言，只能以真推真，不能以假推真。也就是说，预设可以经得起否定的测试，而断言不能。这就是预设与断言最根本的差别，也是交际者识别预设和断言的基本方法。

就前面说到过的例子而言，它们的预设也都经得起否定的测试。比如不管台湾省是否反对中美建交，台湾省属于中国都是不争的事实；孔乙己的脸上又添了新伤疤，不管孔乙己脸上是否添了新伤疤，他脸上原来就有伤疤则是确定无疑的；陈胜是不是阳城人，我们姑且不去管它，而存在陈胜这个人是应当予以肯定的；如此等等。从话语的否定句也能够推出预设，但是推不出断言。

预设经得起否定的测试，这就是说，即使交际双方断言不同，却都拥有相同的预设。从这个意义上说，预设不是别的，它是交际双方的共有知识，亦即“共识”。

预设是双方的“共识”说明了什么？说明预设就是句子的背景情境。比如甲乙二人讨论“他家是不是一座大宅”，甲说是，乙说不是，或者相反，但都不影响他们承认这个家是“他”的，或者说，“他”有一个家。如果没有这样的共识，讨论就无法进行，双方就无法发表各自的断言。从这个意义上说，预设就是断言的情境，句子“话中的话”。

所谓“话中的话”，是说这句话中的某些意义本来就内隐于话中，我们通过推论，把它由“隐”推到“显”，也就是把内隐意义转换为外显意义，从而提高对于这句话的认知水平。

预设作为“话中的话”，是一种修辞的艺术。比如前述邓小平说：“当然有，台湾省就反对。”评论者已经说是“多么经典的回答”，这里无须多说，下面再举一个例子：

⑦博物馆被盗，馆长在接受电视采访时，颤抖地说：“13 件全是精品，尤其那个翠玉戒指，更是举世无双……”

（阳台子《馆长的谎言》）

文章说没多久就破了案，原因是盗贼内部打斗，受伤的盗贼被捕后说，盗贼们认定是他偷了翠玉戒指不肯交出。其实博物馆失窃的物品中并没有什么“举世无双”的翠玉戒指，馆长故意这样说以引起盗贼内讧，果然奏效。

馆长的修辞艺术全在于预设，因为馆长那段话中预设失窃的物品中包括翠玉戒指，虽然只是一句“谎言”，但实际上是馆长利用“话中话”的表达艺术，从而产生了极佳的修辞效果。那么，这样的预设还能算是交际双方的“共识”吗？不管怎样，下面的推论确实可以看作双方的共识：

如果说翠玉戒指被盗，那么必定是盗贼内部有人独吞。

馆长说翠玉戒指被盗。

所以，盗贼内部必定有人独吞。

例⑦就是由这种“共识”导致的盗贼内讧，使得他们自己把案件暴露了出来。

所以，预设可以理解为一种情境假设，因为任何预设都假设了交际对方也具有跟自己相同或相似的认知背景。

预设作为一种“话中话”的修辞式推论，还有更为重要的功能，那就是：预设是话语的恰当性条件。

二、话语的恰当性条件

预设最简单的解释就是话语恰当性的条件。

例如上述话语“孔乙己，你的脸上又添上新伤疤了”，如果不是预设“孔乙己脸上原来就有伤疤”，那么这句话就是不恰当的。话语“陈胜者，阳城人也”，预设有陈胜这个人，否则这句话不恰当。博物馆馆长预设翠玉戒指被盗，否则馆长的话不恰当。

预设作为话语恰当性的条件，所谓“条件”者前提是也，它的确具有“前提”的性质，所以语言学家把“presupposition”翻译为“前提”并非没有道理。不过，预设作为修辞式推论，它要求听读者从话语中推导出来（由“隐”推到“显”），于是又成了推论的结论。从这个意义上说，我们还是把“presupposition”翻译为“预设”为好。其实前提和结论只是相对而言的。同一句话作为推出的理由，它是前提；如果作为推导的结果，它就成了结论。

预设作为话语的恰当性条件都是从话语本身推导出来的，所以说它们是“话中话”的推论。

修辞的美学认为，交际中的表达有两个最基本也是最重要的原则：一是准确，二是鲜明（至于“生动”，并非那么“基本”）。而预设就以“话中话”的形式，体现了这两个原则。所谓“准确”，首先必须恰当。所谓“恰当”，就是同修辞情境相协调。如果话语不恰当，那就意味着同修辞情境不相协调，因而也就没有准确性可言。所谓“鲜明”，首先必须简洁，如果不简洁，啰唆重复，也就没有了鲜明性可言。而预设就是以“话中话”的形式，极为简洁地表达了对话的背景情境，或曰“话题”。比如“陈胜者，阳城人也”，如果说成“存在陈胜这个人，并且这个人是阳城人”，简洁鲜明么？“他家是一座大宅”，如果说成“这个家是他的，并且是一座大宅”，简洁鲜明么？

预设以修辞式推论的形式把一些背景或话题隐藏起来，让听读者自己推导出来，这不仅节约言辞，而且含蓄婉转，有时候还能办成大事情(比如博物馆馆长预设失窃的物品中包括翠玉戒指)。因此我们说，预设是一种非常适用而又非常巧妙的修辞艺术。

下面讨论《红楼梦》第三回中几个句子的预设，说明它们都是句子恰当性的条件。

①却说贾母见他进来，笑道："外客没见就脱了衣裳了！还不去见你妹妹呢！"

贾母说的第一个句子："外客没见就脱了衣裳了！"这是个感叹句，撇开句子中的感情色彩，就是一个陈述句，预设家中来了外客，宝玉还没有同这位外客见面，宝玉在同外客见面之前不应当"脱了衣裳"。第二个句子"还不去见你妹妹呢！"这是个祈使句，预设宝玉有个"妹妹"，妹妹就在家中，宝玉能够马上见到妹妹，如此等等。

②宝玉看罢，笑道："这个妹妹我曾见过的。"贾母笑道："又胡说了！你何曾见过？"

宝玉说的"这个妹妹我曾见过的"，是个陈述句，预设宝玉有个妹妹。贾母说的"又胡说了！"是感叹句，预设宝玉不止一次胡说。"你何曾见过(这个妹妹)？"是个无疑而问的疑问句，也预设宝玉有"这个妹妹"。

这些句子，如果离开了预设，都是不恰当的。

前面说到的《红楼梦》的几个句子，它们的预设已如上述，它们的断言分别是："外客没见就脱了衣裳了！"断言宝玉已经换了衣裳。

"还不去见你妹妹呢！"断言宝玉必须去见黛玉。

"这个妹妹我曾见过的。"断言宝玉以前就见过黛玉。

"又胡说了！"断言宝玉现在是胡说。

"你何曾见过？"断言宝玉从来没有见过黛玉。

这些断言也是从话语中推导出来的，但它们与预设不同：预设是交际双方的已知讯息，而断言所传达的仅为说话者所知，对于听话者来说，它们是新讯息。然而新讯息建立在已知讯息的基础之上，是以已知讯息为恰当性条件的。

因此，话语中以预设形式出现的意义成分，是断言的"语境"。从修辞学上说，就是修辞情境，预设的推论属于情境推论。

③宝玉笑道："虽没有见过，却看着面善，心里倒像是远别重逢的一般。"贾母笑道："好！好！这么更相和睦了。"

宝玉从前没有见过黛玉，在例②是断言，为新讯息，而在例③里，宝玉说的

"虽没有见过",承认这个事实,于是成为与贾母的"共识",断言转换为预设,新讯息转换为已知讯息。"看着面善,心里倒像是远别重逢的一般",宝玉的话里有断言,即新讯息。贾母说"好! 好!"为新讯息,也是断言;宝玉说的"看着面善,心里倒像是远别重逢的一般"为贾母所接受,成为已知讯息,即贾母话中的预设。"这么更相和睦了","这么"就是指"看着面善,心里倒像是远别重逢的一般",是预设,"更相和睦了"为断言。在这些话语中,如果预设不存在,那么话语就都不恰当。所以,预设是话语恰当性的条件。

在人们的交际中,新讯息建立在已知讯息的基础之上,如果对方接受了这个新讯息,就是把新讯息转换为已知讯息,于是在此基础上建立新讯息……如此循环往复,新讯息不断地转换为已知讯息,交际者的思想感情得以充分地交流,认知水平得以不断地提高,社会也得以不断地进步。

凡句子都有预设,凡预设都有真假,不过预设的真假不同于一般的二值逻辑,二值逻辑只有真和假两个值,而预设却有三个值:真、假和无意义。

例如,《史记·陈涉世家》中说:"陈胜者,阳城人也。"这句话预设存在陈胜其人,断言他是阳城人。如果确有陈胜这个人,而且是阳城人,也就是说,预设真断言也真,那么《史记》这句话就是真的;如果有陈胜其人,但他不是阳城人,亦即预设真而断言假,这句话便是假的;如果预设不存在(预设假),也就是说,根本没有陈胜这个人,则这句话无意义。

从这里不难看出,一个句子不管断言是真是假,只要存在预设,就都是恰当的;如果连预设也不存在,这个句子便是不恰当的。作为真句子,"陈胜者,阳城人也"具备了恰当性的条件。

又如,张爱玲在小说《茉莉香片》里说的"他家是一座大宅",这句话预设这个家是"他"(聂传庆)的,断言他的家是一座大宅。如果这个家确实是"他"的,而且是一座大宅,那么这句话就是真的;如果这个家是"他"的,但不是一座大宅,这句话便是假的;如果预设不存在,也就是说,根本没有这个"他家",则这句话无意义。由于"他家是一座大宅"是个真句子,它也具有了恰当性的条件。

可是问题来了。《史记》是一本历史书,讨论"陈胜者,阳城人也"这句话的真假是有意义的,而《茉莉香片》是一篇小说,文学作品出于虚构,话语中的预设往往不存在,是不是说就没有意义了呢?

那当然不是。文学作品中的真假可以用"可能世界"的理论做出解释。"可能世界"理论认为,凡是能够为人们所想象的场合或情境都是可能世界。

小说《茉莉香片》是一个可能世界,在《茉莉香片》这个可能世界里,确实有一个"他",叫聂传庆,"他"有一个家,也就是说,这句话的预设为真,句子具有恰当性。从小说的内容看,这句话断言"聂传庆的家是一座大宅"也是真的。所以,"他家是一座大宅"这句话是真的。

小说《红楼梦》也是一个可能世界,所以《红楼梦》里面的话语都可以推出它们的预设,并判明它们的真假。贾宝玉说:"这个妹妹我曾见过的。"预设贾宝玉有个妹妹。在《红楼梦》的可能世界里,他确有一个"妹妹",就是表妹林黛玉。所以这句话的预设成立,句子具有恰当性。但是在此之前,宝玉并没有见过黛玉,断言为假,因此宝玉这句话是假的。

在修辞学的预设研究中,我们固然关心每个句子预设的真假,但是我们更为关注一个语句由于预设所产生的艺术效果。

例如前述《馆长的谎言》,博物馆馆长说被盗物品中"尤其那个翠玉戒指,更是举世无双",这句话预设存在翠玉戒指并且被盗,但这个预设是假的,从逻辑意义上说,馆长这句话无意义。但是从修辞式推论的意义上说,馆长的话是最恰当不过的,不仅不是无意义,而且意义大着呢!馆长的话属于巧妙的修辞,正是这种巧妙的修辞破获了一起大案。

可能有人要问,难道修辞主张说假话么?那当然不是。在日常交际中,我们主张说真话,不说假话,但是在对敌斗争中又另当别论了。这就是不同修辞情境的缘故。从来没有一位军事家主张把所有的军事机密统统告诉敌人,相反地,必须严守机密,并且尽可能地欺骗敌人,诱使敌人上当受骗。所以馆长的"谎言",实际上是一种诱使敌人上当受骗的妙招,是修辞上的"绝妙好辞"。

再说贾宝玉说"这个妹妹我曾见过的"这句话,虽然因为断言错误,是个假句子,但是从修辞式推论的意义上说,它是个好句子,传达了许多言外的讯息。我们可以推出贾宝玉和林黛玉一见如故,甚至可以推出:这位大荒山无稽崖下的"石兄",似乎(当然只能说是"似乎")悟出了前世因缘——这个妹妹就是西天灵河岸上那棵绛珠仙草。

从修辞式推论的意义上说,无论话语是真是假或者无意义,它们都有可能成为好句子。它究竟是不是个好句子,主要取决于修辞的情境。

修辞式推论与逻辑推理迥然有别。

三、非陈述句的预设

以上的讨论主要着眼于陈述句的预设,下面讨论非陈述句的预设。非陈述句包括疑问句、祈使句和感叹句,我们将分别做一些讨论。

1.疑问句的预设

疑问句与陈述句不同,陈述句有真假,而疑问句没有真假。那么,疑问句有预设吗?其实,预设就是话语的恰当性条件,疑问句也有恰当与否的问题,因此疑问句也有预设。例如:

①你的故事完了?

是的。完了。

(毕淑敏《女心理师》)

疑问句"你的故事完了?"具有以下恰当性的条件:

1.存在说话人"你"和听话人"我"。

2.存在某个故事。

3.说话人在说这个故事。

4.故事说完了或者没有说完。

只有具备这些条件,疑问句"你的故事完了?"才是恰当的,否则不恰当。这些恰当性条件就是这个疑问句的预设。

疑问句没有断言,但一般都有回答。例①的疑问在于:故事说完了还是没有说完?对方回答说:"是的。完了。"这就是回答。意思是说,疑问句因为有疑而问,本身没有断言,它所需要的断言存在于对方的回答之中。疑问句的用意就在于寻求答案。

疑问句一般分为三类:是非问句、选择问句和特指问句。这些不同类型的问句要求具有不同的恰当性条件,也就是存在不同的预设。请看:

②我有这个权利?

你当然有这个权利。

③贺顿说:"你是想解决她们的问题,还是想解决你的问题?"

苏三说:"你这话不通情理。我的问题就是她们的问题;她们的问题解决了,我的问题也解决了;她们的问题不解决,我的问题自然也就无法解决。"

④贺顿说:"我几乎被你搞糊涂了,现在我们要正本清源。请回答,是谁到我这儿来咨询?"

苏三先生说:"明知故问,当然是我了。"

贺顿说:"对。现在是谁要寻求改变?"

苏三先生说:"是我。"

(毕淑敏《女心理师》)

②是是非问句,预设"我"有这个权利或者没有这个权利,要求对方做出肯定或否定的回答。是非问句预设的特征公式是:

$$A \vee \neg A$$

∨表示“或者”，¬表示“并非”。例②作为是非问句，对方的回答是肯定的。(例①也是是非问句)

③是选择问句，预设对方是想解决她们的问题或者想解决自己的问题，要求对方选择其中一个选项。特征公式为：

$$A_1 \vee A_2 \vee \cdots \vee A_n$$

虽然是非问句也有选择的性质，但只要回答“是”或“不是”即可，而选择问句的回答不是选择“是”或“不是”的问题，而是要求确认某一个具体选项，这样的选项可能不止两个。例③的回答出乎说话人的预料，对方不愿在问句中的两个选项做出选择，问句仍然没有回答。

④是特指问句，要求对话者提供具体讯息，回答那个特定的未知数x。预设的公式为：

$$\exists x(F(x) \wedge G(x))$$

意思是说，存在一个x，这个x是F并且它是G。例④有两个特指问句：前一个特指问句是说，有一个人(F)，他是来咨询的(G)；后一个说，有一个人(F)，他是来寻求改变的(G)。这就是两个特指问句恰当性的条件，亦即预设。这两个问句的回答是同一的“我”，即苏三。

疑问句的回答也就是修辞式推论的结论，亦即断言。根据情境，疑问句可以有不同的回答，这里包括问句的回避、问句的可能回答和真回答。请看：

⑤泉自几时冷起？
　峰从何处飞来？
⑥泉自冷时冷起；
　峰从飞处飞来。

（西湖冷泉亭楹联）

例⑤是问联，例⑥为答联。两副对联都巧妙地利用了预设，引导人们进行修辞式推论。从例⑤的上联可以推出：冷泉本是热泉，只是在某个时候冷却的；从下联可以推出：这个山峰(指冷泉旁边的飞来峰)本来不在这里，是从另外地方飞来的。这两个结论就是上下联的预设。例⑥的回答实际上就是问联的预设，亦即冷泉曾有热的时候，飞来峰也有飞来的地方。答联没有提供新的讯息，被称为问句的回避。然而答联并非废话，它告诉人们：沧海桑田，无须稽考。不过这个结论已经不是预设，而是言外之意了。

然而答联用问联的预设来回答问联，固然巧妙，但毕竟不能算是回答，应当还有下文。据说这副问联源于一位大学者的即兴创作，他的夫人随口道出了答联，而他们的女儿则提出另一答案。于是有了第三副对联：

⑦泉自禹时冷起；
峰从项处飞来。

“泉自禹时冷起”不难理解，可是“峰从项处飞来”是什么意思？女儿解释说：“项羽《垓下歌》云：‘力拔山兮气盖世’，不是他将此山拔起，安得飞来？”女儿的答联超出了问联的预设，提供了新讯息，但其还是就可能世界而言的，算是一种可能回答。如果就现实世界而言，问联的预设本来就不存在，是两个假问句。对于假问句的回答，应当否定它们的预设，按照事物的本来面目给予解答。于是有好事者提供了第四副对联：

⑧泉冷如常，安问几时冷起；
峰飞无据，焉云何处飞来！

这应该算是问联的真回答了。

疑问句利用预设诱使对方上当受骗，在传统逻辑里叫作“复杂问语”。它作为修辞式推论，也是值得关注的事情。例如：

⑨甲：你掏人家钱包给逮住过吗？
乙：没有——不对，我什么时候掏过人家钱包啦？

（相声《雄辩绝招》）

甲说的是一个是非问句，只需回答“有过”或“没有过”（被逮住）即可，但是由于它是个复杂问语，无论你回答“有过”或“没有过”，它都预设“你掏人家钱包”。乙一不留神，说是“没有”，但他随即意识到上当受骗，于是纠正说：“我什么时候掏过人家钱包啦？”否定了其中的预设，这才做到了准确地“达意传情”。

还需提到的是，疑问句中的反诘句，无疑而问，实际上是具有疑问形式的陈述句。例如：

⑩阿Q不开口，想往后退了，赵太爷跳过去，给了他一个嘴巴。

“你怎么会姓赵？——你那里配姓赵！”

（鲁迅《阿Q正传》）

“你怎么会姓赵？”就是一个反诘句，实际上没有疑问，即阿Q不姓赵。后面的感叹句“你那里配姓赵”引申了这一层意思。反诘句的预设按相应的陈述句处理。例⑩的预设是存在阿Q其人，存在姓氏文化，否则这个反诘句不恰当。

2.祈使句的预设

祈使句是表示命令或请求的句子，表达时有一个祈使的语调，书面语常用叹号，但不是必然。祈使句同疑问句一样没有真假，但它同样必须具备恰当性条件，这就是说，祈使句也有预设。例如：

①"我……"

"出去！"

"我要投……"

"滚出去！"洋先生扬起哭丧棒来了。

②阿Q以为他逃了，抢进去就是一拳。这拳头还未达到身上，已经被他拉住了，只一拉，阿Q跄跄踉踉的跌进去，立刻又被王胡子扭住了辫子，要拉到墙上照例去碰头。

"'君子动口不动手'！"阿Q歪着头说。

（鲁迅《阿Q正传》）

例①是命令句。阿Q要投革命党，假洋鬼子"不准革命"，先命令阿Q"出去"，又命令"滚出去"。预设：

存在阿Q这个人。

阿Q是个卑微人物。

假洋鬼子不屑与阿Q说话。

这就是例①命令句的恰当性条件，否则不恰当。在这个修辞情境中，假洋鬼子未必知道阿Q要投革命党，也就是说，未必形成双方的"共识"，所以"阿Q要投革命党"这一层意思不能算是预设。

例②"'君子动口不动手'！"为请求句，是阿Q被王胡子打败后求饶时说的话。预设：

存在阿Q，存在王胡子。

阿Q跟王胡子打架并被王胡子打败。

阿Q知道"君子动口不动手"这句熟语。

否则，这个请求句不恰当。

这两个祈使句因为只是命令或请求，没有断言，其修辞效果究竟如何？可以从听话人的实际行为，即回应中体现出来。

祈使句的回应可以是正面（肯定）的，或者是负面（否定）的。就例①而言，假洋鬼子命令阿Q滚出去，阿Q"不自觉的逃出门外"，做了正面的回应；例②阿Q求饶，王胡子"并不理会，一连给他碰了五下，又用力一推，至于阿Q跌出六尺多远，这才满足的去了"，做了负面的回应。

祈使句有时也使用一些语气词，用以表示不同的祈使语气。例如：

③大汉说："我已经接受了。咱们正式开始吧。"

④贺顿笑笑说："你当然可以怀疑我呀。"

（毕淑敏《女心理师》）

例③"咱们正式开始吧"含语气词"吧",例④含语气词"呀",两个句子表达的都是"建议",祈使语气比"命令"缓和,但也不是"请求"。

使用祈使语气是一种修辞行为,因为这也是为了更好地"达意传情"。作为修辞行为,祈使句不止命令和请求两种,比如还有"建议"。此外还有劝告、恳求、嘱咐、催促等等。同样,前面说到的陈述和询问也是修辞行为,同样是为了更好地"达意传情"。

3.感叹句的预设

感叹句一般都是陈述句加情感因素构成的句子。由于预设都是一些命题,一般不包括情感因素,所以,感叹句的预设也就是陈述句的预设。

感叹句的预设分析,一般可分为两种:一是陈述叹句,或曰无标记叹句;二是含有强调情感成分标记的叹句,即有标记叹句。例如:

①她幽幽地叹了口气道:"对不起,我又忘了,男女有别!……"

②传庆嘿嘿的笑了几声道:"你真会哄孩子!'好孩子别哭!多大的人了,不作兴哭的!'哈哈哈哈……"

(张爱玲《茉莉香片》)

例①为无标记叹句。"男女有别"本来只是一个陈述句,由于说话人是在"幽幽地叹了口气"的情境中说的,因此成了感叹句。它的预设应为:

存在男人和女人。

如果不是这样,这个句子不恰当。

例②是含强调成分标记的叹句,其中"真""好"和"多(么)",即强调成分,用以抒发情感。以"你真会哄孩子"为例,预设:

存在听话人"你"和哄孩子的事情。

否则,这个句子不恰当。至于说话人的讥讽口气属于情感因素。

陈述叹句如果含有"啊""呀"之类的语气词,也可以看成有标记叹句。例如:

③"我大嫂,知名主持人啊!"说起朱丹,《故梦》的男主演陈坤甩出这么一句评语。

(《今日早报》)

④他的嗓子浑圆嘹亮:"可怜啊可怜!一个人啊没钱!"悠久的歌,从一个世纪唱到下一个世纪。

(张爱玲《封锁》)

⑤"哦,想我了?"钱开逸开玩笑。

(毕淑敏《女心理师》)

例③的语气词“啊”在句末,例④“啊”在句中,例⑤“哦”在句首。这些语气词都在一定程度上强化了说话人的情感。它们的预设还是其中陈述句的预设。

此外,还有一种独词叹句,如“哇!”“天哪!”等,它们都表达了一种强烈的情感。例如:

⑥老天!老天!你有多少精华灵秀,生出这些人上之人来。

(《红楼梦》第四十九回)

例⑥两个“老天”都是独词叹句,不同于句首叹词。这类叹句本身没有真假,也没有预设,可以看作说话人单纯的情感表达。

第二节 衍 推

一、衍推,说话人的承诺

衍推(entail,entailment)是指这样一种修辞式推论:任何一个句子都可以不依赖于其他条件推出一系列的命题,只要这个句子本身是真实的,这些推出的命题就必定是真实的。所以,衍推是一种话中隐义。“entail”或“entailment”,语言学家也译作“蕴含”。例如:

①大芳说:“我不认识他。”

(毕淑敏《女心理师》)

对于句子“我不认识他”,我们可以有以下的推导:

1.我不认识他。

2.我不认识某人。

3.我和某人没有某种关系。

4.有人和某人没有某种关系。

如果1是真的,那么2、3、4就一定是真的。这就是衍推。又如:

②《史记》的作者司马迁是很认真的历史家。

(《燕山夜话·起死回生》)

衍推如下:

1.《史记》的作者司马迁是很认真的历史家。

2.《史记》的作者司马迁是很认真的学者。

3.《史记》的作者司马迁是学者。

4.司马迁是学者。

5.《史记》的作者是学者。

6.有人是学者。

如果1的命题为真，那么2—6也都是真命题。就历史事实而言，1是真命题，因此衍推出来的2—6也都是真命题。

我们把衍推出来的命题看成一个集合，可以记为：

$$\{p_1, p_2, \cdots, p_n\}$$

从以上两个例子可以看出，如果一个命题是真的，那么由此衍推出来的命题必定也是真的。这就告诉我们，每当说话人说出一句话的时候，就承诺了由此衍推出来的一系列句子都是真的，或者说，我们每说一句话，都使自己默然承诺了一系列命题的真实性。衍推，就是说话人的承诺。

这也就告诉我们，说话不容易！因为我们每说一句话都必须承诺这些衍推命题也是真实的！所以，我们说话得注意修辞！注意如何准确地“达意传情”！

其实衍推的真实性是不难理解的。我们稍微分析一下就会发现，每一个原命题的词项与推出命题的相应词项之间都存在着“属于”或“包含于”的关系，因此能够从前一已知命题推出新命题来。由于结论没有超出前提，所以衍推出来的命题都是必然为真的。比如前面的例①：

令：“他”＝a，人＝A

$a \in A$

∴我不认识他 ⊢我不认识某人

⊢表示“推出”，∈表示“属于”。个体a属于集合A。“他”是一个确定的个体，“某人”则是不确定的，它包括“他”但不局限于“他”。所以从“我不认识他”可以推出“我不认识某人”，结论没有超出前提，因而必然为真。

又：

令：历史家＝A，学者＝B

$A \subseteq B$

∴《史记》的作者司马迁是很认真的历史家

⊢《史记》的作者司马迁是很认真的学者

⊆表示“包含于”，集合A包含于集合B，所以可以从前提必然地推出结论，结论没有超出前提，具有必然的性质。如此等等。

衍推的基本特征可以归结为这样一个全称命题公式，即：

$$\forall x(F(x) \rightarrow G(x))$$

∀表示“所有”，公式的意思是说，对于所有x而言，如果x是F，那么x必然是G。比如例②，对于所有x而言，如果x是历史家，那么x必然是学者。再如例①，对于所有x而言，如果x是“他”，那么x必然是人，是某个人。

人们或许会说，这样的推理，结论永远不会超出前提，似乎没有什么认知的价值。其实不然。因为这些原句子都是外显的，由此推出的结论本来是内隐的，经过衍推才外显出来，也就是由“隐”推到“显”。只要结论不同于前提，它就有了认知的意义。衍推把话中的隐义推到显处来，从而就更有利于人们的认知。从这个意义上说，衍推属于修辞式推论。

其实，任何演绎推理都是由“隐”推到“显”，因而结论具有必然性。我们能说演绎推理没有认知价值吗？比如“凡人皆有死，苏格拉底是人，所以苏格拉底有死”，这是个典型的三段论，“苏格拉底有死”的结论全在前提之中，又有谁说三段论没有认知意义呢？

这里还有一个需要讨论的问题：既然衍推的结论是必然的，那么我们为什么还说修辞式推论的结论是或然的呢？这是因为衍推的原命题由于情境的复杂性，并不能保证是真实无误的，即使推导过程正确，仍然难以避免推论的结论具有或然的性质。也就是说，衍推的或然性不在于推论的过程，而在于原句子是否真实无误。

修辞者的责任也就在这里：修辞者的承诺更重要的是对话语真实性的承诺——讲真话不说假话。修辞的话语应当经受衍推的测试，保证每一个衍推的命题都是真实无误的。

衍推和预设都属于话中隐义，但是衍推与预设不同，也就是说，它们是不同意义上的话中隐义。

衍推的真值条件是：

A 真则 B 真
A 假则 B 真假不定
B 假则 A 假

比如例①，“我不认识他”是真的，则“我不认识某人”是真的；“我不认识他”是假的，也就是说，“我认识他”，则“我不认识某人”可真可假；如果“我不认识某人”是假的，由于“某人”具有不确定性，“我不认识某人”假，即“我认识任何人”真，那么“我不认识他”肯定是假的了。再如例②，“司马迁是很认真的历史家”真，则“司马迁是很认真的学者”真，因为所有的历史家都是学者。“司马迁是很认真的历史家”假，即“司马迁不是很认真的历史家”真，则“司马迁是很认真的学者”真假不定，因为司马迁即使不是很认真的历史家，还可能是“不认真”的历史家或“很认真”的其他学者。如果“司马迁是很认真的学者”假，则“司马迁是很认真的历史家”一定是假的，因为他连很认真的学者都不是，那又怎么可能是“认真”的历史家呢！

显然，衍推不同于预设。预设经得起否定的测试，衍推不能，因为它们的真值条件不同。衍推也不同于断言。断言的真值条件是：A 真 B 真，A 假 B 假，断言和衍推的真值条件也是不相同的。请看：

③他们走进一家高级酒店。

（毕淑敏《女心理师》）

我们可以做如下的推导：

1. 他们走进一家高级酒店。
2. 至少有两个人。
3. 这两个或两个以上的人走进一家高级酒店。
4. 有人走进一家高级酒店。
5. 有人走进酒店。

从 1 推出的 2 是预设，3 是断言，4 和 5 是衍推。它们之间的区别清清楚楚，这是因为它们各有自己的真值条件。

二、衍推的命题序列

衍推作为话中隐义，它是一个命题集合，并且是有序的，因而形成一个命题序列。这些系列的命题，都是衍推的话中隐义。例如：

①詹勇送他出门。

（毕淑敏《女心理师》）

我们可以做以下推出：

1. 詹勇送他出门。
2. 詹勇送他走出某个处所。
3. 詹勇送他离开某个地方。
4. 詹勇送走了他。

从 1 可以推出 2，从 2 推出 3，从 3 可以推出 4，这样就构成了一个衍推的命题序列。从 1 还可以推出：

1. 詹勇送他出门。
2. 詹勇送某人出门。
3. 詹勇送某人走出某个处所。
4. 詹勇送某人离开某个地方。
5. 詹勇送了某人。
6. 詹勇做了某事。

这是又一个命题序列。还可以推出：

1. 詹勇送他出门。
2. 有人送他出门。
3. 有人送某人出门。

4.有人送某人走出某个处所。

5.有人送某人离开某个地方。

6.有人送了某人。

7.有人做了某事。

这又是另一个命题序列。如此等等,以至形成了一个纵横交错的命题网络。这些衍推命题,彼此各不相同,但都是"詹勇送他出门"的话中隐义。

原则上说,从话语中的每一个词项都可以生成一个命题序列,它们都是说话人的承诺。然而在交际的实际过程中,修辞者往往强调其中某个词项,叫作"重音模型"。例如:

②小柏万福宣誓般地说,我不要媳妇。

(毕淑敏《女心理师》)

"我不要媳妇"这个句子可以有下面三个不同的重音模型,即:

1.我不要媳妇

2.我不要媳妇

3.我不要媳妇

它们分别生成三个不同的命题序列:

(1)1.我不要媳妇。

2.某人不要媳妇。

3.有人不要媳妇。

(2)1.我不要媳妇。

2.我对娶媳妇采取否定的态度。

3.我对娶媳妇采取某种态度。

(3)1.我不要媳妇。

2.我不要某种女人。

从上下文情境来看,当时老妈正在说将来给柏万福娶媳妇的事情,句子中"我"为存在预设,"媳妇"是话题,也是预设,所以只有(2)才是这句话的重音模型,这个衍推的命题序列才是修辞者所着意的承诺。再如:

③柏万福说:"我上街给你买了今天的晚报……"

(毕淑敏《女心理师》)

"我上街给你买了今天的晚报"可以有7个不同的重音模型,即:

1.我上街给你买了今天的晚报。

2.我上街给你买了今天的晚报。

3.我上街给你买了今天的晚报。

4.我上街给你买了今天的晚报。

5.我上街给你买了今天的晚报。

6.我上街给你买了今天的晚报。

7. 我上街给你买了今天的晚报。

那么什么才是这句话的重音模型呢？这句话是柏万福对妻子、女心理师贺顿说的，他还说：

我从头到尾搜了三遍，都没找着，心想你一定叫人骗了，后来好不容易才在报缝的犄角旮旯看到佛德。

柏万福急于查找的是在晚报上刊登的佛德心理诊所广告，所以重音是在“今天的”词项上，即重音模型6，衍推的命题序列应是：

1. 我上街给你买了今天的晚报。

2. 我上街给你买了某天的晚报。

3. 我上街给你买了某个时间的晚报。

衍推的命题序列本来是十分烦琐的，像例③这样比较长的句子更是如此，由于有了重音模型，问题变得简单多了。

衍推的重音模型，它可以表现为说话人语音上的强调（书面语加着重号），也可以没有语音强调，而是在上下文中有所说明，甚至体现为交际者之间的心理默契。就例③而言，柏万福对这句话的重音模型在下文里有所说明。即使没有这个说明，根据夫妻二人的默契，贺顿也能够理解其重音所在，而不必烦琐地考察所有7个重音模型。

第三节　规约义

一、规约义，约定俗成

美国语言哲学家格莱斯于20世纪60年代提出了“会话含义”（conversational implicature）理论，同时提出规约含义（conventional implicature）的概念。格莱斯以“but”（但是）和“therefore”（因此）为例，认为规约含义是与会话含义相对的另一类非真值条件的意义，它的特征是：(1)规约含义是语言约定俗成的部分，因而是不可预测的；(2)规约含义不受语境影响，因而无法取消；(3)规约含义附着于特定的语词，因而可以与句子分离；(4)规约含义是语词固有的，因而不需要推导。[①]

---

① Grice H. P.: *Logic and conversation*, in Cole & Morgan(eds.), 1975, p. 41—58. 参阅黄华新：《描述语用学》，吉林人民出版社2005年版，第201—214页。

格莱斯所说的“规约含义”，我们简作“规约义”，除了省事以外，也为了回避汉语“含义”这个不确定的含义。

下面以汉语句子为例，进行一些讨论。

> ①我们有时候谈起调查研究工作，就不免觉得惭愧，深深地感到自己对实际情况了解太少，遇到别人问起许多实际工作中的问题，常常一问三不知。这种现象很不好。但是，似乎一下子又不能完全克服。因此，心里总觉得纳闷。
>
> （《燕山夜话·变三不知为三知》）

这段话里，既有“但是”，又有“因此”，讨论起来更为方便。

首先，规约义乃话语中约定俗成的意义，这是规约义最为本质的特征。“但是”如此，“因此”也应如此。

其次，规约义不受情境的影响，似乎只就规约指索词的词典义而言的。比如“但是”和“因此”，前者具有转折和对比的意义，后者具有上下文之间的因果或推断关系，它们确实不受情境的影响。然而，从规约义的具体化和丰富化的意义上说，它们却是离不开修辞情境的。一个规约义的具体化和丰富化，只有在特定的修辞情境中才能显现出来。比如例①，“一问三不知的现象很不好，但是，似乎一下子又不能完全克服。”这是就调查研究而言的，说明调查研究者的惭愧心情。如果换成另一种情境，比如讨论哲学的认知问题，那么这个“但是”就只是表明人类认知的难度。由此看来，规约义并非不受情境的影响。

再次，规约义附着于特定的语词，可以与句子分离。规约义附着于特定的语词，这一点当无问题。比如例①，规约义附着于特定的语词“但是”和“因此”。“但是”和“因此”这样的特定语词，可以称之为“规约指索词”。至于规约指索词是否能够与句子分离，应当这样说，它们分离后仍然有自己的词典规约义，但不是具体化和丰富化了的规约义。

应当指出，规约指索词是具有民族性的，不同民族的规约指索词的规约义并非完全一样。在这本书中，我们只讨论汉语中的规约指索词。

由于规约义附着于特定的语词，它同预设、衍推一样，也属于话中隐义，而不是言外之意。

最后，规约义是语词固有的，因而不需要推导。这一条最值得讨论。

格莱斯认为，规约义不影响命题的真假值。他说，“but”和“and”（并且）的真假值是一样的。比如例①，“一问三不知的现象很不好，但是，似乎一下子又不能完全克服。”这是个合取命题，令：一问三不知的现象很不好$=p$；似乎一下子又不能完全克服$=q$，公式应为：$p \wedge q$。$p \wedge q$的真值条件是：只有 p 真 q 真时，$p\wedge q$ 为真，其余为假。因此，"一问三不知的现象很不好，但是，似乎一下子又不能完全克服"与"一问三不知的现象很不好，并且，似乎一下子又不能完全克服"两个合取命题的真假值完全一样。这就是说，"但是"的规约义与命题的真假值无关。格莱斯这一观点非常重要。

然而，他又说，"therefore"也不影响命题的真假值，只是指明了上下文之间具有因果性的推论关系。这就需要讨论了。"therefore"虽然不是命题联结词，但它表示"推出"（$\vdash$），"推出"即是蕴涵（$\rightarrow$），怎么能说与命题真假值没有关系呢？

在我们看来，规约义作为"话中隐义"，从"隐"推到"显"，这就是"推导"，就是修辞式推论。例①的推论应是：

如果一问三不知的现象很不好，并且似乎一下子又不能完全克服，那么心理总觉得纳闷

一问三不知的现象很不好，并且似乎一下子又不能完全克服

所以，心理总觉得纳闷

公式为：

$$((p\wedge q)\rightarrow r)\wedge(p\wedge q)\rightarrow r$$

真值条件是：只有前件真而后件假时命题为假，其余为真。

因此，不好说"therefore"不影响命题的真假值。既然是推论，就会影响真假值。既然是"推论"，就不能说规约义是语词固有的，因而不需要推导。

不过，作为修辞式推论，我们所说的规约义是指另外意义上的推导，它没有真值条件。比如例①的"但是"：

1. 一问三不知的现象很不好，但是似乎一下子又不能完全克服

∴2. 本来应当一下子完全克服

由 1 可以推出 2，2 就是规约义，一种约定俗成的意义，与真值无关。

再看下面的"但是"：

②处理任何事情都要有鲜明的立场、坚定的原则、正确的态度，但是不排斥灵活的方式。

（《燕山夜话·涵养》）

规约义的推导为：

1. 处理任何事情都要有鲜明的立场、坚定的原则、正确的态度，但是不排斥灵活的方式

∴2. 处理任何事情都要有鲜明的立场、坚定的原则、正确的态度，这似乎排斥灵活的方式

2 也是"但是"的规约义。

例①和例②的"但是"，其词典意义都是相同的对比性和转折，但是作

为话中隐义，它们从不同的修辞情境中推出了不同的规约义结论。这样的结论都只是约定俗成的，不具有真值的意义。

格莱斯的“规约含义”概念提出以后，引起了学术界广泛的兴趣。一些人表示赞同，并且提出更多的话语指索词，比如 however(然而)，besides(此外)，anyway(不管怎样)，although(尽管)，still(仍然)，moreover(此外、而且)，furthermore(此外、并且)，well(噢)，oh(哎呀)，so(所以)等等。另外，他们还提出了“社会指索词”的概念。比如法语 Tu es le professeur(你是教师)和 Vous etes le professeur(您是教师)，两句话表示相同的真假值，但是 Vous(您)比 Tu(你)多出“尊敬”和“远距”的规约意义。而学术界的另一些人则认为，“规约含义”与预设、衍推以及会话含义等差不多，很难分辨清楚，主张取消这个概念。

那么，我们应该怎样理解和处理“规约义”或“规约含义”这一概念呢？保留它，放弃它，还是给它一个更为恰当的界定呢？我们认为，规约义确是“话中隐义”中的一种推出义，它有以下几个主要特征：

(1)约定俗成。

(2)附着于特定的语词。这些特定语词是规约义的外显性标记。

(3)与真值无关。规约指索词不包括表真值联结词的“如果，则”“或者”“并非”以及表推理的“因此”和“所以”等等。至于“并且”有些特殊，它有时也能传达句子的规约义，因而不是“∧”的理想表达者。

(4)规约义主要指句子的推出义，而不只是指索词的词典义。

(5)规约义是一种或然性的意义，除了它的前提具有或然性以外，其推理形式也只具有或然性。

为了准确地掌握句子中的规约义，我们必须把规约义同预设、衍推以及会话含义区别开来。

1.规约义与预设

规约义和预设都属于话中隐义，都是句子的推出义。除此以外，它们还有一个相似的地方：规约义有外显性的指索词，预设有时有触发语，也是一种外显性标记，因此两者可能重合。例如：

③此后又有近处的本家和亲戚来访问我。

(鲁迅《故乡》)

例③的推论为：

1.此后又有近处的本家和亲戚来访问我。

∴2.此前有过近处的本家和亲戚来访问我。

其中的“又”字既是预设的触发语，又是规约义的指索词，所以 2 既是句子的预设，又是规约义，两者重合。由于符合各自的标准，这种重合应当属于正常的现象。但是规约义和预设并非总是重合的。例如：

④“阿呀呀，你放了道台了，还说不阔？”

（鲁迅《故乡》）

例④没有预设的触发语（并非每个句子都有触发语），但有规约指索词“阿呀呀”，其推论应为：

1. 阿呀呀，你放了道台了，还说不阔？

∴2. 存在对方“你”

∴3. 说话人感到惊讶

2 为 1 的预设，3 是由“阿呀呀”产生的规约义，应当说两者之间的区别还是十分明显的。

由于每个句子都有预设，但不是每个句子都有规约义——只有含规约指索词的句子才有规约义，所以更多的句子只有预设，没有规约义。例如：

⑤母亲和宏儿都睡着了。

（鲁迅《故乡》）

推论为：

1. 母亲和宏儿都睡着了。

2. 存在“母亲”和宏儿。

2 是 1 的预设，由于句子中没有规约指索词，所以不存在规约义。

2. 规约义与衍推

规约义依附于特定的指索词，而衍推不是。衍推是一种必然性的推理，其或然性来自前提的或然性，而规约义不仅前提具有或然性，就连推论的形式也是或然的。例如：

⑥掌柜的也不再问，仍然慢慢地算他的账。

（鲁迅《孔乙己》）

可以有以下的推论：

1. 掌柜的也不再问，仍然慢慢地算他的账。

2. 掌柜的仍然慢慢地做他的事。

3. 掌柜的没有改变他算账的样子。

2 是衍推，3 是规约义，它们之间的区别也应当说是非常清楚的。

3. 规约义与会话含义

规约义属于话中隐义，会话含义属于言外之意；规约义附着于特定的语词，但会话含义不是这样。因此，规约义与会话含义的区别同样是很明显的。例如：

⑦"记着罢,妈妈的……"阿Q回过头来说。

"妈妈的,记着罢……"小D也回过头来说。

(鲁迅《阿Q正传》)

阿Q和小D打了一架,本来阿Q应当占优势,可是因为阿Q近来挨饿,只打了个平手。阿Q和小D的话中都有"妈妈的",含有规约义;就两个句子而言,又都有会话含义。它们的推论分别如下:

1. 记着罢,妈妈的。
2. 阿Q有些悻悻然。
3. 等着,我会惩治你的。

1. 妈妈的,记着罢。
2. 小D有些怒气。
3. 我不怕你。

两例的2都是规约义,3都是会话含义。

关于会话含义,下面专章讨论。

二、规约指索词

规约指索词可以分为话语指索词和社会指索词两个类别。

1. 话语指索词

规约的话语指索词主要是一些连词、副词,以及一些叹词。它们作为规约义的外显性标记,传达非真值的意义。例如:

①至于他的画,虽然也是一种标准的"文人画",但是他并不师法于元代的倪云林画派,而师法于宋画。即便在细小的部分,他同样是一笔不苟的。

(《燕山夜话·宛平大小米》)

例①有两个句子。第一个句子中的"至于"是连词,含有"要说""说到"的规约意义;"虽然,但是"的连词组合,构成了让步、转折的规约意义;"也"为副词,表示与前面所说的有相同之处;"并",在这里为副词,位于否定词"不"的前面,表示确实不是这样,加强了语气;"而"是连词,这里有相反和转折的意思。第二个句子中的"即便"是连词,表示假设和让步,语意比"即使"轻一些:"同样"也是连词,表示与前面的情况相同或相似。它们都是非真值意义。

②天哪!这还是咖啡吗?简直是神灵或者妖怪!

③"哦,那我想问问你,要是我到你们那里见见心理师,

行吗?”

（毕淑敏《女心理师》）

例②“天哪!”为独词叹句,“哪”是叹词。独词叹句“天哪!”表示惊讶,无真值义。例③“哦”为叹词,在这里表示理解,意思是“我知道了”,也与句子的真值无关。

从这几个例子可以看出,在言语交际中,人们经常地使用规约指索词来“达意传情”(其中例①就有 8 个规约指索词),因此,正确地使用规约指索词是重要的修辞手段之一。

我们说规约义与真值无关,并不是说规约指索词与真值毫无关系,而是说规约指索词所传达的“规约义”(包括词典义和推出义)与真值没有关系。例如:

④文天祥的文章明确地提出了学与行的关系问题,并且给了这个问题以明确的回答。

（《燕山夜话·文天祥论学》）

在以汉语为元语言的逻辑著作里,就是用“并且”来表达合取符号“∧”的意义的。例④这句话可以记为:

$p \wedge q$(p 并且 q)

例④作为合取命题,真值条件是:只有 p 真 q 真时,$p \wedge q$ 才是真的,其余为假。由此可以推出:

文天祥给了这个问题以明确的回答,并且文天祥的文章明确地提出了学与行的关系问题($q \wedge p$)

这是根据合取命题的交换律推出的。但是在例④特定的修辞情境里,这是推不出来的。因为句中的“并且”还有“进一层”的规约意义(有人称之为“有序合取”)。我们说“并且”的规约义与真值无关,就是对“进一层”这个意义而言的。又如:

⑤我们的经验完全可以证明,任何事情,包括学习在内,如果不努力做去,即便有很好的计划,也是要落空的,不会有什么结果的。

（《燕山夜话·文天祥论学》）

这句话中有好几个逻辑问题,这里抽出“即便有很好的计划,也是要落空的”来分析它的规约意义。

“即便有很好的计划,也是要落空的”,用 p 表示“即便有很好的计划”,q 表示“也是要落空的”,它的逻辑公式应是:

$$(p \vee \neg p) \wedge p \rightarrow q$$

意思是说，如果你有"很好的"和"不很好的"两个计划，并且你采用了很好的计划，那么你的计划还是要落空的。经过验算，可以得到下面的公式：

$$((p \vee \neg p) \wedge p \rightarrow q) \leftrightarrow (p \rightarrow q)$$

符号↔表示等值。这个公式表明，复杂公式$(p \vee \neg p) \wedge p \rightarrow q$等值于简单的假言命题"$p \rightarrow q$"（如果有很好的计划，那么这个计划是要落空的）。这就是说，例⑤并没有因为"即便，也"的参与而改变了真假值。这就表明了"即便，也"句的规约义与真值条件没有关系。

话语指索词的规约义虽然只是一种非真值义，但是对于修辞者来说，它的确是实现"达意传情"的重要手段。比如同一个句子，由于应用了不同的指索词就可以传达不同的思想感情。例如：

⑥A：小张架子真大，请也请不来。

B_1：真的吗？你看他来了。

B_2：注意，他来了。

B_3：不管怎样，他来了。

B_4：毕竟他来了。

B_5：尽管如此，他来了。

（黄华新《描述语用学》）

从B_1到B_5只有短句"他来了"具有真值义，其外显性标记所传达的均为规约义。B_1表示怀疑，意思是说小张未必有那么大的架子；B_2是提醒A：别让小张听到了；B_3意在调和，小张的架子大不大并不重要；B_4是劝告A不要再说小张架子大了；B_5赞成A的观点，但有保留。这些意义都跟真值无关。

2.社会指索词

社会指索词是这样一些规约义指索词：它们含有特定的社会文化意义，而与真值无关。

由于社会文化具有民族性，规约义的社会指索词也因此具有民族的文化特征。比如中国人讳言"死"字，对于人的死亡就有许许多多的说法，它们传达不同的规约义，而不改变句子的真值。

我们翻开《红楼梦》的目录，很容易找到这样一些回目的标题：

①贾夫人仙逝扬州城

因讹成实元妃薨逝

苦绛珠魂归离恨天

还孽债迎女返真元

史太君寿终归地府

鸳鸯女殉主登太虚

死雠仇赵妾赴冥曹

……

这里加着重号的词或短语都是“死”的社会指索词，用来传达不同的社会规约义。元春是皇帝的妃子，所以用“薨逝”；黛玉是离恨天灵河岸上的绛珠仙草，所以说是“魂归离恨天”；贾夫人、迎春和鸳鸯都是上界仙女临凡，所以用“仙逝”“返真元”和“登太虚”，而史太君和赵妾是凡人，所以说“归地府”和“赴冥曹”，意思是“见阎王去了”。

再看：

②影坛泰斗谢晋走了

③85 岁谢晋在睡梦中安然辞世

（《今日早报》）

④张苞在张飞遇害以前已经不在人世。

（《名家讲坛》）

例②—④仍为“死”的社会规约义，尽管意义不同，但都与真值无关。

下面再举另外几个例子，用以说明规约义社会指索词的广泛性。

⑤记着，孩子。你只有这么一点空间和余地……

（毕淑敏《女心理师》）

⑥记者：可以看出您是一个很乐观的人。

（史铁生《人的残缺证明了神的完美》）

⑦“贵姓？……”

“敝姓钱。”

“哦，久仰久仰！还没有请教台甫……”

“草字阔亭。”

“高雅高雅。贵处是……”

“就是上海……”

“哦哦，那好极了，这真是……”

（鲁迅《论讽刺》）

例⑤中的“孩子”并非说话人的子女，而是对一个年轻人的亲切称呼。例⑥记者称被访问者为“您”，表明说话人的崇敬心理。例⑦含有更多的社会指索词，它们分别传达了不同的社会规约义。（最后“哦，哦”，属于规约的话语指索词）

以上这些社会的规约义都与真值无关。

第五章　言外之意

第一节　言外有意

一、言内和言外

人们说话常常话中有话，言外有意。“话中有话”即前一章所讨论的“话中隐义”；“言外有意”即本章所要讨论的“言外隐义”——言外之意。

在言语交际的过程中，听话人有时候会忍不住问说话人：“你这话是什么意思?”无非是说，说话人话中有话或者言外有意，要说话人说个明白。当然，在更多的情况下，这些话中话或者言外意，还是要靠听话人自己去揣摩、猜测。例如：

①有的人活着
他已经死了；
有的人死了
他还活着。

（臧克家《有的人》）

人们初读这几行诗的时候难免要问：这诗是什么意思？为什么活着的人死了，而死了的人还活着？它的言外之意是什么呢？

诗人臧克家的这首诗是为纪念鲁迅先生而写的，开篇这几行的意思是说：人生的价值和意义全然取决于对人民的态度，造福人民者永生，压迫人民者速朽。这就是这几行诗的言外之意。作为修辞式推论，这就是推论的结论。

为什么说“造福人民者永生，压迫人民者速朽”是这几行诗的言外之意——言外隐义，而不说是它的话中隐义呢？对于这个问题，我们需要做一些讨论。

首先，什么是隐义？

话语的隐义是指特定句子的意义，亦即“句义”而不是“词义”。所谓“词义”通常是指一个词的词典意义，而一个句子的句义并不是句中各个词义的机械相加，它是按照句法规律构成的“组合”意义，亦即句子的整体意义。例如：

②他又笑了：“不料你的识见竟平庸得可以做社论……”

（《魔鬼夜访钱锺书先生》）

“他又笑了”是个句子，句中的“又”作为预设的触发语和规约义的指索词，我们可以据此推出：

他先前笑过。

这个推出义与“又”的词义有关，但不好说就是“又”的词义。“又”在词典里有重复、转折等义，并有加强语气的作用，但在这个特定的句子里，它参与组成“他先前笑过”的推出义。“他先前笑过”是句义，而不是某个词，比如“又”的词义，也不是句中各个词的意义相加。“他先前笑过”是这个句子的隐义。

句子的隐义是相对于显义而言的。句子的显义是指句子的字面意义，隐义是隐藏在字面背后的意义。例如：

③“不过，你是个实心眼儿的好人！”

（《魔鬼夜访钱锺书先生》）

“你是个实心眼儿的好人”是个命题，公式为：

$$\exists x(F(x) \wedge x=a \wedge G(a) \wedge H(a))$$

∃表示存在。公式的意思是说：

存在 x，x 是人，这个 x 就是“你”，你是好人，并且实心眼。

这就是例③的字面意义，亦即例③的显义。显义是句子的真值意义。

然而，例③还有“不过”和叹号“！”，可以推出另外的一些意义：

1. 本来不认为你是好人。

2. 说话人同情“你”。

它们是句子的规约义，为字面背后的意义，亦即隐义。“不过”为连词，有规约的转折义，“！”相当于叹词“啊”，也传达规约义。

或许有人会问，“不过”不是字面么？我们的解释是：就 1 的句义而言，这是由“不过”引发的规约义，而不是它直接的词义。所以我们说，1 是隐义而不是显义。

又如：

④解缙是有名的才子。有一天，皇帝对他说：“卿家，人人都说你很聪明。今天我叫左丞相说一句真话，叫右丞相说一句假

话，只准你加一个字，把这两句话连成另一句假话，行吗？”解缙连称“遵旨”。

左丞相说了一句真话：“皇上坐在龙座上。”

右丞相说了一句假话：“老鼠捉猫。”

这风马牛不相及的两句话，大臣们担心解缙难以连成一句假话。

但解缙应声说道：“皇上坐在龙座上看老鼠捉猫。”

这当然是天大的假话了。

皇帝还不肯罢休，改口道：“还是那两句话，你再用一个字把它连成一句真话。”

解缙随即答道：“皇上坐在龙座上讲老鼠捉猫。”

这是如假包换的真话。

（蔡衍棻《笑话连篇》）

解缙所说的两个句子“皇上坐在龙座上看老鼠捉猫”和“皇上坐在龙座上讲老鼠捉猫”，其命题形式分别如下：

$$\exists pR(a,p)=0$$

$$\exists pR'(a,p)=1$$

p 表示命题“老鼠捉猫”，a 表示皇上，R 表示“看”，R′表示“讲”，1 为真值，0 为假值。两个公式的意思是说：

“皇上（坐在龙座上）看老鼠捉猫”是句假话

“皇上（坐在龙座上）讲老鼠捉猫”是句真话

这是例④的字面意义，亦即例④的显义。因为“看”是叙实性动词，a 看 p，p 假则“a 看 p”假；“讲”为引述性动词，a 讲 p，p 假，“a 讲 p”未必假，也就是说，可以为真。

然而，例④还可以推出：

解缙的确非常聪明

因为皇帝说了，人人都说解缙聪明，如果解缙完成了朕的旨意，那解缙就是聪明的。解缙完成了，所以可以推出“解缙的确非常聪明”。这就是例④的隐义，亦即字面背后的意义，或曰“言外之意”。

作为显义的字面意义，一般是指真值义，作为字面背后意义的隐义，由于情境的复杂性，一般为非真值义，哪怕是“如果”推理。我们曾经说到预设的真值（真、假和无意义），那是就语义预设而言的；其作为话语恰当性条件时，就是语用预设。语用预设强调的是恰当性而不是真实性，不是真值条件。衍推固然具有必然性，但这里强调的是说话人的承诺，而不是命题的演绎。作为修辞式推论的衍推与作为数理逻辑的“衍推逻辑”是不同的两回事，不能混为一谈。至于规约义和言外意，它们的非真值义是非常明显的，就不必多说了。

在讨论完“什么是隐义”之后，我们就要说到隐义的言内和言外了。

我们把隐义分为话中隐义（言内隐义）和言外之意（言外隐义），其根据自然是“言”的内外了。请看：

⑤阿Q尤其“深恶而痛绝之”的，是他的一条假辫子。辫子而至于假，就是没有了做人的资格；他的老婆不跳第四回井，也不是好女人。

（鲁迅《阿Q正传》）

“他（假洋鬼子）的老婆不跳第四回井，也不是好女人”可以有以下的推论：

1. 他的老婆不跳第四回井，也不是好女人
2. 他有老婆（预设）
3. 有人不跳第四回井，也不是好女人（衍推）
4. 有别人不是好女人（规约义）
5. 阿Q思想挺保守的（言外意）

由1可以推出2—5。这2—5都是隐义，其中，2-4为话中隐义，5为言外之意。

那么，如何区别隐义的言内和言外呢？话中隐义一般跟句内的某些词语有关，如预设跟作为话题的词语有关，衍推跟重音模型有关，规约义跟指索词（如例⑤中“也”）有关。而言外意不具有这样的特点，作为“言外之意”，它们并非跟特定的词语意义相关联。

当然，我们必须把话说回来：我们把隐义分为言内和言外，只是为了讨论的方便，而在实际上，隐义的内外并没有绝对分明的界线。实际上任何话语的意义都与“言”有关，因为它们都是“话语”的意义，言外也是言内。

周礼全先生有一段名言，他说：

“伯牙鼓琴，子期识其高山流水之志，伯牙引为知音。知音者善听弦外之音，知言者善解言外之意。其实，弦外无音，言外无意，音从弦出，意以言生，其所以谓外，只是由于我们不知音不知言而已。”①

虽然人们常说“言外之意”，但是周先生明确地指出：言外无意。因为任何话语的意义，归根结底，都来自话语本身。“言外之意”只是一种特定意义上的说法而已。

---

① 周礼全：《形式逻辑应尝试研究自然语言的具体意义》，《逻辑问题讨论三集》，上海人民出版社1962年版，第706页。

二、会话含义:言外之意

美国哲学家格莱斯对于语言哲学最重要的贡献,是在20世纪60年代提出了“会话含义”理论,它构成了当代语用学的基础理论之一。至于前面说到的“规约含义”,只是他“会话含义”理论的一个副产品。

所谓“会话含义”,就是指越出字面意义而推导出来的言外之意。例如,从“孔乙己,你脸上又添上新伤疤了”,可以推出“孔乙己又挨人打了”,但这不是字面意义,而是从话语情境中推导出来的“言外之意”。原来小说《孔乙己》说到孔乙己因为穷得没办法,“偶然做些偷窃的事”,说话人是在嘲笑他又因偷人家东西而挨人打了。又如,西湖冷泉亭答联“泉自冷时冷起,峰从飞处飞来”,它所传达的“沧海桑田,无需稽考”,也是越出了字面意义的言外之意。

格莱斯认为,人们的言语交际必须共同遵守一些基本原则,才能保证会话的顺利进行。这些规则中最重要的就是“合作原则”。合作原则包括四条准则,它们分别是:

(1)量的准则:提供适量讯息;

(2)质的准则:话语应当真实;

(3)关系准则:内容要有关联;

(4)方式准则:表达清楚明白。

当然,在交际的实践中,交际者也有“不遵守”的情况。比如违反量的准则,提供的讯息过多或过少,给交际对方增添了麻烦;违反质的原则,比如说谎,诱使对方上当受骗;违反关系准则,即通常所说的“岔题”;违反方式准则,通常表现为说话啰唆、含混,没有条理。说话人违反任何一条准则,都会妨碍会话的正常进行。

然而有时候,说话人表面上似乎违反了某条准则,而事实上仍然是合作的,也就是说,实际并未违反合作原则,那么他就是在传达言外之意,亦即会话含义。对于听话人来说,这就需要经过推论来把握说话人所要表达的真实思想感情。这样的推论就是修辞式推论。例如:

> ①我这时很高兴,但又不知道怎样说才好,只是说:
> “阿! 闰土哥,——你来了? ……”
>
> (鲁迅《故乡》)

“我”这句话提供的信息太少,显然违背了量的准则。然而正是这简短的话语传达了言外之意:

至深的情感是无法用言辞表达的。

这言外之意也就是格莱斯所说的会话含义。

②你当然不怕，吃饱了，连屋里的小板凳都不饿。

（张贤亮《河的子孙》）

怎么“连屋里的小板凳都不饿”？难道小板凳还会饿吗？这分明是句假话，违反了质的准则。然而正是这种表面上的“假话”，引导着听读者越出字面意义，根据修辞情境推出：

这家的主人公没有妻子和儿女，只是单身一人生活着。

这也是言外之意，亦即会话含义。

③钱开逸说：“那好吧，我现在正式向你求婚。请你嫁给我。”

贺顿诧异道：“钱老师，你没喝醉吧？”

（毕淑敏《女心理师》）

钱开逸的话题是求婚，贺顿的回答理应是同意或者不同意，而贺顿却把话题转移到钱开逸是不是喝醉酒的问题上，违反了关系准则，但在实际上，贺顿说的还是关于求婚的事，意思是说：

钱老师怎么会向我求婚呢？

这是言外之意，钱开逸当然明白。

④这些眼睛们似乎连成一气，已经在那里咬他的灵魂。

“救命，……”

然而阿Q没有说。他早就两眼发黑，耳朵里嗡的一声，觉得全身仿佛微尘似的迸散了。

（鲁迅《阿Q正传》）

这段话颇有些含混，“他早就两眼发黑，耳朵里嗡的一声，觉得全身仿佛微尘似的迸散了”，这句话究竟是什么意思？显然不够清楚明白，违反了方式准则。其实，作者的意思是说：

阿Q被枪决了。

这是言外之意。因为被枪决的过程不宜于描写得清清楚楚、明明白白，还是这样含混的写法为好。

下面的例子同时违反两条准则：

⑤（宗爷）也把卷子笼在袖里，便道：“岳飞！你这样才能，怎能取得功名到手？你岂不晓得苏秦献的‘万言书’，温庭筠代作的《南华赋》么？”

（钱彩《说岳全传》）

故事是说当年岳飞赴京应武举考试，主考官为大奸臣张邦昌和大忠臣宗泽。张邦昌有意刁难岳飞，把岳飞的文卷丢到地上，岳飞拾起来递给宗泽。宗泽展开细看，觉得“言言比金玉，字字赛珠玑”，于是说了上面这段话。

宗泽说的第一句话：“岳飞！你这样才能，怎能取得功名到手？”这是一句反语，表面上违反了质的准则，实际是肯定他的才能，言外之意就是：

你这样的才能，理应取得功名到手。

宗泽的第二句话是两个典故，好像岔开了话题，违反了关系准则，实际上传达了更深刻的含义。战国时期，苏秦到秦国上万言书，秦相商鞅忌他才高，不肯用他。唐代温庭筠为桓文代作《南华赋》，桓文也是由于忌才，将他药死。岳飞从这表面上不相干的故事里不难推出：

张邦昌妒贤嫉能，岳飞要取得功名是很难的。

宗泽第二句话似乎跟第一句话不相干，实际上是越出字面意义向岳飞传达了一个重要信息，要岳飞有个思想准备。

格莱斯在提出“合作原则”的同时，还给出会话含义的一般推导模式，这就是：

1. 说话人说了话语 S；
2. 听话人没有理由认为说话人不遵守合作原则；
3. 说话人既然是合作的，那么他必定想表达 S′；
4. 说话人知道听话人作这样的理解；
5. 说话人没有阻止听话人理解为 S′；
6. 因此，说话人说 S 其会话含义是 S′。

比如例①，“阿！闰土哥，——你来了？”这句话虽然信息量不足，但是对于同样怀着深厚友情的闰土来说，当然不会认为“我”没有遵守合作原则；相反地，他比任何人都更能理解这句话所包含的情谊。紧接着，闰土一声“老爷”，甚至传达了比“我”还要复杂的思想感情。例②那个人“吃饱了，连屋里的小板凳都不饿”，听话人也不会认为说话人违反合作原则，他一样地可以越出字面意义推出“主人公是个单身汉”的会话含义。例③贺顿说：“钱老师，你没喝醉吧？”对方并不认为贺顿岔开了话题，并且理解了她的言外之意：贺顿不相信他在求婚。例④含混的话语，细心的读者也不难读出话语的言外之意——阿 Q 被枪决了。总之，听读者越过那些表面违反合作原则而实际是合作的话语的字面意义推出会话含义，并不是一件困难的事情。

格赖斯的“会话含义”理论是对语用学研究的重要贡献，唤起了学术界广泛的关注。随着研究的深入，人们也提出不少的修正意见，其中最多的是关于合作原则。有人认为“合作原则”的四条准则含糊笼统，应当予以简化。比如，莱文森(S. C. Levinson)提出三原则：量原则、信息原则和方式原则；霍恩(L. Horn)主张两原则，为量原则和关系原则；而斯帕伯(D. Sperber)和威尔逊(D. Wilson)则归结为一条原则——关联原则。当然也有主张增加原则的。比如利奇(G. N. Leech)主张增加礼貌原则，索振羽提出得体原则，周礼全提出态度原则，如此等等。

说到“合作原则”，我们倒是有一个想法。在我们看来，合作原则最重要的是信息原则，也就是说，说写者给出多少信息？为什么给出这些信息？这对于修辞式推论研究具有极为重要的意义。

合作原则的四条准则都跟信息量有重要的关系。比如量准则实际就是信息量的准则，即说写者提供信息量的多少。质准则，说真话还是说假话，如果说了假话，那就是提供虚假信息。关系准则，说话要切题，如果答非所问，很可能使信息有所缺省。方式准则比较复杂，但也跟信息量有关。从修辞式推论的角度上说，说写者提供不适量的信息，很可能就是为了传达会话含义。因此，我们的修辞式推论分析，主要着眼于信息原则。

最后，我们说说“会话含义”的含义。格莱斯的“conversational implicature”翻译为“会话含义”未尝不可，只是“implicature”具有“蕴涵”或“隐含”的意思，具有一定的“专门”性，翻译为“含义”稍嫌宽泛了一些。而“会话含义”所研究的不只是“会话”(对话，谈话)，也包括书面作品，因此“会话(的)”又稍嫌狭窄了一些。当然，书面作品可以广义地理解为与读者的对话，但“会话”毕竟强调的是“对话”“谈话”这一层意思。因此，在我们这里，将更多地使用“言外意”或“言外之意”，一般不用“会话含义”这个术语。

第二节 信息原则

一、信息量推论

格莱斯“合作原则”要求说话人必须向听话人提供适量信息，不能多也不能少。然而在人们的交际实践中，说话人给出的信息量往往不足或者过剩，甚至给出虚假信息或者零信息，并以这种方式传达言外之意。

下面分别进行一些讨论。

1. 信息不足

“信息不足”的意思是指：说话人故意给出不足量的信息，让听话人在你知我知，亦即“不言而喻”的情况下推出言外之意。对于听读者而言，这类推论的任务在于：根据上下文或社会情境补充相应的信息，或者直接推出言外之意。例如：

①贺顿说：“他很迫切要见心理师？”

文果说：“每天都有一个电话。”

（毕淑敏《女心理师》）

贺顿的话是个是非问句，文果只需回答“是”或“不是”即可，可是文果却把话题岔到打电话上，没有给问话人足够的信息量，似乎是不合作的，然而贺顿心里明白：对方并非不合作，而是利用言外之意回答了她的问题。贺顿的推导过程大体是这样的：

1.他很迫切要见心理师？（问句）

⊢2.他很迫切或者不很迫切要见心理师。（问句预设）

3.他每天都有一个电话。（答句）

∴4.答非所问。（信息不足）

∵5.电话内容都是要见心理师。（情境省略）

∴6.他很迫切要见心理师。（“如果”推理）

贺顿根据对话的情境，很容易推出这一结论。从修辞的意义上说，文果这样回答，显然比简单的“是”或“不是”更能“达意传情”，也就是说，这样的修辞效果更好。符号“⊢”表示推出，“∴”即“所以”，也是推出，为推论的结论。

②钱开逸说：“……爸妈，报告你们一个好消息，我就要结婚了。”

老妈大惊，差点打碎了一个碗，忙不迭地问：“和谁结婚啊？”

钱开逸诚心捉弄妈，说：“和一个女的啊。”

老妈呸了一口说：“当然得是一个女的。要不你不成了同性恋了。”

（毕淑敏《女心理师》）

老妈问钱开逸“和谁结婚”，这是一个特指问句，对方必须说出那个特定的x。而钱开逸却说是“和一个女的”，明显是一句废话。当然它说明了不是同性恋，还算给出一点儿信息，但毕竟信息不足。那么他要传达什么样的言外意呢？这可以有以下的推导：

1.你和谁结婚？（特指问句）

⊢2.“你”和x结婚，x＝a。（特指问句的回答）

3.我和一个女人结婚。（问句的回避）

∴4.“我”没有给出让对方满意的答案。（信息不足）

⊢5.“我”想捉弄一下老妈。（言外意）

6.“我”想让老妈急一急。(言外意)

此例没有补足相应的信息,x 仍然是一个未知数,它是直接推出言外之意的,即说话人有意捉弄老妈,让她急一急。如果需要补足的话,那它是一个“如果”推论,字面义为前件,5 和 6 都是后件,亦即结论。

言外意可以不止一个,也就是说,它可以是一个集合。言外意推论通常都是在正常推理遭遇障碍时根据情境推出的,这样的结论一般只具有或然的性质。

③“招罢!”长衫人物也大声说。

“我本来要……来投……”阿 Q 胡里胡涂的想了一通,这才断断续续的说。

“那么,为什么不来的呢?”

“假洋鬼子不准我!”

“胡说! ……”

(鲁迅《阿 Q 正传》)

阿 Q 说“我本来要……来投……”,这句话提供信息不足,但这并不是阿 Q 想要传达什么言外之意,而是作者利用阿 Q 这句话的信息不足来传达言外之意。推导应该是这样的:

1. 我本来要……来投……(信息不足)

⊢2. 阿 Q 要投革命党或者阿 Q 要投案。(情境)

⊢3. 阿 Q 要投革命党。(情境)

4. 阿 Q 不是要投革命党。(根据情境“胡说!”)

∴5. 阿 Q 是要投案。(“或者”推理,审判者的推论)

⊢6. 审判者草菅人命。(言外意)

6 的推出是作者而不是阿 Q 的言外之意。(阿 Q 的话也能推出言外意,这在以后还将说到)

2. 信息过剩

“信息过剩”的意思是说,说写者故意给出超过需要量的信息,让听读者推出言外之意。推论根据就是这些过剩的信息。例如:

①“我认识你吗?”女子对钱开逸的回答大不解……

“不认识。您不认识我。正确地说,是您以前不认识我,但我们马上就会认识……小姐,我能请您喝咖啡吗? 我不是坏人,您看,这是我的工作证,还有身份证,还有驾驶证……”钱开逸生怕这千呼万唤始出来的女子再跑掉……

(毕淑敏《女心理师》)

“我认识你吗?”是个是非问句,对方只需要回答“认识”或者“不认识”即可,然而钱开逸却说了许多“废话”,提供了过剩的信息。说话人正是要用这些过剩的信息传达言外之意。推导过程大体是:

1.我认识你吗?(问句)

2.不认识。您不认识我。(答句,信息适中)

3.正确地说,是您以前不认识我,但我们马上就会认识……小姐,我能请您喝咖啡吗?我不是坏人,您看,这是我的工作证,还有身份证,还有驾驶证……(过剩信息)

⊢4.说话人急于取得这女子的信任。

5.钱开逸生怕这女子跑掉。

4和5都是根据过剩信息推导出来的言外意。5在作者的陈述中已经点出。

②他在晚饭席上,对九斤老太说,这碗是在城内钉合的,因为缺口大,所以要十六个铜钉,三文一个,一总用了四十八文小钱。

九斤老太很不高兴的说:“一代不如一代,我是活够了。三文钱一个钉;这样的么?从前的钉是……我活了七十九岁了,——”

(鲁迅《风波》)

九斤老太的话,信息既不足又过剩。她说“三文钱一个钉;这样的么?从前的钉是……”究竟是什么意思?提供的信息不足;其他的话则与钉子的事不相干,属于信息过剩。她所传达的言外之意应是:

1.她嫌钉子太贵。

2.世道不如以前。

从过剩信息推出言外之意,一般都是情境假设的“如果”推理,字面意义为前件,言外意为后件,前件蕴涵后件。在这里,为了简洁,我们直接给出了结论——言外之意,省略了推导的过程。

信息不足或者过剩,都违反了合作原则中的量原则,同时也跟关系准则、方式准则有关。

3.虚假信息

“虚假信息”的意思是说,说话人并非没有给出信息,但给出的信息为假。说话人给出虚假信息,可能是故意的,那就是谎话,是一种不合作的态度。但谎话也能传达言外之意。例如:

①缪公元年春,缪公使三将将兵欲袭郑,至滑,逢郑贾人弦高,诈以十二牛劳军,故秦军不至而还。

(《史记·郑世家》)

秦缪公派遣三个将军率兵去袭击郑国,行至叫“滑”的地方,被郑国商人弦高发现。弦高谎称奉郑国国君之命，带 12 头牛前来犒劳秦军。弦高这句话是句假话，所传达的言外之意可以这样推出：

如果弦高奉命劳军，那么郑国知道秦军前来偷袭。（情境假设）

弦高奉命劳军。（情境信息）

所以，郑国知道秦军前来偷袭。

根据这个推论，秦军将领以为郑国已有准备，偷袭无望，于是退兵回国。其实，这个推论只具有或然的性质。

从这个例子还可以看出，说谎并非一定都是坏事，这要看具体的情境。在对敌斗争中，弦高一句谎言便挽救了郑国，正是一种大智大勇的爱国主义行为。

②“……大兵是就要到的。你可知道，这回保驾的是张大帅，他一支丈八蛇矛，就有万夫不当之勇，谁能抵挡他，”他两手同时握起空拳，仿佛握着无形的蛇矛模样，向八一嫂抢进几步道，“你能抵挡他么！”

（鲁迅《风波》）

这个故事的背景是张勋复辟，说话人是“这三十里方圆以内的唯一的出色人物兼学问家”赵七爷。“这回保驾的是张大帅，他一支丈八蛇矛，就有万夫不当之勇”，赵七爷所说的是《三国演义》中的张飞形象，跟张勋毫不相干，属于虚假信息。但这只是赵七爷信口开河，未必就是故意说谎。从这个虚假信息，我们可以推出言外之意：

赵七爷是个前清遗老。

如果并非故意说谎而传达了虚假信息，就合作原则而言，说话人确实违反了质的准则，但似乎不必看成说话人不与对方合作。

③“我叫张三。”对方很快回答，看起来是早就想好了对策。

（毕淑敏《女心理师》）

显然，“我叫张三”是个虚假信息，对方采取了不合作的态度。然而，就具体情境来说，来访者采用假名字来做心理咨询是允许的，因为他所提出的心理问题总是真的，并不妨碍心理师的正常工作；相反地，听话人还可以推出自己所理解的言外之意，或者其他信息。此例的言外之意是：

1. 来访者认为不说出真姓名更好。

2. 他不想隐瞒说假话的事实。

3. 来访者做事严谨。

1 和 2 为说话人所要传达的言外之意，3 是听话人推导出来的言外之意。这就是说，说话人故意说假话而又不想隐瞒说假话的事实，他在传达言外之意；听话人可以据此推出说话人想要传达的意思。

4. 零信息

"零信息"的意思是说，说话人没有给对方提供任何（未知的）信息，也就是说，信息量为零。在这种情况下，说话人一般持不合作态度。例如：

①荆柱国庄伯令其父视日，曰："在天。"视其奚如，曰："正圆。"视其时，曰："当今。"

（《吕氏春秋·淫辞》）

楚国大官庄伯要老父看看太阳，估量什么时间，老父尽说一些废话，没有提供任何有价值的信息，违反了量的准则。然而，老父为什么这样说呢？我们可以根据信息原则推出：

老父不满意儿子使唤他。

这或许就是老父故意如此说的言外之意，当然只是我们的推断，未必准确。不过修辞式推论本来就是或然性的。

那么，我们又是根据什么推出的呢？根据情境假设的"如果"推理：如果假设的前件成立，就可以推出后件。言外意的推论，更多的就是这种情境假设的推论，当然结论是或然的。

②孟子谓齐宣王曰："王之臣有托妻子于其友而之楚游者，比其反也，则冻馁其妻子，则如之何？"王曰："弃之。"曰："士师不能治士，则如之何？"王曰："已之。"曰："四境之内不治，则如之何？"王顾左右而言他。

（《孟子·梁惠王（下）》）

孟子问了齐宣王三个问题：一是朋友冻馁自己的老婆孩子，该怎么办？齐宣王说，跟他绝交；二是司法官不能管理他的下属该怎么办？王说，撤他的职；三是国王治理不好国家，该怎么办？宣王东张西望，说起了其他事情。在第三个问题上，齐宣王采取了不合作的态度，给出零信息。齐宣王即使"顾左右而言他"，我们仍然可以推出：

齐宣王对涉及自身的话题没兴趣。

"王顾左右而言他"，如今成了说话人回避问题并转移话题的同义语。其实，齐宣王虽然拒绝提供相关信息，但还是传达了他不愿意提供的某些信息。

③贺顿说："老松，非常抱歉。你妻子对我说过什么，我不能告诉你。"

（毕淑敏《女心理师》）

贺顿的话言外之意就是：

心理师必须为来访者严守秘密。

跟例①和例②不同的是,例③里说话人公开宣称自己将不遵守合作原则。外交家们常说的“无可奉告”,也具有相似的意义。

也就是说,言外之意并非都是说话人想要传达的意思。比如阿Q说:“我本来要……来投……”尽管阿Q自己并没有想到利用这样的表达来传达某种言外之意,但这在客观上传达了阿Q当时思维混乱的实际状态。这也属于听读者所做的修辞式推论。

5.信息适中

“信息适中”自然是指说话人不仅提供了相关信息,而且信息量不多不少,是真实信息而不是虚假信息。那么,信息适中也能推出言外之意么?

根据格莱斯理论,那些表面上违反合作原则而实际上合作的话语,它所传达的是特殊会话含义;那些表面上是合作的话语,可以根据情境推出一般含义。这里讨论的就是一般含义,或者说是一般的言外之意。一般言外之意是一种情境推论,亦即“情境假设”。例如:

①一位风度幽雅的老太太戴着宽檐呢帽,有点像伊丽莎白女王,显得风姿绰约。看到贺顿进来,第一个站起身说:“您就是心理师吗?”

贺顿说:“是的。我就是。”

老太太苛刻地打量着她:“我叫乔玉华。你看起来很年轻嘛!”

贺顿明白老人家的潜台词是——你行吗?回答说:“心理学这门科学本身也很年轻。”她的潜台词是——年纪大的人以前也没有机会掌握它。

(毕淑敏《女心理师》)

这里所说的“潜台词”就是根据情境推出的一般言外之意,因为它们超出了字面意义。它们分别是:

你行吗?

年纪大的人以前也没有机会掌握它。

一般的言外意,我们不妨就叫作潜台词。这些言外意或者潜台词,都属于情境假设。

②孔乙己是站着喝酒而穿长衫的唯一的人。

(鲁迅《孔乙己》)

这句话信息适中,没有违反合作原则,它所传达的言外意或潜台词是:

孔乙己是个落魄的读书人。

它超出了字面意义。

③不到万不得已，请不要跟一个傻瓜争辩。

（《济南时报》）

这句话字面上信息自足，没有违反合作规则，它所传达的言外之意是：

别人会搞不清楚到底谁是傻瓜。

当然，这也只是一种情境假设。

④我给你沏的这一壶茉莉香片，也许太苦了一点。

（张爱玲《茉莉香片》）

从字面上说，这句话信息适中，意思清楚明白，但是这篇小说以“茉莉香片”为题，而内容却跟茉莉香片没有关系，这就不能不让读者寻找其言外之意。实际上小说一开头就说明了这个问题。紧接着这句话之后，作者说：

我将说给您听的一段香港传奇，恐怕也是一样的苦——香港是一个华美的但是悲哀的城。

也就是说，作者已经给出了言外意，即：

这段香港传奇，像茉莉香片一样的苦。

香港是一个华美的但是悲哀的城。

如果就这个语段而言，它是一个隐喻，属于文本修辞，在以后的章节中我们还将讨论到。

从以上的讨论中不难看出，言外意推论就是根据信息量从字面意义推出言外之意的。虽然说话人给出的信息量有多有少，或真或假，但都可以根据信息原则和修辞情境推出越出字面的言外之意。这样的推出可以使我们更为深刻地理解话语意义，从而取得更好的交际效果。

二、信息量的控制

修辞学认为，“文如看山不喜平”，人们说话写文章并非总是“竹筒倒豆子”，一口气把交际目的说得清清楚楚，不留余地；相反地，说写者往往着意控制话语的信息量，把话说得婉转曲折，给听读者留下思考和回味的空间，用以提高表达的效果，实现说服的目的。

这里分析一古一今的两个例子。

例 1：《战国策·触龙说赵太后》。

战国时期，赵太后新掌权，秦国乘机攻赵，形势告急。赵求救于齐，齐要以太后幼子长安君为质，太后盛怒拒谏。左师触龙[①]前去劝说赵太后，但

① 原作“触詟”，这里从 1988 年版《古文观止》校。

他并没有直说自己的用意，而是从不相干的事情说起：

左师触龙言愿见太后，太后盛气而揖之。入而徐趋，至而自谢，曰："老臣病足，曾不能疾走，不得见久矣，窃自恕，而恐太后玉体之有所郄（xì，"不正常"义）也，故愿望见太后。"太后曰："老妇恃辇而行。"曰："日食饮得无衰乎？"曰："恃鬻（"粥"的本字）耳。"曰："老臣今者殊不欲食，乃自强步，日三四里，少益耆（通"嗜"）食，和于身也。"太后曰："老妇不能。"

触龙最先跟太后说的只是一些饮食起居之事，关于劝谏的信息为零，但它传达了言外之意：

触龙很关心太后的身体健康。

太后为此感到欣慰，心情有所好转——"太后之色少解"。接着，

左师公曰："老臣贱息舒祺，最少，不肖。而臣衰，窃爱怜之。愿令补黑衣之数，以卫王宫。没死以闻。"太后曰："敬诺。年几何矣？"对曰："十五岁矣。虽少，愿及未填沟壑而托之。"

触龙请求太后批准他小儿子舒淇参加王宫卫队，劝谏的事仍为零信息。触龙的言外之意为：

我太爱自己的儿子了。

正是这言外之意，使得会话形势急转直下：

太后曰："丈夫亦爱怜其少子乎？"对曰："甚于妇人。"太后笑曰："妇人异甚。"对曰："老臣窃以为媪之爱燕后贤于长安君。"曰："君过矣，不若长安君之甚。"左师公曰："父母之爱子，则为之计深远。媪之送燕后也，持其踵为之泣，祭祀必祝之，祝曰'必勿使反！'岂非计久长，有子孙相继为王也哉？"太后曰："然。"

触龙似乎是在跟太后争论，说她爱长安君不及爱女儿燕后，言外之意是：

爱子之计在于深远。

太后似乎不反对这一观点，于是触龙进一步指出：

左师公曰："今三世以前，至于赵之为赵（赵氏的赵国），赵主之子孙侯者，其继有在之乎？"曰："无有。"曰："微（非也）独赵，诸侯有在者乎？"曰："老妇不闻也。""此其近者祸及身，远者及其子孙，岂人主之子孙则必不善哉？位尊而无功，奉厚而无劳，而挟重器多也。今媪尊长安君之位，而封之以膏腴之地，多予之重器，而不及今令有功于国。一旦山陵崩（"太后之死"的婉言），长安君何以自托于赵？老臣以媪为长安君计短也，故以为其爱不若燕后。"

触龙非常谨慎地控制着信息量，直到最后，他仍然只是说太后爱长安君不

及燕后,似乎他只是在跟太后争论一个问题而已。但是,他的言外之意却是:

太后应当送长安君到齐国为质。

其中有不少推论,特别是王孙们"位尊而无功,奉厚而无劳"必将导致"近者祸及身,远者及其子孙"的论述是很有说服力的。触龙最终说服了太后,太后曰:"诺。恣君之所使之。"于是为长安君约车百乘质于齐,齐兵乃出。

例 2:毕淑敏《女心理师》。

女心理师贺顿在夜间值班时接到电话,一个女人要求做心理咨询,她很挑剔,提出许多问题:

女人又问:"你是哪个学校毕业的?"

贺顿说:"我是国内的学校毕业的。"

女人提出的是个特指问句,贺顿只需回答哪个学校就可以了。可是对方的本意是想知道姓贺的心理师是不是在外国上过学,而贺顿却没有像样的正规学历可以拿得出来,为了不使对方过分失望,她只得玩一个花招——控制信息量,说自己是"国内的学校毕业的"。这句话虽然信息不足,但是没有错,对方也就不再追问她毕业于哪个学校。可是,

女人又问:"你是什么学位?"

这又是贺顿的软肋,只得继续控制信息量:

她反问:"这个问题对您很重要吗?"

"是。"女人很坚决地说。

"为什么这么重要?"

贺顿进一步控制信息量,并且以攻为守,想弄清对方的言外之意。

女人说:"国外都是有心理学博士学位的人才能做心理师。"

贺顿终于明白了对方的言外之意,她索性挑明这个潜台词:

"您的意思是说如果不是博士毕业,就没法做心理师了?"

说话人并非所有言外意都可以直说出来,像这样"揭老底"的话对方是不愿承认的,因此她不得不说:

"我……不过随便问问。"

贺顿终于掌握了主动权,

贺顿说:"您问得很对,您对这件事的了解还是很全面的。光有学位,不能保证水平就一定高,您说对吗?"

"对对。水平还是第一,文凭不是最重要的。"女人应和。

"我没有博士学位,但我是负责任的心理师。"

直到这时,贺顿才给出适量的信息,对方虽然有些失望,但也接受了现实。

从以上两个例子的具体分析过程来看，人们的交际就是要彼此合作，给对方适量的信息，实现成功的交际。但是在什么时候给出对方多少信息量，只能根据实际情境做出选择。这就是交际的艺术，修辞的艺术。

第三节 幽 默

一、幽默，言外意的推论

早在2000多年以前，古希腊哲学家柏拉图和亚里士多德就曾研究过幽默。尔后的许多哲学家、心理学家、美学家和艺术家，也都对幽默怀有浓厚的兴趣，并投入更多的关注。在今天的格莱斯理论里，有人把幽默看成一条独立的原则，有人则看成得体原则中的一条准则。总之，幽默在人们的日常交际中占有很重要的地位。

“幽默”一词是林语堂从英语“humour”音译来的。在古代中国，“幽默”多以“笑话”“逗乐”“滑稽”“科诨”等称之。林语堂说：“幽默是一种心理状态。进而言之是一种观点，一种对人生的看法。一个民族在其发展过程中，只要才能与理智横溢到足以痛斥自己的理想，幽默之花就会盛开，因为所谓幽默只是才能对自我进行的鞭挞而已。”[①]

幽默的特征是什么？尽管至今人们对“幽默”还缺乏一个统一的定义，但有一点是公认的，那就是它很有趣，能够使人发笑。无论是开怀大笑、莞尔微笑，还是苦笑、嘲笑、坏笑等，它都是人们“生活的调色板”“语言的调料”。幽默的笑一般都比较含蓄，让人们在笑声中产生联想和推断，领悟其中的言外之意。也许这就是林语堂所说的“才能对自我进行的鞭挞”吧。

幽默能够使人发笑的原因在于它能够出乎人们的意料，让你不想笑也不可能。在幽默故事中，有一些表面上不通情理却又在情理之中，或者说，表面上违反合作原则而实际上又是合作的句子，它所传达的是言外之意。有一些幽默表面上违反逻辑，是一种“逻辑悖反”或“理性倒错”，但在实际上它却又是合乎逻辑的，在这种奇妙的推论中传达言外之意。总之，幽默都有些出人意料。

幽默是一种言外意的推论。幽默一般都有两重推论，第一重是字面意

① 林语堂：《中国人》，浙江人民出版社1988年版，第49—50页。

义的推论，正是这些推论引发人们的笑声，但人们在笑声中还有第二重推论，这就是言外意的推论。

明代赵南星著有《笑赞》一书，在一则幽默（笑话）之后加有赞语。这些赞语写在故事之后，一般都是在笑声中产生的联想和推断，因而属于言外之意。例如：

①一和尚犯罪，一人解之，夜宿旅店，和尚沽酒劝其人烂醉，乃削其发而逃。其人醉醒，绕屋寻和尚不得，摩其头则无发矣，乃大呼曰，和尚倒在，我却何处去了？

该人的话有两个推论，分别为：

和尚是无发的，我无发，所以我是和尚。

要么和尚在，要么我在，和尚在，所以我不在了。

前者是三段论第二格，中项两次不周延，是个错误推论。后者是“要么”推理，错在“和尚在”这个小前提上。这是故事的第一重推论，即字面意义的推论。此外还有第二重推论，亦即作者的赞语，最重要的是其首句：

世间人大率悠悠忽忽，忘却自己是谁。

这是以故事为前提的情境假设，从前面的故事推出结论：“世间人大率悠悠忽忽，忘却自己是谁。”这是极具哲理意义的人生推论，传达的是言外之意，因为它越出了字面意义，属于躲藏在字面意义背后的意义。

又如：

②一人被其妻殴打，无奈钻在床下。其妻曰，快出来。其人曰，大丈夫说不出去，定不出去。

其人的推理是：

大丈夫说不出去，定不出去，我是大丈夫，所以我不出去

这是三段论，推理无错。作者赞曰：

每闻惧内者望见妇人，骨解形销，如蛇闻鹤叫，软做一条，此人仍能钻在床下，又敢于不出，岂不诚大丈夫然哉。

这是作者的言外意推论：其人敢于钻在床下避免挨打，又敢于违背悍妇意愿，拒不出来，仍然具有大丈夫气概。这自然要比一般人的见解深入一层。

人们在幽默的笑声中产生联想和推断，即言外意的推论，这是理解幽默最重要的环节。如果仅仅一笑了之，那么他还未能理解这则幽默的真谛，难免辜负了幽默者的一番用心。

幽默也并非都是“逻辑悖反”或“理性倒错”，推理不合逻辑。事实上幽默故事里的推理有许多都是正儿八经的推理，并无逻辑错误。当然也有许多推理属于误推或者歪推。具体说来，幽默中的推理（第一重推论）有以下

一些情况：

1. 趣推

当事人之言有理有据，正是这样的理据造就了幽默风趣。例如：

①有一个盲人，晚上上街时总是点起蜡烛。

这天晚上，他碰到了一个匆匆走着的人，这人好奇地问："盲人点烛有什么用？你没听说过'瞎子点灯白费蜡'么？"

盲人回答说："要是我手里没有这点烛光，还不让你这样的冒失鬼给撞倒了么？"

（蔡衍棻《笑话连篇》）

盲人的话出人意料：瞎子点烛，不合逻辑，但是确有道理。盲人的推理是这样的：

要是我手里没有这点烛光，我会让你（冒失鬼）撞倒的。（假设）

我不能让你（冒失鬼）撞倒。（情境）

所以，我手里要有烛光。（蕴涵关系）

这是一个"如果"推理，从否定后件到否定前件。这是第一重推论。

可是，我们细细想来，上述推理似乎不是一般常人的道理，难免引起淡淡的一丝苦涩的笑。在这丝苦笑中，我们领悟到：

残疾人有常人不能理解的苦衷。

这是第二重推论，也就是这则幽默故事的言外之意。

②朱古民机智、诙谐。一日，朋友汤生对他说："素闻你机智灵巧，现在我正坐在屋里，你能把我骗到屋外去？"

朱摇摇头说："屋外风大天寒，很难骗你到屋外去；要是你先在外面，我就有办法骗你进来。"

汤生听了，立即走到门外，大声对朱说："看你怎样把我骗进屋里去？"

朱拍手大笑说："好啊，我已经把你骗到屋外去了。"

（蔡衍棻《笑话连篇》）

朱古民的骗法出人意料，当然也出乎汤生的意料，否则他不会上当受骗。朱的骗局是一个"如果"的情境假设："如果你先在外面，那么我有办法骗你进来。"

在表面上，朱知难而退，并且编造了一个令人信服的理由，让对方在不知不觉中上当受骗。朱的推理是：

如果你自己走出去，那么我的骗术成功。

汤生自己走到屋外。

所以，朱成功了。

读完这则故事，我们不禁发出会心的微笑，佩服朱的聪明和智慧。故事的言外之意应是：

直径不通，不妨寻找曲径。

这是一条重要的思维方法。

③老师：佳佳，你的作业又是你爸爸替你做的？

佳佳：我本来不想让他替我做，可是妈妈总是忙得脱不开身。

（陈克守《幽默与逻辑》）

佳佳的话是个“或者”推理：

我的作业是妈妈替我做，或者爸爸替我做。

妈妈没时间替我做。

所以，爸爸替我做。

言外之意是：

佳佳自己泄露了秘密。

当然，我们也为孩子的天真、纯洁发出亲切的笑。

④某人家有丧事，偶然吃了顿红米饭。一个儒生对他们说：家有丧事，不能吃红米饭。问他这是什么缘故，他说：“红色是喜庆的颜色。”

某人反问道：“难道吃白米饭的，都是家有丧事么？”

（蔡衍棻《笑话连篇》）

某人的反驳，逻辑上叫作归谬法。推理过程是：

说“吃红米饭就是家有喜事”是错误的。（反驳对方论题）

如果吃红米饭就是家有喜事，那么吃白米饭就是家有丧事。（蕴涵关系）

并非吃白米饭就是家有丧事。（情境）

所以，吃红米饭并非都是家有喜事。（“如果”推理否后式）

言外之意是：

儒生迂腐，难以理喻。

这样的笑应该是嘲笑。

⑤两亲家好开玩笑。一次，一家办喜事，宴请亲家，请柬上写道：“来，就是好吃；不来，就是见怪。”另一亲家还是大大方方地来参加宴会。他带来一份礼物，礼单上写道：“收下，就是爱财；不收，就是嫌礼轻。”

（陈克守《幽默与逻辑》）

两亲家的玩笑都是二难推理，推理式分别为：

如果你来，就是好吃
如果你不来，就是见怪
你来或者不来
所以，你好吃或者见怪

如果你收下，就是爱财
如果你不收下，就是嫌礼轻
你收下或者不收下
所以，你爱财或者嫌礼轻

二难推理是让对方左右为难的推论，两亲家用得恰到好处。其言外之意是：

两亲家亲近和睦，爱开智慧型的玩笑。

这样的幽默会给人们带来舒心的笑。

“言之有理”的趣推方法，表面上都是严格的推理，并不违反逻辑，但都出乎人们的意料。有的让人们觉得不合常理，比如瞎子点烛，毕竟不是必要的；佳佳自己泄露秘密，未免有些傻气。有的令人惊讶于他们的智慧，自叹不如，有的则采取嘲笑的态度来规劝世人，促进社会进步。这样的幽默，让人在逻辑的推理中感受欢乐，并且从中受到启示和教育。

2.误推

“误推”是利用人们推理的谬误引出可笑的结果。例如：

①一个人在大雨中慢慢地走着。别人问他：“还不快走，不怕雨淋么？”他慢慢地说：

“急什么！前面也在下雨。”

（蔡衍棻《笑话连篇》）

这个人的推理是：

如果前面也在下雨，那么不必快走。
前面也在下雨。
所以，不必快走。

这是个“如果”推理，形式无错，但前提是错误的。说话人不懂得“早赶到目的地早免得淋雨”的道理。言外之意是：

自以为是的人自有道理。

这样的笑属于嘲笑。

②某人生了一个女儿，邻家有儿子两岁，想与他结成亲家。这人发火了，说：“我女儿一岁，他儿子两岁。当我女儿十岁时，他儿子二十岁，岂不是老夫少妻？”

他老婆扳着指头说:"糊涂虫！我们的女儿今年一岁，明年不就跟他儿子同岁了么？"

(蔡衍棻《笑话连篇》)

两夫妻显然推理错误，老公把加法误为乘法，老婆忽略了人们的年龄是同时增长的。言外之意为：

一对糊涂虫。

这应该是一种怜悯的笑。

③一富翁世不识字，人劝以延师训子。师至，一画则训曰一字，二画则训曰二字，三画则训曰三字。其子欣然投笔告父曰，儿已都晓字义，何烦师为？乃谢去之。逾时，父拟招所亲万姓者饮，令子晨起治状，久之不成，父趣之。其子恚曰，姓亦多矣，奈何偏姓万？自朝至今才完得五百余画。

(冯梦龙《笑府》)

富家子从"一"字一画，"二"字二画，"三"字三画，推出"万"字为一万画。这是个归纳推理，犯了"轻率概括"的错误。这个可笑的故事言外之意是：

小子自作聪明。

④某甲买了一个小官，拜见上司时上司问他境内的百姓怎样？他说:"白杏只有两棵，红杏倒不少。"

上司有点恼火，说:"我问的不是杏树，而是黎庶！"

"噢，大人要问梨树？梨树很多，只是结的果子很小。"

上司大怒道:"呸！我不问什么梨树杏树，我是问你的小民！"

某甲恭敬地站起来，低声答道:"啊！问小名？下官的小名叫小狗子。"

(蔡衍棻《笑话连篇》)

某甲是因为同音误解而导致误推。言外之意是：

买官者愚昧无知。

旧社会官制腐败。

故事创作者的用意在于嘲讽。

⑤兄弟二人同拜客，弟甚愚昧。及坐定，彼家以番萄干点茶，弟问兄云，此何物？兄答云，蠢材！及换第二锺，以橄榄点茶，弟又问兄云，此何物？兄又答云，蠢材！及至出门，弟谓兄曰，适间第一个蠢材虽然酸尚有甜味，那第二个蠢材全是精涩的。

(石成金《笑得好》)

这也是因为误解而导致的误推，我们可以据此推出言外之意：弟弟真是蠢材。其实这并不是故事创作者的本意。根据人民文学出版社的按语，两个“蠢材”的言外之意分别是：

第一个蠢材影射秀才们

第二个蠢材是嘲笑吝啬的人

由此看来，幽默的言外意有时是深层次的，听话人必须是钟子期那样的知音者；否则，幽默难以完成原本的交际任务。

误推的一般情况是：或者前提有问题，或者违反推理规则，但都不是说话人的“故意”。而下面说的歪推的情况就不同了。

3. 歪推

“歪推”出于说话人的“故意”，也就是说，推理者故意使用歪曲推理的方法，歪理歪推，越歪越有幽默感。例如：

①在一次宴会上，张大千向梅兰芳敬酒，说：“梅先生，你是君子，我是小人，我先敬你一杯。”梅兰芳不解其意，忙含笑问：“此作何解？”大千先生笑着答道：“你是君子——动口；我是小人——动手。”宾客为之大笑。

（陈克守《幽默与逻辑》）

著名国画大师张大千是“动手者”，京剧表演大师梅兰芳是“动口者”，“君子动口不动手”这句话虽然并不适用于他们两人，但张大千却歪理歪推，讲出歪道理来，以至宾客为之大笑。张大千的推理是两个三段论，分别为：

动口者都是君子

你是动口者

所以，你是君子

动手者都是小人

我是动手者

所以，我是小人

显然，张大千歪曲了“君子动口不动手”的含义，但正是这样的“故意”歪曲，活跃了宴会的气氛，取得了良好的修辞效果。这则幽默的言外意是什么？我们不妨赞曰：

大师的劝酒辞也是大师级的。

当然还可以推出其他。言外意推论本来只具有或然性，往往“仁者见仁，智者见智”，不必强调唯一。

②有个人下象棋，对方兵临城下，局势危急。他的一只车必须回防，但又被自己的马挡住退路。想了很久，他竟用车把自己的马吃掉，以便“活”通车路。他的对手说，象棋哪有这样下法的，

他说：

“我自家吃自家，有什么不可以！你管得着吗？”

（蔡衍棻《笑话连篇》）

例②中的人下棋有自己的“游戏规则”，歪理歪推，句子的言外之意是：

有的人藐视规则，强词夺理。

强词夺理就是诡辩，诡辩者总是歪理歪推。

③某甲是酒鬼。有一回，他到酒家去喝酒，喝了老半天，仆人催他快回家去，说：“天阴下来，要下雨了，赶快走吧！”某甲杯不离手，说：“下起雨来，躲还来不及，还走什么？”

果然，雨下起来了，好一会才雨过天晴。仆人又催他走，说：“雨停了。”某甲斟酒更勤，他说：“雨停了，还怕什么？干！”

言外之意是：

有的人横竖都有理，想做任何事情都能找到理由。

“常有理”的人通常都是歪理歪推。

④老师最好午睡。学生问他书上“宰予昼寝”一句怎个解法，老师说：“这句书别人不一定解得通。我告诉你吧，宰，就是杀；予，就是我；昼，就是中午；寝，就是睡。合起来就是：杀了我也要午睡。”

（蔡衍棻《笑话连篇》）

宰予是孔子的学生，因为白天睡觉挨了孔子一顿批评。这位老师的话是对《论语》中“宰予昼寝”的曲解。故事的言外之意是：

为自己的嗜好辩护，不惜拿“圣经”开涮。

歪理歪推是曲解的常用手法。张大千例也可以理解为一种曲解。

⑤甲：“世间什么东西最坚硬？”

乙：“铁。”

甲：“铁被火烧，也会变软。不算。”

乙：“那你说呢？”

甲：“胡须。世间多少厚脸皮也被它钻了出来。”

（蔡衍棻《笑话连篇》）

言外之意是：

有人脸皮其厚无比。

这是对“世间最硬物”的别解。作为幽默，别解也是一种歪理歪推。

二、幽默，修辞王冠上的明珠

幽默是人类智慧的火花，修辞王冠上的明珠。幽默不仅给人们带来了欢乐的笑声，而且能启迪人们的思维，从而更为深刻地领悟说话人的言外之意，实现成功的交际。

幽默不属于某个特定的辞格，但它可以应用各种不同的修辞格来传达不同的幽默含义。下面将以举例的方式，分别讨论幽默常用的一些辞格。

①一位演讲家在演讲中说："男人，像大拇指。"他高高竖起大拇指，然后，他又说："女人，像小拇指。"话音未落，全场哗然，女听众们强烈反对演讲家的比喻。演讲家见状，立即补充道："女士们，人们的大拇指粗壮有力，而小拇指却纤细苗条，灵巧可爱。不知诸位女士之中，哪一位愿意颠倒过来？"一句话平息了女听众的愤怒，她们一个个相视而笑。

（陈克守《幽默与逻辑》）

说男人像大拇指，女人像小拇指，这是明喻。它的言外之意可以是：

男人伟大，女人渺小。

对于女听众来说，这个言外意是无法接受的，以致触犯众怒。好在机警的演讲家很快给出了另一种解释，也是一个言外之意：

男人粗壮有力，女人纤细苗条，灵巧可爱。

于是平息了众怒，成功地扭转了演讲的局面。

由此可以看出，言外意可以不止一个，特别是比喻这样的修辞格，可以根据不同的情境赋予不同乃至相反的言外之意。

②一人项有悬疣，因取凉夜宿神庙。神问此何人，左右答曰，蹴气球者。神命取其球来。其人失疣，不胜喜跃而出。次日，又一疣者问其故，亦往庙宿。神问之，左右仍答如前。神曰，可将昨球还他。

（冯梦龙《笑府》）

"项有悬疣"是说这个人颈子上长了一个悬着的肉瘤，像个气球。他在庙里遇到神仙，失去了疣，而另一人不仅没有失去反而又多了一个。那么故事的言外意是什么呢？似乎不大容易说清楚。据编者按说，这一则原系民间故事，含义是：

善人得将疣除去，恶人反得到了两个。

这是个隐喻,寓意比较深刻,读者如不深入思考,似难领悟。

③甲乙是亲家。甲是急性子,乙是慢性子。有一天,他俩在路上碰见了,寒暄起来都说要约一个时间互相探访。乙说:"正月去探访好么?二月去探访好么?三月去……"一直说到十二月,但甲早就走了。

乙问身边的仆人:"亲家几时走的?"仆人说:"二三月间就走了。"

(蔡衍棻《笑话连篇》)

世上有这样慢性子人么?甲也未免太性急了些。言外之意是:

人们不耐烦说话啰唆。

这是夸张辞格,重在讽刺说话啰唆的人。仆人说"二三月间就走了",也挺有风趣,同样传达了言外之意:"亲家耐得起你的啰唆么?"

④有关部门了解某一社区居民委员会代理主任的情况,有一居民说:"我们的代理主任太好了。看戏时,他坐在前排,起带头作用;看电影时,他坐在中间,起核心作用;参加大会时,他坐在后排,起推动作用。"

这是反话正说,用正面的语词表达反面的意思,属于反语格。言外之意为:

这个代理主任自私得很,表现糟透了。

反语也有正话反说的,即用反面的语词表达正面的意思,比如把相爱的人叫作"冤家",把精明的男孩叫作"坏小子",等等。

⑤大雪后天寒地冻,小长工只披着一张破羊皮,在财主家的院子扫雪。财主少爷阴声怪气地在一旁说:"穷小子,你身上怎么长了一张兽皮?"

小长工毫不示弱地答道:"大少爷,你身上怎么会披了一张人皮呢?"

(蔡衍棻《笑话连篇》)

小长工的话属于双关辞格:语表说大少爷是个人,而语里却是:

你不是人!大少爷是披着人皮的畜生。

双关辞格的语表是字面意义,语里为言外之意。

⑥一仆随主人应试,巾箱偶坠,呼曰,头巾落地矣。主人曰,落地(第)非佳话,宜呼为及地(第)。仆应之。既拴好,因复曰,今后再不及地了。

(冯梦龙《笑府》)

属于谐音格。由于"落地"与"落第"谐音,主人以为不吉利,要仆人改说"及地”，与“及第”谐音，吉利。谁知仆人在不同情境中应用了“及第”——“再不及第了”，变得更不吉利了。言外之意为：

不愿发生的（事情）偏偏发生了。

汉语声韵双拼，音节少，同音词多，应用谐音格是幽默的常用手段。

⑦坐，请坐，请上坐；
茶，泡茶，泡好茶。

（《对联大观》）

清代体仁阁大学士阮元偶游扬州平山堂，方丈见阮元布袍草履，仅呼曰：“坐，茶。”始问姓氏，阮元告以姓，僧以为阮元族人，呼曰：“请坐，泡茶。”再叩其名，大惶惧，连声曰：“请上坐，泡好茶。”并备纸笔，乞为书联。阮元笑曰：“一时无好联语，即取本地风光如何？”遂书联如上。其言外之意为：

以其人之道还治其人之身。

此僧是个俗人。

对联属对偶格，是中国独有的文学艺术形式，深为人们所喜爱，历史上多有幽默谐趣之作，上例就是。

⑧甲：一个人的文化程度，我能看出来。
乙：你看我呢？
甲：你戴着一支钢笔，小学程度。
乙：噢！我戴两支钢笔。
甲：初中程度。
乙：我戴三支？
甲：高中水平。
乙：戴四支呢？
甲：那就够上大学水平了。
乙：要是我戴五支呢？
甲：怎么？你想戴五支笔？
乙：这下我该成大学教授了！
甲：不，你是修钢笔的啰。

（相声《五支笔》）

这是映衬格的一种，有人称作“衬跌”。说话人把一个人所戴钢笔的支数同他的文化程度看成一种比例关系。正当听者沿着这个思路前进时，情况却陡然逆转，形成强大的落差，让人们忍俊不禁。它的言外之意是：

好事过头就会走向反面。

以上仅仅是举例,希望能以一斑而窥全豹。所用的推论大多是情境假设的"如果"推理,肯定前件就可以肯定后件。当然,结论只具有或然的性质。

幽默可以应用各种修辞格,但辞格并非都具有幽默的效果。在以下的两章里,我们将具体讨论各种辞格的修辞式推论。

第六章　修辞格：语音和语形辞格

第一节　修辞格的推论

一、辞格与推论

修辞式推论是关于修辞意义的推论。修辞意义包括字面意义和非字面意义。字面意义可以应用逻辑的方法准确地刻画出来，即真值义，与修辞情境无关。如果我们把字面意义称作显义的话，那么非字面意义即是隐义，包括话中隐义，比如预设，以及言外之意。隐义是同修辞情境密切相关的语用意义。

修辞格是人们在长期的修辞实践中形成的一种特定格式或模式，是修辞学核心内容的组成部分。修辞格的重要特征是对语言常规的偏离，正是这种偏离造成了特殊的修辞式推论，其结论是一种特殊的言外之意——辞格修辞意义。例如：

①两句三年得，一吟双泪流。

（贾岛《送无可上人》注）

“两句”指诗中“独行潭底影，数息树边身”。例①的真值形式可以记为：

$$\exists x_1(F_1(x_1)\wedge x_1=a)\wedge(\exists x_2F_2(x_2)\wedge R(a,x_2)\wedge x_2=2)\wedge(\exists x_3F_3(x_3)\wedge x_3=3))$$
$$\rightarrow(\forall x_2R(a,x_2)\rightarrow\exists x_4(F_4(x_4)\wedge R'(a,x_4)\wedge x_4=2))$$

a 表示“贾岛”，F_1 表示“诗人”，F_2 表示“诗句”，R 表示“写（诗）”或“吟（诗）”关系，F_3 表示“过去时间年”，F_4 表示“泪行”，R′表示“流（泪）”关系，意思是说：

存在 x_1,x_2,x_3,x_1 是诗人，即贾岛，x_2 是诗句，贾岛写了“独行潭底影，数息树边身”两句诗，x_3 是过去时间年，贾岛写了三年。如果这样，那么存在

x_4,x_4 是泪行,贾岛每吟一次诗,就流下两行泪。

前一分句蕴涵后一分句。后一分句"一吟"蕴涵"泪流"。

这就是例①的字面意义,即真值义。

或许有人会问:这里的真值形式是怎么给出的?又是怎么翻译为汉语的?我们的回答:这是一个复杂的推导过程。为了简便起见,我们仅以后一分句"一吟双泪流"为例,推导如下:

S　(语句"一吟双泪流")

$S \to S_1\ S_2$(→改写)

$S_1 \to NP\ VP$　(NP 名词短语,VP 动词短语)

NP→贾岛

贾岛⇒a(a 个体常项,⇒翻译)

VP→V NP

V→(每)吟(即"一吟")

每吟⇒$\forall xR(a,x)$

NP→诗(那特定的两句)

诗⇒$\exists xF(x)$

贾岛每次吟诗⇒$\exists x(F(x) \wedge \forall R(a,x))$

$S_2 \to NP\ VP$

NP→贾岛

贾岛⇒a

VP→V NP

V→流

流⇒R'

NP→泪

泪⇒$\exists yG(y)$

贾岛流泪⇒$\exists y(G(y) \wedge R'(a,y))$

∴一吟双泪流

$\Rightarrow \exists x \exists y(F(x) \wedge G(y) \wedge \forall xR(a,x) \to R'(a,y))$

读作:存在 x,x 是诗,存在 y,y 是泪,贾岛每次吟(这两句)诗就流泪。

这个推导过程仍有省略,我们只是用来说明字面的真值义推导有它的逻辑依据。

当然分析例①,还有更为简便的方法,即把"两句三年得,一吟双泪流"看成命题 p 和 q,只需记为:

$$p \to q$$

例①是个因果关系的推论:前一分句是原因,后一分句是结果。推论形式为:

如果两句三年得，那么一吟双泪流
两句三年得 （原因 p）
所以，一吟双泪流 （结果 q）

这些都还是例①的字面意义，而不是它的辞格修辞意义。辞格修辞意义是修辞意义的组成部分，但是有别于一般的修辞意义，它不包含字面意义。

辞格修辞意义是由于使用了某种修辞格所传达的言外之意。它只同特定的修辞格相关，因而区别于一般的言外之意，也区别于一般的修辞意义。

例①是个对偶句，上下分句中“两句”对“一吟”（“吟”为动名词），“三年”对“双泪”，“得”对“流”，对仗工整，属于对偶格。

作为对偶辞格，例①有这样一些辞格特征：

两个分句字数相等，结构相同，平仄相对，词性一致。

这些是我们从字面上推出来的，它们已经越出了字面，可以看作是例①的言外之意。不过它们作为辞格的特征，同一辞格都有相同或相似之点，所以我们更看重下一步的推论：

形式整齐美观，音律和谐悦耳，数据印象深刻，语意生动感人。

这里我们仿照赵南星《笑赞》那样，给出了例①的修辞“赞语”，也就是例①的言外之意，即辞格修辞意义。

读者如果要问上述结论是怎样具体地推出来的，那么，我们可以给出如下的推论式：

因为两分句字数相等，结构相同，所以形式整齐美观。
因为平仄相对，词性一致，所以音律和谐悦耳。
因为“两句”对“一吟”，“三年”对“双泪”，所以数据印象深刻。
因为形式对偶而且意义深刻，所以生动感人。

这样的推论也是一种情境的“如果”推论，前件蕴涵后件，“因为”肯定前件，“所以”推出后件。它们属于例①辞格的修辞式推论。

作为辞格的修辞意义，它们体现了辞格的特征，并且传达了与此相关的言外之意，所以属于辞格的推论。

为了简洁明了，在下面的讨论中，我们将省略那些你知我知、“不言而喻”的推导过程。

②太阳虽还在远方，
太阳虽还在远方，
海水中早听着晨钟在响：
丁当，丁当，丁当。

（郭沫若《女神之再生》）

黑暗中女神复出,合唱欢迎新造的太阳。第二句重复,属于反复格,最后一句三次使用了象声词"丁当",属于反复格兼摹声格。为了简便,我们直接给出以下"赞语":

反复咏叹,音韵铿锵,天籁之声,清脆悠扬,表现了诗人对光明未来的深情向往。

这就是我们给出的例②辞格的修辞意义。

③滟滪大如马,瞿塘不可下;
滟滪大如猴,瞿塘不可游;
滟滪大如龟,瞿塘不可回;
滟滪大如象,瞿塘不可上。

(民谣《滟滪歌》)

这首民谣应用了比喻、排比、反复诸多辞格,我们的赞语是:

形象生动,气势恢宏,反复而且顺口,一读便成记忆。

这是例③的言外之意,亦即辞格的修辞意义。

以上例子局限于诗歌,下面举一个散文的例子:

④树缝里也漏着一两点路灯光,没精打采的,是渴睡人的眼。

(朱自清《荷塘月色》)

句中"没精打采"是拟人,"是渴睡人的眼"是比喻,两格连用。我们的赞语是:

路灯亦人,睡眼蒙眬,作者的观察力和想象力令人叹服。

修辞格的辞格意义并非唯一,见仁见智,它们都是言外之意,都是修辞式推论,都只具有或然的性质。

修辞格的功能在于更好地"达意传情",获取最佳交际效果。修辞格作为表现性修辞,通常都隐藏了更为深刻的含义,需要通过推导才能揭示出来。辞格的修辞意义包括修辞的美学意义:声音之美和形式之美。此外还应包括严谨的逻辑意义,它能给予推论者一种获取新知的享受。广义地说,逻辑的推导也是一种美,一种抽象之美。

修辞式推论要求我们推出辞格的修辞意义,也是对修辞者一片苦心的回报,否则无怪于贾岛要说"知音如不赏,归卧故山丘"了。

二、辞格,归纳的推论

辞格的形成是一个归纳推理的过程。王希杰教授说:"传统修辞学,所研究的对象是在人们运用语言的过程中所产生的种种用例,即经验的事实。传统辞格学则排列卡片,在这些个实际用例的基础上归纳分析,归纳出一个个固定的格式来,这就是修辞格。”①

人们在言语交际的过程中,总是想更好地“达意传情”,往往不甘心于平铺直叙,因而去寻求语言常规的突破,于是形成对常规的偏离。

例如:

①学生写了一篇文章,叙述由于当地的洪涝,田间地头的西瓜没了收成。学生描写这一情景,并把题目定为“悲伤的西瓜”,抒发了一种淡淡的忧伤。然而教师阅罢,把“悲伤的西瓜”改为“悲伤的瓜农”,理由是:瓜果无知无觉,又如何能悲伤呢?

(陈冰《诗意的丧失》)

这位学生当然知道瓜果无知无觉,他无非是想突破语言的常规用法,更好地表达那种“淡淡的忧伤”。遗憾的是这位教师并不认可,正如《诗意的丧失》的作者所说,教师的修改会导致“诗意的丧失”。

这位学生使用的是修辞格中的拟人格,即把某物当作人来写,赋予它以人的某种思想感情。他或许并不知道修辞学上有个拟人格,但这一点并不重要,因为这样的表达突破了语言常规,实现了成功的交际,这已经足够了。至于叫什么辞格,那是修辞学家们的事情。当然,如果修辞者意识到自己应用什么辞格,那么修辞时会更加自觉,修辞效果也许更为理想。

修辞者有了突破语言常规并取得成功的经验之后,很可能会频繁地使用这个方法,或者其他人跟着使用这样的方法,时间久了,应用的人多了,于是就形成了固定的格式或模式。这时候,辞格学家收集了若干实际用例,归纳了它们的共同特征,并且取了一个准确、鲜明的名字,于是就有了某某修辞格,简作某某辞格,或某某格。对于辞格学家来说,这是一个归纳的过程,使用方法就是归纳推论。

现有的修辞格大体就是这样形成的,即应用归纳推论形成的。比如说以下这些例子:

②1. 莫道桑榆晚,为霞尚满天。

(刘禹锡《酬乐天咏老见示》)

2. 夕阳无限好,只是近黄昏。

(李商隐《乐游原》)

3. 问君能有几多愁,恰似一江春水向东流。

(李煜《虞美人》)

---

① 何伟棠主编:《王希杰修辞学论集》,广东高等教育出版社2000年版,第361页。

4.一片一片臃肿的白云缓缓地移过地面,仿佛是一群老妇,弯着背……

(周而复《上海的早晨》)

5.层层的叶子中间,零星地缀着些白花,有袅娜地开着的,有羞涩地打着朵儿的;正如一粒粒的明珠,又如碧天里的星星。

(朱自清《荷塘月色》)

这些都是生活中的实际用例,虽然在内容上彼此各不相同,但都突破了语言常规,利用一事物与另一事物的相似之点,把这一事物比譬成另一事物,以取得更好的修辞效果。1、2 两例都是以灿烂的夕照比譬老人的晚景;例 3 以一江春水比譬人的满腹忧愁;例 4 以一群弯着背的老妇比譬白云的形状;例 5 以明珠和星星比譬荷塘里的白花。辞格学家在收集了许多这一类的用例之后,归纳出它们的共同特征,然后将其命名为比喻辞格。比喻格就这样形成了。

比喻辞格的归纳推论,可以记为以下这样的公式:

A_1 相似于 B_1,可以用 B_1 比譬 A_1

A_2 相似于 B_2,可以用 B_2 比譬 A_2

A_3 相似于 B_3,可以用 B_3 比譬 A_3

⋮

A_n 相似于 B_n,可以用 B_n 比譬 A_n

所以,A_i 相似于 B_i,可以用 B_i 比譬 A_i

比喻辞格一经形成,人们就可以把这一归纳推论的结论应用于言语交际的实践中去,或者应用这一结论去审视某一修辞现象是否属于比喻辞格。对于后者,比如②3 中有"恰似"二字,表明"愁"与"一江春水"之间具有相似之点,因此可以用"一江春水"比譬忧愁,推出②3 属于比喻格。

然而,这是一个演绎的过程。它以归纳结论为大前提,以对象语句为小前提,演绎出所需要的结论来。这个推论应该是这样的:

A_i 相似于 B_i,可以用 B_i 比譬 A_i

忧愁与一江春水有相似之点

所以,用一江春水比譬忧愁

所以,它属于比喻辞格

虽然这里使用的是演绎法,但由于它只是一种情境假设,所以只具有或然的性质。

②4 中有"仿佛",②5 中有两个"如",都指明了 A_i 与 B_i 有相似之点,因而都可以用 B_i 比譬 A_i,属于比喻辞格中的明喻。至于②1 和②2,它们表面上没有"恰似""仿佛"或"如"之类的词语,其相似之点存在于修辞情

境之中，在辞格学上称之为“暗喻”或者“隐喻”。这在以后将做具体的讨论。

下面再举几个修辞格的例子：

③1. 鼓动吧，风！咆哮吧，雷！闪耀吧，电！把一切沉睡在黑暗怀里的东西，毁灭，毁灭，毁灭呀！

（郭沫若《雷电颂》）

2. 这时，罗群是泪流满面说的，这个硬汉子，我从来没见他这样哭过，他哭，群众哭，我也哭。

（鲁彦周《天云山传奇》）

3. 晨上散关山，此道当何难！晨上散关山，此道当何难！牛顿不起，车堕谷间。

（曹操《秋胡行》）

以上三例均为反复格。③1 的“毁灭”三次重复，为词语反复，表达了诗人屈原热爱祖国，抨击黑暗，热烈追求光明的思想情感。③2 的三个“哭”字之间插进了其他词语，为隔离反复，表达了人们内心的悲痛，突出了罗群与群众之间的鱼水关系。③3 为句子的连续反复，通过起始句的反复咏唱，使诗人的感叹情绪显得格外沉重。反复辞格的作用就在于通过反复的修辞手法，突出当事人的思想感情，增添旋律美，加强节奏感。

④1. 赵玉林才松开咬紧的牙关，大声叫痛：“哎哟，妈呀，可痛死我了。”

（周立波《暴风骤雨》）

2. 洞庭啊，洞庭！你天上、地面、水下，处处闪耀着珍珠的异彩，你就是镶嵌在我们伟大祖国土地上的一颗大珍珠！

（谢璞《珍珠赋》）

以上两例都是“呼告”格，直接呼唤不在面前的人或物，并且同他（它）们说起话来。前例呼人，后例呼物，都在于增强抒情性和感染力。

⑤1. 阿 Q 本来也是正经人，……谁知道他将到而立之年，竟被小尼姑害得飘飘然了。

（鲁迅《阿 Q 正传》）

2. 一二五六七——丢三落四。

（歇后语）

3. 难怪郭全海老问，你家有几口人？够吃不够吃？娘们多大岁数呐？原来是黄皮子给鸡拜年。

（周立波《暴风骤雨》）

以上三例均为藏词格,都是利用人们熟悉的词语,故意隐藏本词,即藏去本来要用的词,只把人们熟悉词语中的余下部分用来代替本词。三例中⑤1为藏头,孔子说过“三十而立”,作者故意藏去前面的“三十”,用后面的“而立”代替本词。也就是说,阿Q快到30岁了。⑤2为藏腰,藏去了序数词“三”和“四”,形成俗语“丢三落四”。⑤3为藏尾,藏去“不安好心”这层意思,“黄皮子”即黄鼠狼,所以另一种说法是“黄鼠狼给鸡拜年——没安好心”。⑤2和⑤3都是歇后语。应用藏词格的作用在于:语意含蓄、幽默,留给人们以想象的空间。

从例③到例⑤,这些修辞格的形成和应用,其推论过程跟比喻辞格相仿佛,这里不再赘述。

修辞格是一种归纳的推论,这就决定了它的开放性,亦即能产性。辞格学家们在研究修辞格的发展中,总是不断地收集表现性修辞的实际用例,应用归纳推论总结出新的辞格来,于是不断地产生出了新的修辞格。

汉语修辞格的研究源远流长。古籍《礼记》就把“比”作为语言表达的范畴,明确提出“不学博依,不能安诗”,意思是说,如果不广泛地学习譬喻就不能作诗。春秋战国时代,墨子给出了比喻的著名定义:“譬也者,取他物而以明之也。”荀子也有“譬称以喻之”的论述。西汉初年的《毛诗序》明确地提出了“比兴”说,后来的董仲舒、王充等人进一步讨论到婉曲、夸张、对偶等辞格。南北朝时期刘勰的《文心雕龙》、钟嵘的《诗品》,宋代魏庆之的《诗人玉屑》、陈骙的《文则》,元代陈绎的《文说》和王构的《修辞论衡》,都对修辞格研究做出了重要的贡献。

20世纪初年,唐钺著有《修辞格》一书,将27个辞格分为5大类,汉语辞格系统初具规模。1932年,陈望道《修辞学发凡》论列了4大类38个辞格,建立了一个比较详备的辞格系统。此后,汉语辞格研究仍有许多发展。

1983年谭永祥著有《修辞新格》一书,添加了“闪避”“别解”“诡谐”等15个辞格。这里列举数例:

⑥1.那大嫂看着手中的车票,眼里含着热泪说:“大兄弟,你叫什么名字?是哪个单位的?”

雷锋笑了笑,心想这大嫂真有意思,大概还想还钱呢,就说:“我叫解放军,就住在中国。”

(陈广生《人民的勤务员》)

2.钟士季(即钟会)精有才理,先不识嵇康,钟要(同“邀”)于时贤俊之士俱往寻康。康方大树下锻,向子期为佐鼓排。康扬锤不辍,旁若无人,移时不交一言。钟起去,康曰:“何所闻而来?何所见而去?”钟曰:“闻所闻而来,见所见而去。”

(《世说新语·简傲》)

以上两例都属“闪避”格。雷锋说:“我叫解放军,就住在中国。”钟会说:“闻所闻而来,见所见而去。”他们都没有给对方提供任何新的信息,即零信息,传达的言外之意是:别问了,我不会告诉你的。

⑦听说解放前的贵阳,只有几条又窄又小的街道,老百姓称它天晴是“洋(扬)灰”路,下雨是“水泥”路。一下雨,路上都是稀烂的泥浆,漫过小腿。车子驰过,泥浆四溅。天一晴,路面上积了厚厚的一层灰尘,车子驰过,尘土飞扬,咫尺不见东西。

(《解放日报》)

这是别解格,作者临时赋予“洋灰”和“水泥”以原来不曾有的意义:扬起灰尘,泥浆四溅,路况乃至基本建设极差。这就是说写者着意传达的言外之意。

1989年,唐松波、黄建霖主编的《汉语修辞格大辞典》[①]出版,共收156个辞格,包括《修辞新格》中的全部辞格,而且又增加了10个新格。例如:

⑧真的?长眠=安息。而生活,就是奋斗,就是咬紧牙关,就是承受一个又一个打击。

(王蒙《高原的风》)

文字中出现了数学符号“=”,大辞典把它叫作“算式”格。“长眠”和“安息”外延相同而内涵不同,从集合论的意义上说,由于外延相同,它们是“等于”关系,但是“安息”的内涵有别于“长眠”,“安息”与“奋斗”相对,“长眠”没有这层意思,作者由此引出言外之意:死了比活着轻松。

⑨四是四,十是十,十四是十四,四十是四十。

这是人们所熟悉的绕口令,大辞典称为“绕口”格。绕口令不仅幽默有趣,而且说明:要想言语表达清晰流利,那是要经过严格训练的。

大辞典的编者说:“这部辞典尝试把汉语所有辞格都收进来。”看来这是汉语修辞格的集大成者了。

由于修辞格具有开放的性质,从理论上说,修辞格的增加是没有止境的,不会有朝一日人们宣布:汉语修辞格乃至人类语言的修辞格有这些并且只有这些了。

然而,修辞格也有减少的现象。修辞格是一种非常规的表达方式,由于使用久了,社会全体成员都习惯于这种说法,于是非常规转化为常规,辞

---

① 唐松波、黄建霖主编:《汉语修辞格大辞典》,中国国际广播出版社1989年出版。

格转化为非辞格了。例如:

⑩1. 麻将桌上白天也开着强光灯,洗牌的时候一只只钻戒光芒四射。白桌布四角缚在桌腿上,绷紧了越发一片雪白,白得耀眼。

(张爱玲《色·戒》)

2. 言丹朱大约是刚洗了头发,还没干,正中挑了一条路子,电烫的发梢不很鬈了,直直地披了下来,像美国漫画里的红印度小孩。

(张爱玲《茉莉香片》)

⑩1 中的"桌腿"本来属于比拟格,即把非生物比拟为生物,说桌子有"腿",但是现在说到"桌腿"时,不会有人觉得它偏离了常规,所以它便不再作为一种修辞格了。同样情况,⑩2 的"头路"和"发梢"原来都是隐喻,现在也被看成常规的用法了。

由于修辞者总是不断地突破常规,辞格学者的归纳工作也就没完没了。值得注意的是,辞格学者的工作不能满足于辞格形式上的归纳和命名,修辞格研究应当向深度发展,比如研究修辞格的认知意义,从而更为有效地指导人们的修辞实践。否则就会像西方曾经发生过的那样:"这种停留在表面形式的识别和分类,企图以数量来显示辞格作用的做法,其结果只能适得其反,自然会引起读者的厌恶。"①

由于我们的修辞格研究着眼于修辞式推论,因此,我们根据汉语的音、形、义,把修辞格分为语音辞格、语形(结构形式)辞格和语义辞格。下面将分别做些讨论。

第二节 语音辞格

一、摹声

语音修辞在于充分展示汉语的语音美,使听读者在音乐般的享受中领略说写者着意传达的思想感情,而语音辞格则是在偏离语言常规的实践中逐步形成的一些固定格式,它们总是跟语音的特殊使用有关。语音辞格的

① 王德春主编:《外国现代修辞学概况》,福建人民出版社 1986 年版,第 68 页。

修辞式推论，着眼于由语音引发的辞格修辞意义。

汉语的语音辞格主要表现为摹声、叠音和谐音。我们从摹声格说起。

摹声格是用语音模拟自然音响，在给予人们听觉上美感享受的同时传达因为摹声而形成的某些言外之意。例如：

①秋虫的鸣声最复杂；但无论纺织娘的咭嘎，蟋蟀的唧唧，金玲子的叮令，还有各种不可名状的秋虫之鸣声，其声调凄抑却是一样的……

（郑振铎《蝉与纺织姑娘》）

句子用拟声词“咭嘎”“唧唧”和“叮令”摹写了纺织娘、蟋蟀和金玲子的鸣声。其字面意义可以记为：

$$\exists x_1(F_1(x_1)\wedge G_1(x_1))\wedge(\exists x_2 F_2(x_2)\wedge G_2(x_2))\wedge(\exists x_3 F_3(x_3)\wedge G_3(x_3)$$

意思是说，存在纺织娘（F_1）、蟋蟀（F_2）和金铃子（F_3），纺织娘的鸣声咭嘎（G_1），蟋蟀的鸣声唧唧（G_2），金玲子的鸣声叮令（G_3）。推出的言外之意为：

形形色色的秋虫悲鸣于凄凉的秋夜，平添了闻者的悲秋愁绪。

当然还可以推出：

作者熟悉大自然，观察细致入微，摹声毕肖，让读者如临其境。

前一推论是越出字面意义推导出来的言外之意，后一推论则是从写作的角度推出的意义，它源于字面而又超越字面。它们都是听读者应当领略的辞格意义。

②这些女孩儿家到一处，不外是三件事：一是说——叽叽喳喳；二是闹——乒乒乓乓；三是笑——格格嘎嘎。

（赵本夫《进城》）

“叽叽喳喳”“乒乒乓乓”和“格格嘎嘎”都在于摹写女孩子们嬉闹时的情状。字面意义的逻辑形式类似于前例，但要复杂得多，因为是一群女孩，是女孩子们在说在闹在笑，其声音分别是叽叽喳喳、乒乒乓乓、格格嘎嘎。这里就不具体讨论了。其言外之意为：

女孩子天真无邪，活泼可爱。

几个女孩子在一起，就会忘却世界上还有其他事物存在。

“三个女人一台戏”，何况女孩儿家。

或许读者还有其他领悟。

③无何，折纸戢戢然，拔笔掷帽铮铮然，磨墨隆隆然，既而投笔触几，震震作响，便闻撮药包裹苏苏然。

（《聊斋志异·口技》）

例③是说一个女子借助口技来行医谋生的故事，这段话写仙姑开药方的情形。“戢戢”“铮铮”等几个摹声词都是模拟在这一过程中发出的各种音响。

其言外之意,亦即我们的体悟是:

如临其境,如闻其声,读者恍若置身于表演现场。

表演者口技高明,今日的口技表演者似乎未能及此。

借助口技行医谋生是不得已而为之的,显现一种人世的悲哀。

以上推出辞格修辞意义的方法都属于情境的"如果"推论,为了简便,如非特殊需要,不再讨论其中的过程,也不再翻译为形式语言。

二、叠音

叠音辞格是利用相同音节的重叠,用以增强语音的节奏感和旋律美,表现一种特别的情趣和意义。例如:

①张三冲起别针来的时候,冲床的冲头就一落一落的,冲床的冲头一落下来就发出"匡汤匡汤"的声音,张三冲床上的声音从来是连着响的。连着响起来冲床的声音就变成"匡汤匡汤匡汤匡汤匡汤匡汤匡汤匡汤匡汤匡汤"地一直响下去响个没有完的。

(陈村《一天》)

拟声词"匡汤"10次叠音在文章是不多见的,那么作者要传达什么样的思想感情呢?从情境中可以理解为:

连续的"匡汤"是最悦耳的乐曲。

主人公热爱自己的职业,热爱劳动。

机器的响声本来是单调乏味的,但是在特定的修辞情境中却具有很强的表现力。"匡汤"是摹声,"匡汤"连用就成了叠音,因而属于"兼格"。前例"叽叽喳喳""乒乒乓乓"和"格格嘎嘎"也是摹声和叠音的兼格。

②起起伏伏的地廊,疏疏朗朗的树影,高高低低的屋顶,错错落落的烟囱,款款从窗外掠过,因为清清白白的月光变得神神秘秘。

(高红十《十五的月亮》)

例②连用叠音词写景状物,辞格的修辞意义可以表述为:

景物跃然眼前,如诗似画,读者禁不住击节吟哦。

连用叠音词写景状物,是修辞者采用的手段,景物跃然眼前,如诗似画,则是修辞者预期的效果,为言外之意。

③我攥住钥匙,一边继续道歉一边往门外走,走到门外转回身,发现马金棵夫妇二人在半合的门内,双双表情复杂地望着我,我忙点头哈腰地说:"打搅打搅,恕罪恕罪,找着了找着了,再见

再见!”

（刘心武《巴黎长生不老药》）

当事人这样的叠音词连用，在日常交际中常常见到，一般都是来表现当事人的一种特殊处境和心情。这里的修辞意义应是：

当事人致歉的态度诚挚，希望得到对方谅解。

此例既是叠音，也是词语反复，应为叠音和反复的兼格。

④他，他，他，伤心辞汉主；我，我，我，携手上河梁。他部从入穷荒，我銮舆返咸阳。返咸阳，过宫墙；过宫墙，绕回廊；绕回廊，近椒房；近椒房，月昏黄；月昏黄，夜生凉；夜生凉，泣寒蛩；泣寒蛩，绿纱窗；绿纱窗，不思量！。呀！不思量除是铁心肠；铁心肠也愁泪滴千行。

（马致远《汉宫秋》）

“他，他，他”“我，我，我”叠音；自“返咸阳”起句句蝉联，语音重叠，为顶真和叠音的兼格。故事说的是昭君出塞，汉元帝送王昭君出塞后对昭君无限思念的心情。辞格的修辞意义可以表述为：

节奏鲜明，音律铿锵，读起来荡气回肠。

君王离恨未已，相思又继。

顶真用前句的结尾作后句的开头，语音重叠，通常都兼有叠音格的特点。

三、谐音

谐音是利用语音相同或相近的条件，去表达另外的思想感情，可以收到风趣、生动、含蓄等语音修辞效果。

在汉语的辞格学中有谐音双关和谐音歇后，似乎没有独立的“谐音”格。从语音修辞的角度上说，谐音是应当独立成格的，只是在使用过程中通常表现为某种兼格。例如：

①唐咸通中，俳优人李可及滑稽谐戏，独出辈流，虽不能托谊讽喻，然巧智敏捷，亦不可多得。尝因延庆节，淄黄讲论毕，次及倡优为戏。可及乃褒衣博带，摄齐以升座，自称三教论衡。偶坐者问曰：“既言博通三教，释迦如来是何人？”曰：“妇人。”问者惊曰：“何也？”“金刚经云：‘敷坐而坐。’有夫有儿，非妇人而何？”上为之启齿。又问曰：“太上老君是何人？”曰：“亦妇人也。”问者益所不谕。乃曰：“道德经云：‘吾有大患，为吾有身，及吾无身，吾有何患？’若非妇人，何患于有娠乎？”上大悦。又问曰：“文宣王何人

也?”曰:“妇人也。”问者曰:“何以知之?”曰:“论语云:‘沽之哉!沽之哉!我待价者也。’若非妇人,待嫁何为?”上意极欢,宠赐颇厚。

(《唐阙史》)

李可及利用“敷”与“夫”同音、“而”与“儿”同音、“身”与“娠”同音、“价”与“嫁”同音,极其诙谐地论证了释迦牟尼、老子、孔子都是女人,可算是谐音格的绝妙好辞。

读完这个故事,我们的领悟是:

李可及拿圣人开涮。

李可及知识渊博,聪明过人,而他的随机应变能力更是令人叹服。

俳优人的话语诙谐使人解颐,而这种修辞效果又是以知识渊博、聪明过人为前提条件的。

这是应用谐音的典型,那么它也是某种兼格么?仔细想想,李可及是对三教经典的曲解。所谓曲解,就是利用同音异义或一词多义对交际者话语中某词语做背离原意的解释。也就是说,例①是谐音与曲解的兼格。

②我心想,大不了你当家长,我当副家长,叫人笑我气管炎。

(郑九蝉《能媳妇》)

修辞意义为:

说话人心爱妻子,气度宽宏,幽默诙谐,一语双关。

这是谐音与双关的兼格。“气管炎”语表是一种疾病,语里却是“妻管严”,意为怕老婆。这叫“谐音双关”。

③干脆,给他来软的,他要抓丁,你们就三两棉花四张弓,给他细细地弹(谈)!

(邱恒聪《狂飙》)

“三两棉花四张弓——细细地弹(谈)”是个歇后语。歇后语本身就是推论:前半截为前提,后半截是结论。我们可以从“三两棉花四张弓”推出“细细地弹”,然后根据“弹”与“谈”谐音,推出言外之意:

细细地跟对方谈论,周旋。

这是谐音与歇后的兼格,称为“谐音歇后”。

④二人正说着话,只见湘云走来,笑道:“爱哥哥,林姐姐,你们天天一块玩,我好容易来了,也不理我一理儿。”黛玉笑道:“偏是咬舌子爱说话,连个‘二’哥哥也叫不上来,只是‘爱’哥哥、‘爱’哥哥的。回来赶围棋儿,又该你闹幺‘爱’三了。”

(《红楼梦第二十回》)

“二人”即宝玉和黛玉。湘云北京话的发音不准,错把“二”说成了“爱”,黛玉故意跟着学，开湘云的玩笑。修辞意义可以理解为：

小姐妹情深，无拘无束，言语风趣。

暗示“白首双星”，后来湘云与宝玉结成患难连理。

这是谐音与飞白的兼格。飞白是故意援用白字(别字)，以增加语言表情达意的实感和风趣，有语音飞白、文字飞白、语法飞白等。这里应用的是语音飞白，亦即利用语音近似来传情达意，虽然不能算是严格意义上的谐音，但也可以看成类似谐音的一种修辞手法。

第三节　语形辞格

一、对偶

我们按汉语的音、形、义把修辞格分为语音辞格、语形辞格和语义辞格，但这仅仅是讨论时着眼点的不同，实际上汉语的音、形、义永远是一个统一的整体，我们无意于把它们机械地分割开来。也就是说，汉语音、形、义的辞格划分，仅仅是为了讨论的方便。

我们所说的“语形”是指句子的形式结构，它们是一些语音的组合，同语音一样都是语言符号的能指，语形辞格的修辞意义为所指。

语形辞格就是那些利用汉语句子形式结构的特点来达意传情的修辞模式。王希杰教授认为，语形辞格体现了语言符号的一种均衡之美。他说：“均衡，是美学的基本原则之一。建筑，绘画、音乐、舞蹈都追求均衡的美。均衡，也是语言艺术的原则之一。探求语言的均衡美，是修辞学的任务之一。”①

对偶在汉语的语形修辞中最为典型。王希杰教授说：“对偶是汉语修辞中最具有形式美的一种格式，是汉语音乐美的最高表现形式，是汉语格律诗最重要的基础之一。”②在汉语修辞格中，对偶占有很重要的地位。

对偶是由上下两联按照美学的对称原理组合而成的，就像古代宫廷护卫列队持杖相对而立，所以也叫“对仗”。严格意义上的对偶，必须音节相等，词性相同，平仄相对，意义相称。显然，这个要求是很高的。

---

① 王希杰：《汉语修辞学》，北京出版社1983年版，第195页。

② 王希杰：《修辞学通论》，南京大学出版社1996年版，第432—433页。

例如：

①书有未曾经我读，
　事无不可对人言。

（《李叔同说佛》）

上下联为对偶。“书”和“事”都是名词，“书”为平声，“事”为仄声。“有”和“无”都是动词，“有”为仄声，“无”为平声。“未曾”为副词，“未”仄“曾”平，“不可”为助动词，声调“仄仄”；助动词介于动词与副词之间，“未曾”和“不可”词性相近，平仄仍算相对（“一、三、五不论，二、四、六分明”，平仄相对，重在二、四、六）。“经”和“对”均为动词，“经”平“对”仄。“我”为代词，旧称“代名词”，“人”为名词，“我”仄“人”平。“读”和“言”均为动词，“读”仄“言”平。上下联的平仄是：

仄（可平）仄平（可仄）平平仄仄
平（可仄）平仄（可平）仄仄平平

符合格律要求。至于语意相称，自不必说。

对偶在逻辑上一般为合取（并且）命题，有的上下联为蕴涵关系。例①是合取关系，即：

$$p \wedge q$$

意思是：命题“书有未曾经我读”并且命题“事无不可对人言”。对联读后，我们的感悟是：

撰联人方正，严谨，透明，无私无畏。
高人的思想境界与对偶的表达形式相结合，堪称完美。
如果将这副对联作为我们的座右铭，一生当无憾事。

这样出自大师妙笔的对偶佳句，言外意隽永而且丰富，值得我们深深地思考、体悟。

律诗包括五律和七律，中间两联都必须对偶，所以对偶是律诗的生命，没有对偶就没有律诗。

例如：

②明月松间照，清泉石上流。
　竹喧归浣女，莲动下渔舟。

（王维《山居秋暝》）

五律《山居秋暝》的中间两联，平仄是：

仄仄平平仄，平平仄仄平
平平平仄仄，仄仄仄平平

一、三、五可平可仄。这首山水名篇为我们提供了丰富的想象和思考，赏心悦目。概括起来就是：

语音音乐美，形式均衡美，语意意象美。

诗人襟怀高洁、潇洒，生活安静、淳朴，艺术炉火纯青。

人们常说王维“诗中有画，画中有诗”，果然不谬。

此外，骈文也是以对偶为基础的，没有对偶就没有骈文。例如：

③层台耸翠，上出重霄；飞阁翔丹，下临无地。鹤汀凫渚，穷岛屿之萦回；桂殿兰宫，即冈峦之体势。披绣闼，俯雕甍：山原旷其盈视，川泽纡其骇瞩。闾阎扑地，钟鸣鼎食之家；舸舰迷津，青雀黄龙之轴。云销雨霁，彩彻区明。落霞与孤鹜齐飞，秋水共长天一色。渔舟唱晚，响穷彭蠡之滨；雁阵惊寒，声断衡阳之浦。

（王勃《滕王阁序》）

《滕王阁序》是一篇脍炙人口的骈文，通篇全是对偶，这一段景物描写，尤为精彩。具体说来，可以概括为：

文笔瑰丽，在精美严谨的形式之中，表现了自然变化之趣。

手法多样，或浓或淡，或俯或仰，时远时近，有声有色。

四六成句，音调和谐，读者禁不住击节吟哦。

特别是“落霞与孤鹜齐飞，秋水共长天一色”一联，已成为千古传颂的名句。

对偶中有一种流水对（串对），其本身往往就是推论。例如：

④春种一粒粟，秋收万颗子。

（李绅《悯农》）

上联与下联之间存在蕴涵关系，记为：

$$p\rightarrow q$$

意思是：如果春种一粒粟，那么秋收万颗子。但这只是字面意义。至于它言外的修辞意义，需要联系后面两句诗：“四海无闲田，农夫犹饿死。”其含义引用马克思下面这段话也许最为切当：

劳动替富者生产了惊人作品（奇迹），然而，劳动替劳动者生产了赤贫。劳动生产了宫殿，但是替劳动者生产了洞窟。劳动生产了美，但是给劳动者生产了畸形。[①]

我们从诗人所描述的典型生活细节和人们熟知的事实，归纳地论证了马克思的深刻论断。

当然，对偶在格律上并不都是如此这般地严格。在日常会话中，特别是在现代散文中，对偶的形式比较自由，被称为“宽式对偶”。前面说到的为“严式对偶”。例如：

---

① 引自萧涤非等《唐诗鉴赏辞典》，上海辞书出版社 1983 年版，第 917 页。

⑤惨象,已使我目不忍视了;流言,尤使我耳不能闻。

(鲁迅《记念刘和珍君》)

上下两句结构相似,意义相关,可以看成对偶,但是字数不相等,上句比下句多出一个助词"了",且有重复字,平仄更不是那么严格,所以说是宽式对偶。它传达的言外之意是:

学生们的遭遇可悯更可钦;军阀可恨,学阀更可恶。

在当代社会生活乃至散文中,人们使用更多的是宽式对偶,因为宽式对偶没有那么多的束缚,使用起来更为自由、方便。

对偶作为中国特有的一种文学形式,已渗透到社会生活的许多方面。对偶的作品叫"对联"或"对子",春节时贴在门上的对偶句叫"春联"或"门联",写在亭台楼阁门柱上的叫"楹联",悬挂在追悼会上的叫"挽联",如此等等。

此外,它还是文人们考查对方学问的一种方式,有时候还是一种游戏。前者如前面说到的某官员与神童戴大宾对对联的故事:官员出上联"月圆",戴大宾对以下联"风扁"(因为风是扁的,才可以从门缝钻进屋里);官员出"凤鸣",戴大宾对以"牛舞"("百兽率舞"自然包括牛了)。至于后者,请看下面的故事:

⑥有一次,乾隆与纪晓岚对句为戏。乾隆说:"两碟豆。"纪晓岚对道:"一瓯油。"乾隆改口说:"我说的是'两蝶斗'。"纪晓岚应对道:"我说的是'一鸥游'。"乾隆又说:"我说的是'林间两蝶斗'。"纪晓岚又应道:"我说的是'水上一鸥游'。"

这个故事大概是文人编造的,但它可以说明这样一个道理:

汉语的词汇宝库储存了极为丰富的同音异义词,可供聪明人选择。

汉语属于词根语,音素有限,所以同音词极多。同音词多或许是个缺点,但在特定的语境中,它常常是个优点。

最后,说说"绝对"。所谓"绝对",是指无法对出下联的对子。据说当年有人刁难纪晓岚,出上联云"三塔寺前三座塔",纪晓岚脱口而出"五台山上五层台"。对方说:"我还没有说完哩!"于是他接着说道:"塔、塔、塔。"纪晓岚却不能对以"台、台、台"了,因为三塔寺前有三座塔,而五台山却不可能只有三个台,于是成了"绝对"。其实这也是能够对出的,笔者就做过这样的尝试。配上我们的下联,这副对联为:

⑦三塔寺前三座塔,塔、塔、塔;

众官阁内众员官,官、官、官。

三个"官"表示多数,即"众员"的意思。这件事提示我们:

此路不通，不妨另辟蹊径。

下面再提供几个“绝对”的上联：

⑧1. 一岁二春双八月，人间两度春秋。

2. 七里山塘，行至半塘三里半。

3. 石狮市施氏逝世。

1和2见之于《警世通言·王安石三难苏学士》。1是说那一年闰八月，两头春；2是苏州金阊门至虎丘，这一带叫作山塘，约有七里路程，其半名为半塘。王安石出对，东坡思考多时，不能成对。3是笔者游览石狮市想到的。聪明的读者，你们能给出答联么？

二、排比　反复

排比和反复也都讲究均衡的美，在一定意义上可以看成对偶的扩大和延伸，但是它们比对偶中的宽式还要“宽”，还要解放和自由化。

1. 排比

排比是这样一种修辞格式：说写者应用结构相同或相似以及语气一致的句子或短语，把相关内容表达出来，给听读者以层次分明、节奏和谐、语意畅达的美感，并且表现出更大的气势和力度。例如：

①假僧将那些心，血淋淋的，一个个检开与众观看，却是那些红心、白心、黄心、悭贪心、名利心、嫉妒心、计较心、好胜心、望高心、侮慢心、杀害心、狠毒心、恐怖心、谨慎心、邪妄心，无名隐暗之心，种种不善之心，更无一个黑心。

（《西游记》）

用这么多“心”字短语构成排比。短语是逻辑的谓词，例①的形式公式是：

$$\exists x(F(x)\land G_1(x))\land G_2(x))\land\cdots\land G_n(x)$$

意思是说，存在 x，x 是心，并且心是红的，并且心是黄的，……并且心是邪妄的。例①给予我们的印象是：

节奏鲜明，叙述详尽，感情一泻千里。

这是词语的排比。

②曾子曰：“夫孝置之而塞乎天地，溥之而横乎四海，施诸后世而无朝夕，推而放诸东海而准，推而放诸西海而准，推而放诸南海而准，推而放诸北海而准。”

（《礼记·祭义》）

全句有两组排比：前三个分句为一组，结构相同，字数略有差异；后四句为

另一组,结构和字数均相同,仅有一字之差。我们的体悟是:

为孝之义大矣哉,放诸四海而皆准。

这是句子的排比。句子的排比是命题的合取,即:

$$p_1 \wedge p_2 \wedge \cdots \wedge p_n$$

句子的排比属于命题逻辑,分析起来反而比词语的排比简单得多。

③西湖胜景很多,各处有不同的好处,即使一个绿色,也各有不同。黄龙洞绿得幽,屏风山绿得野,九溪十八涧绿得闲。

（宗璞《西湖漫笔》）

后面三个句子构成排比。实际上例③本身是个论证,前面的句子是论题,三个排比句为论据,即理由。从推论的角度上说,排比句是前提,前面的句子是结论。因此,我们不妨说,例③排比句的修辞意义就是前面的句子:

西湖胜景很多,各处有不同的好处,即使一个绿色,也各有不同。

例③也是句子的排比。它们结构相同,语意相称,只是字数略有差异,比宽式对偶多出一个句子,有人称之为“排偶”。例②也可以看成排偶。

④金灿灿的收获季节,来到了燕山丛岭,来到了潮河川谷,来到了雁落滩的村里村外。

棒子黄了,抱着金子的胖娃娃。

芝麻黄了,举起金子的霸王鞭。

大豆黄了,摇起金子的串铃铛。

（浩然《山水情》）

例④共四个自然段。第一段由三个短语构成排比,二至四段由三个段落构成排比。修辞意义可以理解为:

富有节奏感,读起来朗朗上口。

应用拟人法,生动形象。

金色季节,不饮也醉。

二至四段为段落排比,属于文本修辞。文本修辞以后还将论及。

2.反复

反复就是一种重复使用同一词语、句子乃至语段的修辞格式。人们的表达最忌啰唆重复,但是作为修辞格的“反复”却不是消极的重复、语言的累赘,恰好相反,它们是为了突出某种思想感情而特意设计的一种积极的重复,是语言的精彩表达。运用反复辞格,可以加强语势,抒发强烈的感情,分清层次脉络,增强语言的节奏感。例如:

①采采芣苢,薄言采之。

采采芣苢,薄言有之。

采采芣苢，薄言掇之。
采采芣苢，薄言捋之。
采采芣苢，薄言袺之。
采采芣苢，薄言襭之。

（《诗经·周南》）

芣苢(fúyǐ)即车前子，薄、言均为语助词，全诗是妇女们采集车前子时所唱的歌。采、有、掇、捋、袺、襭是指采集的过程和不同的动作。这首民歌给我们的感受是：

快乐劳动，满载而归。
一咏三叹，情趣盎然。

歌咏常用“反复”的方式用以抒情，上面这首古代民歌最为突出。歌中不仅反复使用“采采芣苢”，而且跟随的句子结构相同，仅有一字之差，是排比而又极富反复的趣味。

②柔软的波浪不停地舔着沙滩，咿哟，咿哟，咿哟，像催眠曲，像咏叹调，同时把一些圆形石头子儿洗刷干净，向岸上推去，好像是说：“送给你，送给你，送给你……”

（秦兆阳《海边销魂记》）

两处反复，修辞意义可以表示为：

涛声似鸣琴，潮水如故旧，此情此景，主人公气定神闲。

“咿哟，咿哟，咿哟”为摹声，也是叠音，“送给你，送给你，送给你”是拟人，此例也是兼格。这是词语的连续反复，即把相同的词语连续不断地使用，中间不间隔其他词语。

③夜，静极了；月光，静极了；大地，静极了。在这如水的静夜中，她仿佛是一朵莲花，在微风中开放。

（弋阳《杰出的苏联舞蹈》）

“静极了”反复三次，修辞意义是：

幽静得能够听到一根针落地的声音。
幽静如斯，难免引起人们漫远的思绪。

这是隔离反复，即把相同的词语隔离开来，也就是说，重复的词语之间间隔有其他词语。例①也属于间隔反复。

④我们自由呀！
我们自由呀！
一切的一，自由呀！
一的一切，自由呀！

自由便是你,自由便是我!
自由便是"他",自由便是火!

(郭沫若《凤凰涅槃》)

"自由"的反复使用,修辞意义在于:

诗人赞美再生的凤凰,强烈地向往新的生活,向往自由。

"我们自由呀!我们自由呀!"为句子的连续反复,其余为单词的间隔反复。这是两种方法的综合运用。

三、顶真　层递

顶真形同反复,又如珍珠串联;层递类似排比,但更强调语义的递进。它们的修辞式推论另有特点,下面分别进行一些讨论。

1. 顶真

顶真格,或曰"联珠",相邻语句尾首蝉联,上递下接,环环紧扣,在修辞学上颇具特色。例如:

①天安门是皇城的正门。皇城之内是护城河。护城河之内是紫禁城。紫禁城之内是皇宫。……

……天安门前面是金水河。河上有七座石桥。桥边有一对汉白玉擎天柱。柱顶有承露盘。盘上蹲着天犼,又叫望吾归。

(聂华苓《三十年后》)

这两段都应用了顶真格,句句蝉联,环环紧扣。它们的推论形式应为:

A_1 之内是 $A_2 \wedge A_2$ 之内是 $A_3 \wedge \cdots \wedge A_n$ 之内是 A_{n+1}

B_1 之上是 $B_2 \wedge B_2$ 之上是 $B_3 \wedge \cdots \wedge B_n$ 之上是 B_{n+1}

其中后一 B_2 是"桥边"而非"之上",为一般中的特殊。至于作为"关系"推论以外的意义,那就应当是顶真格的特征意义加上本文的相关意义,可以表述为:

尾首蝉联,环环紧扣,语气贯通。

方位清楚,印象深刻。

"之内""之上"均为"关系",所以属于"关系"推论。

②她的逻辑是:谁精简谁呀?精简了不也得照发工资吗?既然照发工资,那就不如还来办公室上班;既然还来办公室上班,那就不如再分点工作做;既然分点工作做,那就不如还把原来做惯了的分来做;既然这样,也就无所谓精简。我见多了,精简一次,恢复一次,恢复一次扩大一次,扩大一次精简一次,精简一次,再

恢复一次,恢复一次再扩大一次……

（刘心武《白牙》）

例句中两处使用了顶真格,前一处间隔“既然”二字,为宽式顶真,后一处紧紧地“顶”着,为严式顶真。由于句中含“既然”二字,推论公式可以记为:

A 蕴涵 B,(既然)A,所以 B

比如说,如果照发工资,那就不如还来办公室上班,既然还来办公室上班,那就不如再分点工作做,如此等等。例②的修辞意义除顶真格的特征意义外,还应包括句子的言外之意:

每次精简都是一句空话。

例②含有规约词“既然”,属于规约的“如果”推论。

③楚山秦山皆白云,白云处处长随君。
长随君,君入楚山里,云亦随君渡湘水。
湘水上,女萝衣,白云堪卧君早归。

（李白《白云歌送刘十六归山》）

这里也有一连串的推论:

因为楚山秦山皆白云,所以白云处处长随君。

因为白云处处长随君,所以君入楚山里,云亦随君渡湘水。

因为君渡湘水,所以山鬼(女萝衣)欢迎你归来。

这些推论一般都是“如果”的传递推论。前两例的推论同样具有传递性。传递推论的一般形式为:

A_1 所以 $A_2 \wedge A_2$ 所以 $A_3 \wedge \cdots \wedge A_n$ 所以 A_{n+1}

由于顶真格的特殊形式,传递性是顶真格修辞推论的基本特征。

例③的言外意可以概括为:

诗从白云起,以白云终,表现了隐者清空高妙、风神潇洒的境界。

具有民歌复沓歌咏的风味,声韵流转,情意缠绵。

例③在上下句相同词语的递接中,插入了其他相关的词语,称为宽式顶真。前两例为严式顶真。

2. 层递

层递是将若干句子按大小、轻重等顺序连续排列,表达层层递进的意思。例如:

①听说四川有只民谣,大略是“贼来如梳,兵来如篦,官来如剃”的意思。

（鲁迅《谈金圣叹》）

“贼来如梳,兵来如篦,官来如剃”,每后一个都比前一个灾难严重,称为“递升”。推论公式为:

$$A_{n+1}\text{重于}A_n \wedge \cdots \wedge A_3\text{重于}A_2 \wedge A_2\text{重于}A_1$$

$$\text{所以}A_{n+1}\text{重于}A_2$$

$$\text{所以}A_{n+1}\text{重于}A_1$$

$$\text{所以}A_n\text{重于}A_1$$

……

就灾难性而言，从“官来如剃”，既可以推出重于“兵来如篦”，也可以推出重于“贼来如梳”。辞格的修辞意义为：

鱼肉百姓的人们一个比一个贪婪、凶残。

“官来如剃”更具有讽刺意味。

层层递进，入木三分。

此例为“重于”的关系推论。

②哦！我一个血统纯正的中国人。

哦！我一个气吞山河的中国军人。

哦！我一个志贯长空的中国飞行军人。

（李松涛《天职》）

“中国人”“中国军人”和“中国飞行军人”，作为集合，亦即外延，后者小于前者，称为“递降”。推论公式可以记为：

$$A_{n+1} < A_n \wedge \cdots \wedge A_3 < A_2 \wedge A_2 < A_1$$

$$\text{所以}A_{n+1} < A_2$$

$$\text{所以}A_{n+1} < A_1$$

$$\text{所以}A_n < A_1$$

……

但如果就定语“血统纯正”“气吞山河”“志贯长空”来说，它们的内涵却是后者大于前者，应为“递升”。这就是逻辑书上所说的外延和内涵的反比关系。此例的辞格的修辞意义为：

概念外延逐步缩小，人物身份逐步具体，概念内涵逐步丰富。

如果仅就外延而言，此例为“小于”的关系推论。

③客有歌于郢中者，其始曰《下里》《巴人》，国中属而和者数千人。其为《阳阿》《薤露》，国中属而和者数百人。其为《阳春》《白雪》，国中属而和者不过数十人。引商刻羽，杂以流徵，国中属而和者，不过数人而已。

（宋玉《对楚王问》）

从《下里》《巴人》到引商刻羽，歌曲难度递升而和者人数递降。修辞意义为：

曲高和寡。诗人品质高洁，难得知音。

此例也兼有递升和递降两个特征，推论有“难于”和“少于”两个层次。

四、错综

错综是这样一种修辞格式：说写者故意使用参差交错的语句，使句型错综变化。错综不同于对偶、排比等辞格，后者“异中求同”，要求形式上具有均衡美，而错综则“同中求异”，需要破坏这种均衡之美。错综的这种“破坏”，避免了句子的单调和呆板，比起对偶、排比等更显得生动活泼，给人以变化感和丰富美。正如王希杰教授所说：“错综，是对对偶的一种偏离和反动。”[①]例如：

①那山比起桂林来，要密得多，青得多，幽得多，也静得多了。

（方纪《桂林山水》）

②可是春天淫雨，夏天酷热，秋天绵长，到了冬天，风雪弥漫，除了呼啸的风声什么也听不见，而顶顶凄凉的莫过于一辈子孤孤单单……

（叶蔚林《在没有航标的河流上》）

两例整散配用，称为“参差”。辞格的修辞意义分别为：

例①：语气由明快转为舒缓。

例②：人境凄凉难耐。

“参差”是修辞者最常用的错综形式。

③射箭要看靶子，弹琴要看听众，写文章做演说倒可以不看读者不看听众么？

（毛泽东《反对党八股》）

④每年春二三月，粉红的桃杏花开罢，不久就开了绿叶衬托的艳丽的海棠花。

（吴伯箫《菜园小记》）

两例各分句的句型都有变化，称为“换型”。修辞意义为：

例③：由陈述转换为反问，加强了语气和说服力：“党八股”势在必反。

例④：复句中前句为主谓句，后句将主语“花”改为宾语，成为无主句，用以凸显红花绿叶的海棠。

“换型”也是错综的重要手法之一。

⑤临溪而渔，溪深而鱼肥；酿泉为酒，泉香而酒洌。

（欧阳修《醉翁亭记》）

---

① 王希杰：《修辞学通论》，南京大学出版社1996年版，第441页。

⑥存者忽复过,亡没身自衰。

（曹植《赠白马王彪》）

例⑤应该是“泉冽而酒香”,例⑥应该是“亡没忽复过,存者身自衰”。难道是作者的笔误？当然不是。作者是故意把相关的词语互换位置,以取得满意的修辞效果。这种错综手法,称之为“错位”。两例的修辞意义为：

例⑤:出奇招加深读者的印象,调平仄使得对偶更为严格。

例⑥:寄托对兄弟曹彰之死的极度悲哀,引出人生短促、命途多舛的无限感慨。

或许有人会说,这种“错位”的方法只是古代少数文学家刻意为之,并没有代表性,其实不然。下面举一个现代修辞中“错位”的例子：

⑦“娃儿,娃儿,过爹这边来,替爹喝一杯……算你好运气,回来就赶上吃酒喝肉……”

（哲夫《长牙齿的土地》）

应当是“喝酒吃肉”而不是“吃酒喝肉”(虽然有“吃酒”的说法,但决不能说“喝肉”)。这样的“错位”,修辞意义为：

说话人酒喝多了,言语颠倒,醉态可掬。

由此可见,“错位”手法虽然并不常用,但并非绝无仅有。

至于错综的其他形式,这里就不讨论了。

第七章 修辞格:语义辞格

第一节 联想型辞格:比喻

一、明喻

语义辞格不同于语音辞格和语形辞格。语音辞格着眼于调音,语形辞格着眼于造形,而语义辞格则着眼于句子语义的偏离。

句子意义有直义和曲义的区别。"直义"就是句子的本义,即句子本来的应有之义;"曲义"不是句子的本来意义,而是一种转义,即把本来意义转移到另外的意义,比如比喻、借代、夸张、反语、双关等等,就是这样一类的辞格。因为它们是一些转义辞格,偏离了句子意义的常轨,比直义多一层曲折,所以叫作"曲义"。

句子的曲义是由推论得出的。一般说来,听读者都是在字面上遭遇逻辑障碍后不得不迂回曲折地去寻求结论,亦即寻求修辞者想要表达的本来意义。对于听读者来说,如果没有这样的推论,就无法理解句子这层"曲折"的含义。因此,以曲义(也可以叫作"转义")为特征的修辞式推论,在辞格学中比语音辞格、语形辞格显得更为重要。

以曲义推论为特征的语义辞格,主要包括联想型辞格、反事实型辞格和双义型辞格。我们用两节的篇幅讨论联想型辞格:第一节讨论联想型辞格的典型形式——比喻,第二节讨论联想型的其他一些辞格。

联想型辞格是这样一种修辞式推论:如果字面含有或暗含有某种关系,就可以通过联想,推出相关联的本来意义。其模型为:

$$C(R(A,B),B_i \vdash A_i)$$

C 表示修辞情境,因为修辞式推论总是在特定的情境中进行的,R 表示可以联想的某种关系,A 和 B 表示相关联的事物,B_i 和 A_i 分别表示 B 事物具有某属性和A事物具有某属性，⊢表示推出。模式的意思是说，在特定的修辞情境中，如果A事物和B事物之间具有R关系，可以运用联想从B_i推出A_i。

比喻是人类最古老、最广泛、最活跃、最普遍因而也是最基本、最重要的一种修辞格式。在汉语修辞学中，对于比喻的通常解释是：利用不同事物之间的某些相似之点，借一事物来说明另一事物。从修辞式推论的意义上说，比喻就是在特定的修辞情境中，字面含有或隐含有A事物和B事物之间具有的某种相似关系，可以运用联想，从B事物具有某种属性推出A事物具有这种属性。相似性是比喻最本质的特征。

比喻修辞应用的是一种类比推论，其公式为：

A相似B，B_i，所以A_i

由于A事物和B事物具有相似的属性，A是本体，B是喻体，也就是说，以B喻A。在这样的情境中，从B事物具有某属性可以推出A事物具有某属性。这样的类比推论，我们称之为比喻推论。

比喻的修辞意义除曲义推论意义以外，还应当包括比喻作为辞格时的意义，比如化远知为近知，化抽象为具体，生动形象，能够激发听读者的想象力，等等。

比喻包括三个组成要素：本体（被比喻事物）、喻体（比喻事物）和喻词（表示相似关系的词）。一般结构公式为：

本体＋喻词＋喻体

比喻的表达，总会出现喻体，而本体和喻词则时隐时现，由此区分出不同的类别：明喻、暗喻和借喻。

明喻是比喻中最典型的比喻，它明显地标示了比喻的相似关系，使听读者很容易认知这是比喻辞格。明喻中用以标示相似关系的喻词有“像”“如”“若”“似”“犹”“好比”“仿佛”等等，最典型的喻词是“像”。一般结构公式为：

本体＋像＋喻体

简单地说成：

A像B

例如：

①残月像一片薄冰
漂在沁凉的夜色里

（舒婷《落叶》）

“残月”为本体（A），“薄冰”为喻体（B）。“像”是喻词，表明薄冰和残月有相似关系，因此以薄冰喻残月，可以从薄冰具有某属性推出残月也具有某属性。在字面上，明喻的本体、喻体和喻词一应俱全。

例①的推导过程是这样的：

残月像一片薄冰

⊢残月和薄冰具有相似性（“像”的含义）

冰有“漂”的属性（情境知识）

∴残月也有“漂”的属性（联想）

作为修辞式推论，比喻还有第四个要素：喻底，即修辞式推论的结论。例①结论“残月也有‘漂’的属性”就是喻底。例①的喻底体现在下一行诗中，即残月“漂在沁凉的夜色里”。

以上是描述法。作为比喻的首例，我们将再用形式化的方法把这个推导过程刻画得更为详尽些：

S→NP VP(S，句子；NP，名词短语；VP，动词短语）(→，改写为，不是蕴涵）

NP→残月

残月⇒a(⇒，翻译为）

VP→像 NP

像⇒～(～，相似于）

NP→(一片）薄冰

(一片）薄冰⇒b

∴a～b

读作：残月像（一片）薄冰。

显然，这个推导过程比描述法要详细得多。更重要的是，这里使用的是形式语言，符号的解释是唯一的，因而比描述法要精确得多。

②唉！人的一生，宛如一个梦

（杨华《薄命》）

“人的一生”为本体，“梦”为喻体，“宛如”是喻词，可以推论如下：

人的一生，宛如一个梦。

⊢人生和梦具有相似性。（“宛如”的含义）

梦有虚幻、不确定等属性。（情境知识）

∴人生也有虚幻、不确定等特点。（类比推理）

“人生也有虚幻、不确定等特点”即为喻底。

③汽车一驰入吊萝山区，就看到一派生机旺盛的翠色，这是墨绿一样的颜色，绿得耀眼，绿得教人心头发痒，仿佛一个大自然画师，打翻了调色板，把一切强烈的绿色油彩都倾倒下来涂染了山头。

（秦牧《吊萝山翠色》）

本体是“吊萝山翠色”,喻体为“画师打翻调色板”,喻词为“仿佛”。我们省略其推导过程,喻底应为:

吊萝山墨绿一样的翠色生机旺盛,绿得耀眼,绿得教人心头发痒。

喻底已见于喻词的前文,“仿佛”句表明本体和喻体之间存在相似的关系,加深了听读者对于本体的印象。

④这个亭踞在突出的一角的岩石上,上下都空空儿的,仿佛一只苍鹰展着翼翅浮在天宇中一般。

（朱自清《绿》）

喻词“仿佛”和“一般”连用。喻底为:

居高临下,登亭别有一种情趣。

喻底不见诸字面。无论喻底见不见诸字面,都必须由推论得之或者由推论而明确之。

明喻的喻底亦即推论的结论,它只是明喻修辞意义的重要组成部分,此外还应包括明喻的辞格意义,亦即明喻的修辞作用。

明喻修辞最大的特点是鲜明、生动,易于将所描述的事物形象化、具体化,而且浅显、通俗。无论是把残月比作薄冰,人生比作梦幻,或者把吊萝山翠色比作画师打翻了调色板,还是把仙岩一座亭子比作展翅的雄鹰,都使得对象事物的形象更为鲜明突出,更具有直觉的亲近感,更为逼真、传神。明喻是比喻中最直接的形式,适应于各种语言环境,表达各种微妙的思想感情。

二、暗喻

暗喻亦称隐喻,以“是”“成”“变成”等为喻词,暗示或隐藏着本体和喻体之间的相似关系。暗喻典型的喻词是“是”,一般结构公式为:

本体＋是＋喻体

如果说明喻的典型形式是“A 像 B”,那么暗喻的典型形式就是:

A 是 B

例如:

①这是梅花,有红梅、白梅、绿梅,还有朱砂梅,一树一树的,每一树梅花都是一树诗。

（杨朔《茶花赋》）

“梅花”是本体,“诗”是喻体,“是”是喻词,可是梅花怎么会是诗呢？说梅花是诗,不合逻辑。既然梅花不是诗,那么作者要告诉我们什么呢？我们可以通过联想来探知喻底，推导如下：

梅花是诗。
梅花是一种花卉。（背景知识）
诗是一种文学样式。（背景知识）
$\vdash$梅花不是诗。（遭遇逻辑障碍）
$\because$梅花有一种韵味。（情境）
诗也有一种韵味。（情境）
$\therefore$梅花相似于诗。（拥有共同内涵）
$\therefore$梅花具有诗一样的韵味。（类比推理）

结论"梅花具有诗一样的韵味"即是喻底。

暗喻在字面上不合逻辑，也就是说遭遇了逻辑障碍，使得听读者必须另寻出路，探究说写者的言外之意，推出所需要的结论。

由于隐喻（暗喻）在修辞学中的重要性，我们也给出此例的形式推导过程：

$S \rightarrow NP\ VP$
$NP \rightarrow$ 梅花
梅花$\Rightarrow A$
$VP \rightarrow$ 是 NP
是$\Rightarrow =$
$NP \rightarrow$ 诗
诗$\Rightarrow B$
$\therefore A = B$
$\because A \subseteq C$ （$\subseteq$，包含于）
$C = \{$花$\}$ （$\{\}$，集合）
$B \subseteq D$
$D = \{$文学作品$\}$
$\therefore C \neq D$
$\therefore A \neq B$
设 $A = {}^{\wedge}A, B = {}^{\wedge}B$ （$^{\wedge}$，内涵）
${}^{\wedge}A = \{$有韵味，$\cdots\}$ （${}^{\wedge}A$，A 的内涵义）
${}^{\wedge}B = \{$有韵味，$\cdots\}$
$\therefore {}^{\wedge}A \sim {}^{\wedge}B$
读作：梅花跟诗一样。即，梅花是诗。

我们给出例①的形式分析只在于说明汉语修辞式推论可以应用形式化的方法，但无意要求每一个推论都这样做。在一般的分析中，描述法就足够了，有时候甚至描述法都不用，直接就给出结论。

②霎时间，东西长安街成了喧腾的海洋。

（袁鹰《十月长安街》）

“长安街”是本体，“海洋”是喻体，“成了”是喻词，可是长安街在一般情境中不会成为海洋，理解者遭遇了逻辑障碍，但是我们可以联系特定的修辞情境，运用联想推导出来两者之间的相似关系，从而揭示喻底。我们的推导如下：

长安街成了海洋。

长安街是一条宽阔的街道。（背景知识）

海洋是水域。（背景知识）

⊢长安街一般不会成为海洋。（遭遇逻辑障碍）

∵长安街人山人海，一片喧腾（情境）

海洋汹涌澎湃，一片喧腾。（情境）

∴长安街相似于海洋。（拥有共同内涵）

∴长安街像海洋一样喧腾。（类比推理）

结论“长安街像海洋一样喧腾”即是喻底，“喧腾”作为“海洋”的定语显现在字面上。

③骆驼，你沙漠的船，
你，有生命的山！
在黑暗中，你昂首天外，
引导着旅行者走向黎明的地平线。

（郭沫若《骆驼》）

“骆驼”是本体，“船”和“山”都是喻体，没有喻词。喻底可以表述为：

骆驼像山一样伟岸，是沙漠中最理想的运输工具。

此例虽然没有喻词，但省略的喻词“是”依然可以辨析出来，而下例作为暗喻，则更为隐晦：

④让我们对土地倾注更强烈的感情吧！因为大地母亲的镣铐解除了，现在就看我们怎样为我们的大地母亲好好工作了。

（秦牧《土地》）

“大地母亲”是同位语，在前一分句中为同位定语，后一分句中为同位宾语，意思都是“大地即母亲”。“大地”为本体，“母亲”为喻体，喻词“即”没有出现。“大地母亲”作为暗喻，喻底为：

祖国大地生息繁衍了伟大的中华民族。

句中的“因为”意味着还有另外的推论，但不属于暗喻的推论。

暗喻又称隐喻，在比喻研究中具有更重要的价值。作为隐喻，它含蓄、优美，发人深思，耐人寻味。它更是人类语言的一种普遍现象，有人说，在我们的日常会话中，几乎每三句话中就可能出现一个隐喻（这是就“大隐喻”说的）。

值得一提的是，早在古希腊时期，学者们就开始了对隐喻的研究，甚至把隐喻等同于修辞，亚里士多德就曾将一切修辞现象称之为“隐喻性语言”。直到今天，西方修辞学研究的主流仍是这种“大隐喻观”。一些著名的哲学家、语言学家，例如理查兹（I. A. Richards）、雅各布森（R. Jakobson）、布莱克（M. Black）、莱科夫（G. Lakoff）等，都持有这种观点。有人甚至主张，所有语言都是隐喻。

与西方不同的是，中国的修辞学把隐喻（暗喻）只看作比喻的一种，这样的观点，我们不妨称之为“小隐喻观”。事实上，亚里士多德把明喻归入隐喻并不恰当；当代学者把比拟、借代、反语等看成隐喻，理由也不够充分。至于语音修辞如摹音、叠音，语形修辞如对偶、排比，更是同隐喻没有多大关系。所以在这里，我们仍然按照汉语的传统修辞学分类，只是把隐喻（暗喻）看作为比喻的一个类别。

三、借喻

借喻是以喻体代替本体，直接把本体说成喻体，本体和喻词都不出现，是一种最含蓄的比喻。借喻的修辞格式是：借 B 喻 A。例如：

①晓妆新，高绾起乌云。

（杨果《春情》）

句中的“乌云”是喻体，本体为头发，喻词应是“像”，换成明喻即是“头发像乌云”。但在这里，本体和喻词都没有出现，直接用喻体代替本体，说成“高绾起乌云”，所以是借喻。推论为：

晓妆新，高绾起乌云。

乌云不可绾。（情境知识）

∵乌云相似于头发。（情境知识）

∴女人晓妆，头发像乌云一样高高绾起。

“女人晓妆，头发像乌云一样高高绾起”，这是明喻。因为明喻已经揭示了说写者的本意，所以当把暗喻或借喻转换为明喻时，这个明喻就可以看成喻底了。

②一缕彩霞飘过山顶，
落日洒下一河碎银。

（宗鄂《黄昏即景》）

“碎银”是喻体，本体是落日余晖，喻词为“好像”。本体和喻词都没有出现。因为落日余晖和碎银相似，所以借“碎银”来比喻落日余晖。推论的结

论为:

落日在河上洒下碎银般的余晖。

结论含有喻词“般”,是个明喻,亦即这个借喻的喻底。

③现在还没有专门的选家时,这事批评家也做得,因为批评家的职务不但是剪除恶草,还要灌溉佳花,——佳花的苗。

(鲁迅《并非闲话(三)》)

作者把坏作品比作“恶草”,需要“剪除”,把好作品比作“佳花”和“佳花的苗”,需要“灌溉”。这里只出现了喻体,作为借喻,所传达的信息是:

批评家应当批评坏作品,褒奖好作品,扶植优秀的文学青年。

这里的“好作品”和“坏作品”都是评价性说法,作者以“佳花”“恶草”为喻,属于以具体喻抽象,或者说,把抽象事物具体形象化。

借喻由于本体和喻体融合在一起,形象而含蓄,简明洗练,给听读者留下了丰富的想象空间;又由于本体和喻体的关系密切,在特定的修辞情境中,即使未见本体,听读者也能轻松愉快地从喻体联想到本体。比如从乌云联想到女人的头发,从碎银联想到落日余晖,而且留下鲜明的印象。至于把坏作品比作“恶草”,把好作品比作“佳花”,则给听读者留下更多哲理的思考。

四、比喻的变式

比喻的基本类型是明喻、暗喻(隐喻)和借喻三种,但是由基本类发展或演变而成的比喻很多,我们称之为比喻的变式。

1.博喻

博喻是由两个以上的喻体来说明或描绘一个本体的比喻,为的是把比喻运用得更为充分。结构公式是:

$$本体+喻词+喻体_{2-n}$$

例如:

①春天像刚落地的娃娃,从头到脚都是新的,它生长着。

春天像小姑娘,花枝招展的,笑着,走着。

春天像健壮的青年,有铁一般的胳膊和腰脚,领着我们上前去。

(朱自清《春》)

此例由“刚落地的娃娃”“小姑娘”和“健壮的青年”三个喻体来描绘“春天”这个本体,所以是博喻。喻底为:

春天生机盎然，随着时序而活力倍增。

春天给人以新奇感、愉悦感，令人陶醉和神往。

这是明喻的博喻。

②这《孩儿塔》的出世并非要和现在一般的诗人争一日之长，是有别一种意义在。这是东方的微光，是林中的响箭，是冬末的萌芽，是进军的第一步，是对于前驱者的爱的大纛，也是对于摧残者的憎的丰碑。

（鲁迅《白莽作〈孩儿塔〉序》）

此例由六个喻体来说明本体《孩儿塔》。喻底为：

《孩儿塔》的意义在于它的战斗性和正义感。

这是暗喻的博喻。暗喻部分中的例③也属于博喻。

2. 倒喻

倒喻也称逆喻，把本体和喻体关系颠倒过来，喻体在前，本体在后。结构公式为：

喻体＋喻词＋本体

例如：

③上海人叫小瘪三的那批角色，也很像我们的党八股，干瘪得很，样子十分难看。

（毛泽东《反对党八股》）

在前的“小瘪三”是喻体，在后的“党八股”是本体，实际是说，党八股很像小瘪三。喻底为：

党八股干瘪得很，样子十分难看。必须反对党八股。

此例是明喻。倒喻也可以是暗喻。

3. 反喻

比喻一般都是用肯定的语气从正面说明本体，而反喻则是用否定语气来说明本体的。结构公式为：

本体＋不像（不是）＋喻体

例如：

④秋并不是名花，也并不是名酒，那一种半开、半醉的状态，在领略秋的过程上，是不合适的。

（郁达夫《故乡的秋天》）

喻底为：

秋天是另一种情趣。

反喻强调本体和喻体不相似的一面，同样能唤起听读者的联想，让听读者进行一些有意义的推论。

4.曲喻

曲喻是这样一种比喻:从喻体的某一方面转移、联想到另一方面,再通过转移、联想,使喻体和本体产生相似关系。因为转了一个弯子,故名“曲喻”。结构公式为:

本体(喻体)+转义词+喻体(本体)

例如:

⑤她的眼睛并不顶大,可是灵活温柔,反衬得许多女人的大眼睛只像政治家说的大话,大而无当。

(钱锺书《围城》)

“大眼睛”和“大话”本来没有什么联系,说写者借助于转义词“大”,使二者构成某种相似的关系,转弯抹角地表达了所要表达的意思:

许多女人的大眼睛大而无当。

她那不大的眼睛却也很美。

此例的结构式为:本体+转义词+喻体。当然也可以是:喻体+转义词+本体。

5.互喻

互喻是本体和喻体互相设喻的比喻。在互喻里,先用喻体比喻本体,再用本体比喻喻体。结构公式为:

本体+喻词+喻体,喻体+喻词+本体

例如:

⑥有人设喻,沙丘像凝固了的大海,大海像涌动着的沙丘。

(杨闻宇《沙丘鸣钟》)

“沙丘”在前一分句中是本体,后一分句中是喻体,“大海”在前一分句中是喻体,后一分句中是本体,彼此互喻。喻底为:

沙丘非常像大海,只是略有不同。

此例“沙丘”和“大海”互相设喻,更增进了沙丘的形象性,增加了文章的感染力。

6.兼喻

兼喻,喻体同时兼任本体。结构公式为:

本体+喻词+喻体(兼本体)+喻词+本体

例如:

⑦独上江楼思渺然,月光如水水如天。

(赵嘏《江楼感旧》)

“水”是前一比喻的喻体，又是后一比喻的本体，一身二任。喻底为：

江景清丽绝俗，让人尽情陶醉。

幽深的苍穹在脚下浮涌，意蕴深远。

此例属于比喻和顶真的兼格，又称顶喻。由于兼有顶真格的特点，所以结构严密，语势贯通，音律优美。

7. 回喻

回喻，先提出喻体，然后否定喻体，最后引出本体。一般结构为：

喻体＋否定性喻词＋本体

例如：

⑧在正对面的山腰中，有一大块白云，慢慢的浮动。仔细一看，那不是白云，而是羊群。

（杜宣《井冈山散记》）

“白云”是喻体，“羊群”是本体，“不是”是否定性喻词。“不是”为事实上的否定，作为比喻，它恰好说明了喻体和本体之间的相似性。喻底为：

那羊群很像白云。

即转换后的明喻。这种迂回设喻的方法，给人一种“不似春光，胜似春光”的意味。

8. 引喻

引喻，由本体或喻体中的一方引出另一方，通常没有喻词。结构公式为：

本体（喻体）＋喻体（本体）

例如：

⑨他成了一个踽踽独行，形单影只，自言自语，孤苦伶仃的畸零人。长空里一只孤雁。

（徐迟《哥德巴赫猜想》）

“畸零人”是本体，“孤雁”是喻体，由本体引出喻体。喻底为：

他踽踽独行，形单影只，自言自语，孤苦伶仃。

这是：本体＋喻体。当然也可以是：喻体＋本体。

比喻的变式很多，《汉语修辞格大辞典》列出了21种，《修辞通鉴》也列出了19种。我们在这里只举其要者，其他就不讨论了。

这些比喻变式的修辞意义，除具有比喻的一般意义外，在一定意义上更加强化了辞格的某些特征。具体说来：

第一，使对象事物的某些特征更加突出。比如博喻，白莽《孩儿塔》不同于一般诗作的特征是什么？鲁迅用了一连串的比喻：它是东方的微光，是林中的响箭，是冬末的萌芽，是进军的第一步，是对于前驱者的爱的大纛，也是对于摧残者的憎的丰碑。这样就十分鲜明地显示了诗作的战斗性和正义感，给读者以最深刻的印象。又如互喻，把沙漠和大海互相作比，突出沙漠浩瀚无垠的特征。再如回喻，把羊群比作白云，先提出喻体，然后否定喻体，最后引出本体，更加突出羊群白茫茫连成一片的特征。这些复杂化了的比喻，都起到了突出对象事物特征的良好作用。

第二，更能激发听读者丰富的联想。比如反喻，秋是什么样子，作者说："秋并不是名花，也并不是名酒，那一种半开、半醉的状态，在领略秋的过程上，是不合适的。"那么它是什么？说写者没有正面回答，却给我们留下了丰富的联想空间，比如秋高气爽、硕果累累等等。又比如兼喻，"月光如水水如天"，激发了我们多少想象，更是难以用言语表达出来的。

第三，使言语更为生动形象，更带有感情色彩。比如作家朱自清用博喻把春天比作刚落地的娃娃、小姑娘和健壮的青年，真是生动极了，形象极了，给读者以无比亲切的感受。又比如毛泽东把上海小瘪三倒喻为党八股，不仅生动形象，而且风趣幽默，令人忍俊不禁。

比喻变式除这些一般的辞格意义以外，还有各自的特点。比如博喻宏大，引喻起兴，倒喻奇崛，互喻、兼喻联绵，反喻、曲喻、回喻更多一层曲折，它们各有妙招，只要运用得当，都会使文章生色，获得更佳的修辞效果。

第二节　联想型辞格：其他

一、比拟

比拟是这样一种修辞格：说写者故意把人当作物，把物当作人，或者把此物当作彼物，把抽象概念当作人或物来描绘，用以唤起听读者的联想，推出相关联的本来意义。

比拟是一种关系，即本体事物 A 和拟作事物 B 之间具有关系 R，在特定的修辞情境 C 中，听读者可以从 B_i 推出 A_i。比拟推论的公式为：

$$C(B 拟 A, B_i, 所以 A_i)$$

比拟关系 B 拟 A，亦即 A、B 两事物之间具有可拟性，它是比拟修辞的本质特征。不过比拟关系的可拟性比起比喻关系的相似性更多了一些主观成分，也就是说，比拟推论的可靠性程度低于比喻推论。例如：

①你？你有了本事啦！你尾巴翘上了天！

（张天民《路考》）

人怎么会有尾巴呢？作者是把一个骄傲的青年比拟为有尾巴的狗，所以说他“尾巴翘上了天”。这是比拟（也是夸张），骄傲情绪为本体事物，狗尾巴为拟作事物。在比拟修辞里，由于本体不出现，“尾巴翘上了天”成为句子的“焦点”，人是“框架”，亦即情境。人们在框架中联想，通过焦点推出相关联的本来意义。这个推导过程是这样的：

你尾巴翘上了天。

人无尾巴。（情境）

⊢人不可能把尾巴翘上天。（遭遇逻辑障碍）

设：把人的骄傲情绪拟作狗尾巴。（比拟）

⊢“尾巴翘上天”意味骄傲情绪严重。（心理联想）

∴“你”的骄傲情绪已经非常严重了。

例①推论的结论就是这句话的本来意义。

在“大隐喻论”里，“比拟”也是一种隐喻。那么，人的骄傲情绪和狗尾巴有相似性么？狗在兴奋时会翘尾巴，人在骄傲的时候也会趾高气扬，有那么一点儿相似。不过，比拟毕竟不同于比喻，作为辞格，拟作事物不是喻体，比拟关系主要不在于相似性而在于可拟性，两者的区别是明显的。

比拟有拟人和拟物两个类型。

1. 拟人

拟人，也叫“人格化”，是把人外的物当作人来描写，赋予它以人的思想感情或某种品格。例如：

②他气极了，跑过去照牛的后腿就是一拳。那牛挨了一拳，对他瞪了瞪眼，心里有点糊涂：一不是挡路，二没有偷吃，是叫自己走吧，绳子它是拴在木桩上的。于是那牛抱着一种“大事化小，小事化了”的态度，自己挤了挤眼睛，就算了

（欧阳山《黑女儿和他的牛》）

那牛“心里有点糊涂”和“抱着一种‘大事化小，小事化了’的态度”是焦点，“牛”是框架，推论为：

牛是牲畜。（背景知识）

心里糊涂，抱着某种态度属于人的心理。（背景知识）

⊢牛不可能具有人的心理。（遭遇逻辑障碍）

设：以牛拟人。（情境假设）

⊢牛很驯服，具有像人一样的忍耐、宽容精神。（心理联想）

推出的结论亦即说写者所要表达的本来意义。这是以动物拟人,把牛人格化了。

③街上非常热闹。电车不慌不忙地跑着,客客气气地响着铃铛——一点也不着急,好象说:

“借光。呃,借光。”

(张天翼《去看电影》)

“不慌不忙地跑着,客客气气地响着铃铛——一点也不着急,好象说”是焦点。比拟推论的结论是:

电车像人一样从从容容,文质彬彬。

“好象说”一句是兼格,兼有比喻、摹声和比拟。这是以无生命的物拟人。

④不管经历了多少磨难,
都应该像每一个春天一样,
总相信前面是醉人的时光,
一个失望身后,站着无数个希望。

(彭国梁《我拉起绿色窗帘》)

这个比拟推论的结论为:

希望永存,只需要乐观向上。

这是把抽象事物人格化,即以抽象事物拟人。

2. 拟物

拟物是把人拟作物,或把此物拟作彼物的比拟修辞格。例如:

⑤金色的太阳照耀着金色的麦浪,
丰收的歌儿在田野里荡漾;
维吾尔族姑娘插上金色的翅膀,
在广阔的田地里飞翔。

(阿不都热西提《女拖拉机手》)

用翅膀飞翔本来是鸟类的行为,这里将其赋予维吾尔族姑娘,我们运用联想可以推出以下的结论:

维吾尔族姑娘驾驶拖拉机,在田野上奔驰。

这是以人拟物。

⑥黄河沿有一幢小楼,楼前挂着牌子:“淮海地区文工团”。团不大,五脏俱全。

(王安忆《舞台小世界》)

文工团属于文艺团体,本来不应当有五脏,推论的结论应是:

文工团所属各部门应有尽有。

这是以无生物拟动物。

⑦还有一问，是："公理"几块钱一斤？

（鲁迅《"公理"之何在》）

公理自然是不能以斤两来出售的，推论为：

公理无价。"战胜者有公理"只是一种讽刺。

这是以抽象概念拟物。

比拟作为一种联想修辞格，具有自己的辞格意义：

第一，突出对象事物的某些特征。比如骄傲者的张扬，耕牛的驯服，电车的节奏，公理无价，等等，这些事物的特征无不在比拟中得到彰显。

第二，借物抒情。比如维吾尔族姑娘驾驶拖拉机在田野上像鸟儿一样飞翔，比如把"失望"说成"一个失望身后，站着无数个希望"，寓情于物，渲染了气氛，加强了文章的形象性和感染力。

第三，语言饶有趣味。比如把骄傲自满的人比作把尾巴翘上天的小狗，把牛比作犯了糊涂而又能够宽容的人，让听读者不禁莞尔而笑。电车不慌不忙地跑着，客客气气地响着铃铛——一点也不着急，好像说："借光。呃，借光。"读起来饶有趣味。

二、借代

借代辞格是指，说写者不直接说写所要表达的人或事物，而是借用与之密切相关的人或事物来代替。听读者根据情境，可以通过联想推出说写者所要表达的本来意义。

在借代的修辞格中，被替代的人或事物叫"本体"，用来替代本体的人或事物叫"借体"，本体与借体之间为借代关系。具有借代关系的借体必须同本体有现实的直接或间接关系，对本体具有明确的指代性。

"借代"是一种关系，本体 A 和借体 B 之间具有借代关系 R，在特定的修辞情境 C 中，听读者可以通过联想，从 A 推出 B。借代推论的公式为：

C(B 代 A，B，所以 A)

显然，借代推论不同于比拟推论和比喻推论，借代推论只从 B 推出 A，而不是从 B_i 推出 A_i。借代推论只是依据说写者认知和修辞的习惯，更多是说写者的心理因素。因此，作为修辞式推论，它的真实性程度又低于比喻和比拟。但是这里所强调的不是真实性，而是恰当性。例如：

①秃头站在白背心的略略正对面，弯了腰，去研究背心上的

文字。

（鲁迅《示众》）

例子中的“秃头”和“白背心”都是借体，本体是“人”，作者的本意是指那个秃了头的人和穿白背心的人。推导如下：

秃头站在白背心的略略正对面。

秃头是没有头发的头。（背景知识）

白背心是衣服。（背景知识）

⊢“秃头站在白背心的略略正对面”语义失常。

∵秃头与没有头发的人有部分与整体的关系。（背景知识）

∴秃头指没有头发的人。（借代）

∵白背心与穿白背心的人为人与工具的关系。（背景知识）

∴白背心指穿白背心的人。（借代）

∴那个秃了头的人站在那个穿白背心的人的略略正对面。

最后的“所以”为这个借代推论的结论。

借代不同于借喻。借喻的本体与喻体之间具有相似性的关系，而借代的本体与借体之间为借代关系，并不存在相似性。比如“秃头”仅是某人身体的一个部分，与作为个体的人并不存在相似性，一件白背心与这个人也没有相似之处。

借代主要包括旁代和对代两种。例如：

②此去泉台招旧部，旌旗十万斩阎罗。

（陈毅《梅岭三章》）

“旌旗”只是旗帜，不能杀人。这里以“旌旗”代军队，指工农红军，“旌旗”是借体，军队为本体，传达的意思是：

召集十万工农红军的亡灵，推翻阎罗王的统治。

“旌旗”是军队的标志，此例是以事物的标志替代相关事物。例①也属于此类借代。

③何老大娘一共有三个儿女。大儿子在抗日战争中牺牲了。二女儿是个老干部，在福建省工作。老三就是英梅的丈夫，参加志愿军去了朝鲜……最近这些日子，福建照样有信，朝鲜可不来信了。

（康濯《最高兴的时候》）

以“福建”代在福建工作的二女儿，以“朝鲜”代在朝鲜作战的老三，意思是说：

二女儿有信，老三没有来信。

此例以“处所”代相关人事。

以上为旁代。

④两岸青山相对出，孤帆一片日边来。

（李白《望天门山》）

帆是船的组成部分，这里以帆代船，意思是说：

一只帆船从远处航来。

此例是以局部代整体。帆是帆船的标志，也可以看成以标志代相关事物。此外，借代既可以以局部代整体，当然也可以以整体代局部。

⑤正义是杀不完的，因为真理永远存在。

（闻一多《最后一次演讲》）

“正义”属于抽象事物，怎么“杀”呢?，说话人的意思是：

坚持正义的人们是杀不完的。

此例是以抽象代具体。另外，当然也可以以具体代抽象。

以上为对代。

⑥冰冻三尺，非一日之寒。

（谚语）

以“三尺”代“很厚”，以“一日”代“很短时间”，意思是说：

很厚的冰不是短时间结成的。

要办成一件大事，必须付出巨大的劳动。

这句谚语是个隐喻，应为借代和比喻的兼格。

此例以定数代不定数。那么，有没有以不定数代定数? 有的。比如在没有必要说出确定数字的情况下，可以用“一些”代之，所以此例仍然属于对代。

借代的辞格意义在于，突出对象事物的某些特征，比如某人是秃头，某人穿白背心，等等，从而增强语言的形象性，使语言简洁凝练，更富于变化和幽默感。

三、拈连　移就

拈连和移就也都是通过联想的方式推出说写者本意的修辞格式，但与前面所说的比喻、比拟和借代相比却有更多的不同。作为修辞式推论，拈连和移就更带有主观的随意性质，从前提到结论都有“强加”之嫌。它们都是特定修辞情境中的临时行为，不具备稳固的“约定俗成”品格。因此，它们的推论都更强调情境 C 的作用，一旦离开情境 C，推论都不能成立。比起比喻、比拟和借代，拈连和移就推论具有更大的或然性。

1. 拈连

拈连是两事物连说时,把本来只适用于甲事物的词语,顺势拈来用到乙事物上,从而把甲、乙两事物自然地连在一起。拈连由"本体""拈词"和"拈体"组成。本体出现于常规情境,拈词连接本体和拈体,拈体是由拈词连接的新词语,应用于非常规情境,属于变格。拈连的结构公式为:

本体+拈词+拈体

拈连也是一种关系,在特定的修辞情境 C 中,本体和拈体具有可拈的关系 R,听读者可以通过联想,从 A_i 拈出 B_i。推论的公式大体是:

C(R(A,B),A_i,拈出 B_i)

这里是从本体拈出拈体,而不像比喻那样从喻体推出本体,所以公式中 A_i 和 B_i 的顺序是相反的。"拈出"可以勉强说成是弱式推论。不过在修辞式推论中,一般都更强调恰当性,而不是真实性。例如:

①哼!你别看我耳朵聋,——可我的心并不"聋"啊!

(郭澄清《大刀记》)

"耳朵"为本体,"聋"为拈词,"心"为拈体。"耳朵聋"是常规说法,通过拈词"聋"连接了"心聋","心聋"是变格。推论过程是:

我耳朵聋(常规说法)。

我的心并不聋(不合常规)。

∵我的耳聋。

⊢我的耳不健康(背景知识)。

∵我的心健康。

⊢我的心并不聋(拈连)。

设:如果心健康,那就是心里明白。

∴我明白着哩!

推论的结论即说话人的本意。拈连的依据就是"耳"和"心"都有健康或不健康的问题。这是动词性拈连。

②仲秋八月。柿子红了,柿叶儿也红了。

红了树梢,红了山石,红了黑油油的大地,红了淙淙流淌的溪水……

远远望去,山乡像一个红色的大海了。红波荡漾,红光腾起,烧红了蓝天边飘动的朵朵白云,天地间红成了一体……

"柿子"和"柿叶儿"是本体,"红了"是拈词,由此拈出了一系列的拈体。作者的意思是说:

红了的柿子、柿叶成林成片,染红了广阔的空间,构成了一个"红了"的世界。

此例为形容词拈连。

③这是多美丽，多生动的一幅乡村画。作者的笔真像是梦里的一支小艇，在波纹瘦鳒鳒的梦河里荡着，处处有着落，却又处处不留痕迹；这般作品不是写成的，是“想成”的。

（徐志摩《志摩的欣赏》）

这是徐志摩对沈从文小说“市集”的一段评论。作者先“喻”后“拈”，说作者的笔（比喻的本体，也是拈连的本体）像是梦里的一支小艇，然后以“小艇”为拈词，拈出了“在波纹瘦鳒鳒的梦河里荡着，处处有着落，却又处处不留痕迹”。修辞意义是：

小说的艺术犹如天籁，自然清新。

作者将理性的评论化为诗和画的表达。

这是比喻和拈连的兼格。

拈连的辞格意义在于：使上下文联系紧密、自然，激发听读者的联想能力，从而增强语言的生动性和深刻性。

2. 移就

移就是指甲乙两事物相关联，说写者把本来用于描写甲事物的修饰语移来描写乙事物。移就的结构公式为：

B属性＋本体

移就也是一种关系，在特定的修辞情境中，B事物的属性i和本体A之间具有可移的关系R，在特定的修辞情境C中，听读者可以通过联想，把B事物属性i移为A事物的属性。推论的公式大体是：

$$C(R(A,B),B_i,移为\ A_i)$$

“移就”也是一种弱式推论，同样强调的是恰当性，而不是真实性。例如：

①我女人经过的悲哀的足迹，现在由我一步步的在践踏过去！若是有情，怎能不哭呢？

（郁达夫《还乡记》）

“悲哀”是B事物的属性，“足迹”为本体A事物，“悲哀的足迹”就是把B事物“悲哀”的属性移作A足迹的属性。推论是这样的：

悲哀的足迹。

悲哀是人的感情。

足迹是物象。

⊢足迹不可能悲哀。

∵悲哀的人视物，物也悲哀。（心理）

∴足迹也是悲哀的。（移就）

这是把人的属性移作物的属性，也就是给物赋予人的感情。

②咸味的海风带来咸味的回忆。年年载不动许多愁的海轮，如今带着我和新婚的妻子驶上这条航道。

（孔捷生《绿色的蜜月》）

推论的结论为：

往事不堪回首。

这是把物的属性移作人的属性。

③驴背上，驮着一片忧郁而清冷的月光。

（张贤亮《河的子孙》）

结论为：

月光下夜归人心境幽深。

"忧郁"属于人的情感，"清冷"是物的属性，此例既赋予月光人的感情，又把其他物的属性给予了月光。

移就的辞格意义在于，在特定的情境中赋予对象事物以特殊的属性，从而增强表达的直觉感受和感情色彩。

第三节　反事实型辞格

一、夸张

"反事实型辞格"的意思是说，在特定的修辞情境中，句子字面上明显地违反事实，是个虚假命题，但实际是说写者要听读者透过语表的"反事实"来理解话语的本意，亦即"语里"。从修辞式推论的意义上说，如果语表为明显的假命题而另有含义，可以根据修辞情境，推出相关联的本来意义。一般模型为：

$$C(\neg p \vdash q)$$

C 为修辞情境，¬p 为字面上假命题，q 为说写者所要表达的本来意义。模型的意思是说，在特定的修辞情境 C 中，可以从假命题 p（也就是命题¬p）推出 q。

夸张、反语和倒辞都属于反事实型辞格。

夸张是人们常用的一种修辞方式：说写者故意言过其实，给出假命题¬p，让听读者根据情境 C 推出修辞者的本意 q。夸张推论中的 q，不是 p，也不是¬p，而是跟假命题 p 相关联的说写者本意命题。

夸张的“言过其实”，虽然表面上具有“反事实”的特征，但事实上仍然是以客观事实为基础的，而不是信口开河。正如鲁迅所说：“‘燕山雪花大如席’，是夸张，但燕山究竟有雪花，就含着一点诚实在里面，使我们立刻知道燕山原来有这么冷。如果说广州雪花大如席，那可就变成笑话了。”①此外，夸张应当鲜明，使听读者意识到这是夸张，而不致误解为事实，否则修辞失败。夸张辞格中的“反事实”，在字面上是一种“艺术真实”，而不是客观的真实性问题。

夸张辞格可以分为两大类：扩大和缩小。

1. 扩大

说写者故意地扩大事物的情状，是为扩大型夸张。例如：

①冯结巴用了近一个世纪的光景才把一个语意完全表达出来：看新娘子才三天热闹劲儿。你仰起脸让他们看个够，不就结啦！

（肖克凡《黑砂》）

哪里会有人表达一个完全的语意，竟然“用了近一个世纪的光景”？这是一种扩大型夸张。推导如下：

冯结巴用了近一个世纪的光景才把一个语意完全表达出来。

冯结巴不可能用近一个世纪才表达一个完全的语意。（背景知识）

⊢说话人语意失常。（p 且 ¬ p）

∴要么说话人说谎，要么传达某种含义。（合作原则）

∵如果说话人无意说谎，则是一种夸张的说法。（修辞知识）

没有理由认为说话人说谎。（情境）

∴这是夸张说法。（假言推理）

如果是夸张，则说话人意在形容冯结巴结巴得厉害。（情境假设）

∴说话人意在形容冯结巴结巴得厉害。

“意在形容冯结巴结巴得厉害”即是说话人的用意。这是时间夸张，把事情经历的时间极度扩大。

②说时迟，那时快，薛霸的棍恰举起来，只见松林背后，雷鸣也似一声，那条铁杖飞将来，把这一水火棍一隔，丢去九霄云外，跳出一胖大和尚来，喝道：“洒家在林子里听你多时！”

（《水浒》第八回）

这段话有两处夸张：一是“雷鸣也似一声”，二是“把这一水火棍一隔，丢去九霄云外”。它们的本意分别是：

① 鲁迅：《漫话“漫画”》，《且介亭杂文二集》，人民文学出版社 1973 年版，第 15 页。

鲁智深的怒吼,响彻野猪林的上空。

鲁智深力大无穷,把薛霸的水火棍丢出去老高老高。

前者为程度夸张,是夸张和比喻的兼格。后者也是程度夸张,同时也是空间夸张。它们都属于扩大型的夸张。

③杨家有女初长成,养在深闺人未识。天生丽质难自弃,一朝选在君王侧。回眸一笑百媚生,六宫粉黛无颜色。

(白居易《长恨歌》)

"回眸一笑百媚生,六宫粉黛无颜色"为程度夸张。意思是说:

杨贵妃美丽之极。在杨贵妃面前,六宫美女都显得不漂亮了。

"粉黛"指女子化妆用品,这里借代宫女,所以此例为夸张和借代的兼格。

④"你这烟不错,是蛟河烟。没错,是蛟河烟。"

"嗬,行家嘛!你什么时候学会抽烟的?"

"在娘肚子里我就会抽两口了。"

(陈放《白与绿》)

在娘肚子里就会"抽两口",天晓得!说话人的意思是说:

"我"的烟龄可长啦!你相信么?

有些学者把此例看成有别于扩大夸张和缩小夸张的第三种类型:超前夸张。其实,这也属于时间的扩大夸张,没有必要另立一个类型。

2.缩小

说写者故意缩小事物的情状,是为缩小型夸张。例如:

①是的,那么小的一个小城,就是城东一个人放个屁,城西的人也会嚷嚷臭不可闻。

(张洁《祖母绿》)

城东一个人放屁,城西的人也叫臭,世界上哪有这么小的城呢?这属于缩小型夸张。推导如下:

城东一个人放个屁,城西的人也会嚷嚷臭不可闻。

世界上没有这样小城。(背景知识)

如果说话人无意说谎,则是一种夸张的说法。

没有理由认为说话人说谎。

∴这是夸张说法。

如果是夸张,则说话人意在形容小城小得可怜。

∴说话人意在形容小城小得可怜。

"小城小得可怜"应是说话人的本意。此例为空间的缩小型夸张。

②我从乡下跑到京城里,一转眼已经六年了。

(鲁迅《一件小事》)

"一转眼"只是瞬间，怎么会是漫长的六年呢？作者的意思是说：

匆匆忙忙，不经意间斗转星移、物是人非。

此例为时间的缩小型夸张。

③可是更妙的是三五月明之夜，天是那样的蓝，几乎透明似的，月亮离山顶，似乎不过几尺……

（茅盾《风景谈》）

月亮和山顶的距离怎么会"不过几尺"呢？作者所要表达的是：

蓝天、明月、高山，天地相接，一幅美妙的图画。

此例也是空间的缩小型夸张。

夸张的辞格意义在于：用夸张的手法突出对象事物的某个特征，比如时间的长短、空间的广狭、程度的大小、数量的多少，等等，给听读者以强烈、深刻的印象，从而收到更好的修辞效果。

二、反语

反语是说写者使用与本意相反的语句来表达本意的修辞格式。这个"与本意相反的语句"为假命题 p，即 $\neg p$，本意为命题 q，听读者可以根据情境从 $\neg p$ 推出 q。这里的 p 和 q 也是对立关系。

反语一般用来揭露、讽刺或者嘲弄，更多地用于对立面的斗争，但也可以用于友人之间，乃至自我。

反语可以分为两类：反意正说和正意反说。

1. 反意正说

反意正说是指字面上为正面或褒扬的话，而实际所表达的却是反面或贬抑的意思。例如：

①有几个"慈祥"的老板到菜场去收集一些菜叶，用盐一浸，这就是她们难得的佳肴。

（夏衍《包身工》）

文章说有几个老板"慈祥"，但所做的事情却很不"慈祥"，因此是反意正说。可以推导如下：

老板慈祥。

∵凡做这种事的人不慈祥。（情境）

老板做这种事。

$\vdash$老板不慈祥。（三段论）

设：如果说话人不是不明事理，则他说的是反语。（修辞知识）

说话人明白事理。(情境)

∴说话人说的是反语。

如果是反语,则说明老板对待包身工很残忍。

∴老板对待包身工很残忍。

作者把“慈祥”二字加上引号,实际上就意味着老板并不慈祥。此例为揭露型反语。

②当三个女子从容地辗转于文明人所发明的枪弹的攒射中的时候,这是怎样的一个惊心动魄的伟大啊!中国军人屠戮妇婴的伟绩,八国联军惩创学生的武功,不幸全被这几缕鲜血抹杀了。

(鲁迅《记念刘和珍君》)

句子中的“文明人”“伟大”“伟绩”“武功”都是反意正说。作者所要表达的意思是:

反动政府镇压学生运动残忍至极,罪责难逃。

此例为讽刺型反语。讽刺是应用最多的一种反语。

③(他,父亲)又嘱托茶房好好照应我。我心里暗笑他的迂:他们只认得我,托他们只是白托!而且我这样大的年纪的人,难道还不能料理自己么?唉,我现在想想,那时真是太聪明了。

(朱自清《背影》)

作者说他“那时真是太聪明了”,是反意正说。本意为:

我那时自作聪明,实际是太糊涂了。

此例为自嘲型反语。作者进行自我嘲讽,也是一种忏悔。

2. 正意反说

正意反说是指字面上为反面或贬抑的话,而在实际上却是正面或褒扬的意思。这样的反语同样表达嘲讽或者内心的悲哀。

①我早已想写一点文字,来记念几位青年的作家,这并非为了别的,只因为两年以来,悲愤总时时来袭击我的心,至今没有停止,我很想借此算是竦身一摇,将悲哀摆脱,给自己轻松一下,照直说,就是我倒要将他们忘却了。

(鲁迅《为了忘却的记念》)

“将悲哀摆脱,给自己轻松一下”“我倒要将他们忘却”都是正意反说,实际上并非真的要将他们忘却,将悲哀摆脱,给自己轻松一下,而是:

把对这几位烈士的情感深深地埋入心底。

这样的反说,表达了说话人内心更深层次的悲哀。

杂剧《赚蒯通》,写萧何杀了韩信,又把韩信的谋士蒯通抓了来,要他交代与韩信谋反的罪行,而蒯通却数说了韩信有“十罪”和“三愚”:

②（韩信）一不合明修栈道，暗度陈仓；二不合击杀章邯等三秦王，取了关中之地；三不合涉西河，掳魏王豹；四不合渡井陉，杀陈余并赵王歇；五不合擒夏悦，斩张同；六不合袭破齐历下军，击走田横；七不合夜堰淮河，斩周兰、龙且二大将；八不合广武山小会战；九不合九里山十面埋伏；十不合追项王阴陵道上，逼他乌江自刎。

韩信收燕赵，破三齐，有精兵四十万，恁时不反，如今乃反，是一愚也。汉王驾出成皋，韩信在修武，统大将二百余员，雄兵八十万，恁时不反，如今乃反，是二愚也。韩信九里山前大会战，兵权百万，皆被掌握，恁时不反，如今乃反，是三愚也。

（《赚蒯通》）

这里的“十罪”和“三愚”都是正意反说，实际所要表达的是：

韩信为汉室立下汗马功劳。

韩信忠诚于汉室，死得冤枉。

此例为嘲弄型反语。

反意正说是反语中最常用的形式，而正意反说则不常用，但也有范例。

反语的辞格意义在于：蕴含更为深刻的思想和强烈的情感。

三、倒辞

倒辞是一种颠倒词义的修辞格式，用无情或贬义的话来表达深情或褒义的本意。倒辞类似于反语中的正意反说，但没有嘲弄讽刺的意味。

倒辞中与本意相反的语句也是假命题 p，即 $\neg p$，本意为命题 q，听读者可以根据情境从 $\neg p$ 推出 q。例如：

①就是这双手，曾多么激动地烫人地抚摸过自己……她的心颤抖了一下，一缕带有酸楚的柔情从心里升起，心猛地跳了起来，热血一直冲到脸部。她吃了一惊，难道自己还在爱着这个冤家。

（鲁彦周《彩虹坪》）

从字面上说，“冤家”是指仇人，但就“倒辞”的修辞而言，它是指深深爱着的人。说得更为准确一些，是似恨而实爱的人。可以推论如下：

“我”还爱着这个“冤家”。

“冤家”是仇人。（背景知识）

他不是仇人。（情境）

如果他不是仇人，则他是“我”深爱的人。（倒辞）

∴他是“我”深爱的人。

∴“我”还深爱着这个人。

∴“我”还爱着这个似恨而实爱的人。

古语云“不是冤家不聚头”,也就是在这个意义上说的。

②几个女人有点失望,也有点伤心,各人在心里骂着自己的狠心贼。

(孙犁《荷花淀》)

“狠心贼”在句中作为倒辞,整个句子的意思是说:

女人们在心里埋怨着深爱自己的人。

③最后,张腊月无可奈何地笑骂道:“我现在才认识你,你是个顶坏顶坏的女人啊!”她们两人,虽说只相处了一天,可她们的友谊是那样真诚深厚……

(王汶石《新结识的伙伴》)

张腊月的意思是说:

你是个顶好顶好的女人。

④丁四:(穿)怎样?

娘子:挺好!

大妈:就怕呀,一下水就得抽一大块!

丁四:大妈,您专会说吉祥话儿!

丁四的意思是说:

大妈,您怎么说不吉祥话儿呢?

⑤我于是日日盼望新年,新年到,闰土也就到了。好容易到了年末,有一日,母亲告诉我,闰土来了,我便飞跑去看。

作者的意思是说:

“我”好不容易盼来了闰土。

倒辞的辞格意义在于:语言活泼而有风趣。

修辞学常把反语和倒辞合称“倒反”,因为彼此相近,这当然可以;不过既然有别,还是分开为好。

第四节 双义型辞格

一、双关

语义辞格一般都有语表和语里的区别,如果语义辞格的语表除直接意义以外，还有另一意义，那就是双义型辞格，可以从语表推出语里。一般公式为：

$$S = p_1 \wedge p_2, p_1 \vdash p_2$$

S 表示句子。双义型辞格有语表和语里两层意义 p_1 和 p_2，重点在 p_2，所谓"言在此而意在彼"，从 p_1 可以推出 p_2。双义型辞格的语表不是明显的假命题，所以不同于反事实型辞格；它的语表和语里也不具有类比性关系，所以又不同于联想型辞格。

双关是典型的双义型辞格。双关辞格指说话人有意用一个语句表达语表和语里两个命题，其语里就是说写者着意传达的某种含义。

双关辞格主要表现为谐音双关和语意双关。例如：

①大总统，洪宪年，
正月十五卖汤圆。

（民歌）

这首民歌表面上说的是一种民间的风俗习惯，与政治无关，而在实际上却是一个极为巧妙的政治命题。可以推论如下：

正月十五卖汤圆。（民间习俗）
与大总统袁世凯何干？（不合逻辑）
∵汤圆又名元宵。（背景知识）
"元宵"与"袁消"谐音。（修辞知识）
∴"正月十五卖汤圆"意味袁世凯消亡。（双关）

"正月十五卖汤圆"为语表，"袁世凯消亡"为语里，亦即推论的结论。此例为谐音双关。

②夜正长，路也正长，我不如忘却，不说的好吧。

（鲁迅《为了忘却的记念》）

"夜正长，路也正长"，表面上都是自然界的现象，而在实际上都另有含义，推论的结论为：

社会黑暗还将持续，革命者征途万里。

此例为语意双关。

③空对着，山中高士晶莹雪，
终不忘，世外仙姝寂寞林。

（《红楼梦》第五回）

"雪"指薛宝钗，"林"指林黛玉。意思是说：

贾宝玉虽然娶了薛宝钗但没有爱情，他始终怀念着深爱的林黛玉。

"雪"与"薛"谐音，上句为谐音双关。"林"指林黛玉，不是谐音，树林与林黛玉也没有意义上的联系，好像也不是语意双关，那么它是什么呢？有人另外提出“同字双关”,因此“世外仙姝寂寞林”可以归入同字相关。

④一切似乎又平静下去,一切跟平常一样,一切似乎都是外甥打灯笼,照舅。

(周立波《暴风骤雨》)

“外甥打灯笼——照舅”是个歇后语,语表是说,外甥打灯笼,给舅舅照亮,语里是说:

一切照旧,跟平常一样。

这应是双关和歇后的兼格。

双关的辞格意义在于:使语言表达得含蓄、巧妙、幽默,且能加深语意,给人以深刻的印象。

二、飞白

飞白是故意实录说话人的错误表述,以传达某种含义。

并非所有的飞白修辞都能够表达双义。请比较:

①一日,公子有谕仆帖,置案上,中多错谬:“椒”讹“菽”,“姜”讹“江”,“可恨”讹“可浪”。女见之,书其后:“何事‘可浪’?‘花菽生江’。有婿如此,不如为娼!”

(《聊斋志异·嘉平公子》)

②外面街上走过几个青年,把脸贴着玻璃看了一会,怪声怪气地唱道:“哎哟——小妹妹唱歌郎弹琴……”

那一曲正好终,我便好奇地问他,“他们唱什么狼弹琴,狼难道会弹琴吗?狼弹琴,我才不唱哩!”

(张抗抗《橄榄》)

两例都是飞白。前例实录了公子的别字,属于字形或字音的飞白,虽然也能传达含义,但不属于“双义”。而“何事‘可浪’?‘花菽生江’”字面上不能构成“意义”,更不属于双义型辞格了。然而后例就不同了:后例的“狼弹琴”和“郎弹琴”都有意义,为谐音语义飞白,属于双义型辞格。例②可以推导如下:

狼弹琴。(不合逻辑)

∵弹琴者与小妹妹唱歌对举。(情境)

∴应为“郎弹琴”。(上下文)

设:“我”或者故意或者无知。

“我”并非故意。

∴“我”由于无知,把“郎弹琴”误为“狼弹琴”。

结论就是作者使用飞白辞格所要表达的本意。歌词原句应为“小妹妹唱歌郎奏琴”，小青年唱成“郎弹琴”，这也属于语义飞白，表现了一些青年人玩世不恭、乱改歌词的德性。

下面再举一例：

③为接续上祖宗的香火，喜凤母女不计较钱财，甚至也不计较他同赵巧英的瓜葛。年轻时光，谁个又没有过一番风流？乱（恋）爱乱爱！男人女人，卷到一个被筒里，也乱了，也爱了！

（郑义《老井》）

当事人把“恋爱”的“恋”误读为“luán”，然后曲解为“乱”，构成“乱爱”和“恋爱”的双义。所要表达的意思是：

当事人错误地理解了“自由恋爱”的含义。

此例为曲解、谐音和飞白的兼格。

飞白辞格的修辞意义在于：一是存真，二是增趣。由于记录了真情实况，从而增加了语言的幽默和谐趣。

三、曲解　别解

曲解和别解也都能构成语表和语里的双义型修辞，并且意在语里意义。

1. 曲解

曲解是指说写者故意利用同音词或多义词对某些词语做背离原意的解释。曲解由本义和曲解义构成双义，其与双关的区别在于：双关双义并取，重在后义，而曲解则只取后义。曲解与飞白的区别是，飞白的说话人并非出于故意。此外，曲解义都是临时性的，这也不同于双关和飞白。例如：

①“要点菜吗？看黑板，都写着咧。”

“同志，我想要两只苏州名菜。”

“名菜，每一只菜都有名字。”

（陆文夫《美食家》）

“名菜”本义是“著名的菜肴”，“每一只菜都有名字”为曲解义。推论如下：

名菜就是著名的菜肴。（定义）

名菜不是有名字的菜。（常识）

设：把名菜说成“有名字的菜”出于故意。

如果故意，则说话人缺乏服务精神。

∴说话人缺乏服务精神。

“说话人缺乏服务精神”是结论,也就是推出的意义。

②照文法而论,这样的国民大会的选举人,应称为“选举人者”,而“被选举人”,应称为“被选之举人”。但是,如果不扮,还成艺术么?因此,他们得扮成宪政国家的选举的人和被选举的人,虽则实质上还是秀才和举人。

(鲁迅《伪自由书·最艺术的国家》)

“选举人”应为“选举/人”,而不是“选/举人/的人”;“被选举人”也不是“被选之/举人”。作者曲解后的推论意义是:

国民大会的民主是虚伪的。

作者接着上文写道:“这草案的深意就在这里:叫民众看见民权,而民族祖宗看见的是忠孝——忠于固有科举的民族,孝于制定科举的祖宗。”从这段话里也可以推出上述结论。作者没有点出这个结论,是为了给读者留下思考的空间。

2.别解

别解是指说写者利用词汇、语法等手段,临时赋予某词语以新的意义。它同曲解一样具有故意性和临时性,但又与曲解不同:曲解一般都是先出现本义,然后出现曲解义,意在扭曲本义,用以嘲讽或戏谑;而别解的本义一般不出现,直接使用别解义,虽然有时也有开玩笑的意味,但是重在别开生面,给听读者以新颖、奇崛的印象。例如:

①我在军机关里散漫邋遢是挂了号的。我天天早晨睡懒觉,有人开玩笑说我是政治部里的“一号卧龙”。

(李存葆《高山下的花环》)

“卧龙”的本义是指诸葛亮,但这个含义没有出现在字面上;这里的“卧龙”指“睡懒觉”,为别解义。可以推论如下:

“卧龙”是诸葛亮。(本义)

“卧龙”指睡懒觉。(新义)

设:如果“卧龙”指睡懒觉,则“我”生活散漫邋遢。

∴“我”生活散漫邋遢。

结论见于上文。这里是对“‘我’生活散漫邋遢”的论证,论证方式为例证法。

②光我们这几个人,几个光杆将军,“空军司令”去搞,那可太麻烦了。

(陈毅《在全国话剧、歌剧、儿童剧创作座谈会上的讲话》)

“空军司令”的本义是空军最高指挥官,但这个含义字面上没有出现;这里是指手下没有兵卒，为别解义。说话人的意思是说：

光靠我们几个人是干不成大事的。

“空军司令”的别解用法已有许多人沿用，逐渐失去其临时性。其他别解或曲解用法也可能出现类似情况。

曲解和别解的辞格意义都在于使语言生动形象，只是曲解多了几分深刻，别解更有一番新意。

四、同语

同语是指句子中主谓词相同的一种修辞方式，根据具体情境，听读者意识到谓词不同于主词的地方，从而推出说写者本来的意思。同语的双义特征表现为外延义和内涵义。同语的结构公式一般为：

A就是A

主词与谓词相同，这在逻辑上称为“同语反复”，因为谓词没有提供新信息，所以属于逻辑错误。然而在语言的实践中，它却是人们常用的一种句型，主词A是就概念A的外延说的，而谓词A则是就A的内涵说的，它提供了新的信息，并非一句废话。例如：

①凯特看了陆风一眼，没说什么，战争就是战争，如果没有死人，那这还能称为战争吗？

（暗夜孤枫《锁月》）

“战争就是战争”，作为同语辞格，可以做如下的推论：

战争就是战争。

├战争$_1$ 等于战争$_2$。（同语反复）

∵战争$_1$ 是事件。（外延）

战争$_2$ 具有残酷性。（内涵）

∴战争$_1$ 不等于战争$_2$。

∴战争是残酷的。

结论就是说写者所要传达的本意。

②不管她信不信，事实总是事实。

（赵树理《田寡妇看瓜》）

推论的结论为：

事实是改变不了的。

这是单提式同语。例①也属于单提式同语，即A是A。

③往年是往年，今年是今年，你当年年一个样？

（周立波《暴风骤雨》）

结论为:

时过境迁,今年不同于往年。

这是对举式同语,结构为:A 是 A,B 是 B。

同语的辞格意义在于:废话不废,而且更能够引发听读者的深思,耐人寻味。

回顾第六、七两章的讨论,读者或许会问:修辞格推论是不是只有语音、语形和语义这三个类别?从语言符号学的意义上说,大体如此。那么,语义辞格是不是只有联想型、反事实型和双义型?那倒未必。比如示现和呼告属于时间或空间错位的修辞,它们似乎是上述三种类型所包括不了的。不过,我们无意继续讨论下去,因为我们重在说明"辞格推论"的方法和意义,而不在于是否穷尽所有的辞格。

有些辞格的推论,在下面两章中还会讨论到。

第八章　文本修辞

第一节　文本的修辞式推论

一、文本的修辞和推论

一般说来，文本是指大于句子的语言单位：句群、语段乃至语篇，包括口头语言和书面语言。这里有前提“一般说来”，也就是说，有时候一个句子甚至小于句子的短语也可以看作一个文本。

文本同时为文章学、修辞学和逻辑学所研究，但各自研究的角度不同。文章学研究文本的写作方法，仅限于书面语言；修辞学研究在文本中如何“达意传情”，不限于书面语言；逻辑学研究文本所传达的意义，对于修辞来说，研究文本的修辞式推论。例如：

①十年春，齐师伐我。公将战。曹刿请见。其乡人曰：“肉食者谋之，又何间焉？”刿曰：“肉食者鄙，未能远谋。”乃入见。问：“何以战？”公曰：“衣食所安，未敢专也，必以分人。”对曰：“小惠未徧，民弗从也。”公曰：“牺牲玉帛，弗敢加也，必以信。”对曰：“小信未孚，神弗福也。”公曰：“小大之狱，虽不能察，必以情。”对曰：“忠之属也，可以一战。战则请从。”

公与之乘。战于长勺。公将鼓之，刿曰：“未可。”齐人三鼓，刿曰：“可矣。”齐师败绩。公将驰之。刿曰：“未可。”下视其辙，登轼而望之，曰：“可矣。”遂逐齐师。

既克，公问其故。对曰：“夫战，勇气也，一鼓作气，再而衰，三而竭。彼竭我盈，故克之。夫大国难测也，惧有伏焉。吾视其辙乱，望其旗靡，故逐之。”

（《古文观止·曹刿论战》）

这是一个文本，选自《左氏春秋》，说的是鲁庄公十年，鲁国和齐国之间的一场战争——长勺之战。文本是比句子更大的语言单位，传达比句子更为完整的信息。此例作为文本，我们可以从文章学、修辞学和逻辑学三个不同的角度进行一些讨论。

从文章学的意义上说，本文为记叙文，按时间顺序记述了长勺之战的完整过程。文章的主旨是写平民曹刿如何帮助鲁庄公打赢这场战争。文章分为三个自然段：第一段写曹刿与鲁庄公的对话，强调人心向背是决定战争胜负的首要条件；第二段写鲁军从反攻、追击到最后胜利的过程；第三段写战争胜利的原因。其他还有如何开头、结尾等等。

从修辞学的意义上说，本文的题旨是写曹刿的远谋和智慧，情境为长勺之战及其前因后果。"肉食者鄙，未能远谋"为文眼。以"将战""将鼓""将驰"为线索，有两个二分格：前一个"将战"，一事分说，后一个"将鼓""将驰"，又一个二分格，两事合说。前者先解后做，后者先做后解。通篇叙议兼行，前面为庄公与曹刿对白，后面是曹刿独白。全文叙事清晰，议论精到，简洁生动，在章法和技法上都取得了极大的成功。

从逻辑的意义上说，本文有许多推论。

因为"肉食者鄙，未能远谋"，所以我要为庄公谋之。

因为小大之狱，虽不能察，必以情，忠之属也，所以可以一战。

因为战争需要勇气，一鼓作气，再而衰，三而竭，彼竭我盈，所以克之。

因为大国难测也，惧有伏焉。吾视其辙乱，望其旗靡，所以逐之。

以上为立论。文中还有两处驳论：

庄公说：衣食所安，未敢专也，必以分人。可以战。

曹刿说：小惠未徧，民弗从也。不可以战。

庄公说：牺牲玉帛，弗敢加也，必以信。可以战。

曹刿说：小信未孚，神弗福也。不可以战。

但这都是文本的推论。作为修辞式推论，还需要有字面意义以外的推论。这样的推论，可以是章法的，也可以是技法的。比如：

本文通过曹刿帮助庄公打赢长勺之战，表现了曹刿的政治远见和卓越的军事才能。

肉食者鄙，未能远谋。

所以，我要为庄公谋之。

所以，高贵者最愚蠢，卑贱者最聪明。

前者为本文的主题思想，属于章法的推论，"表现了曹刿的政治远见和卓越的军事才能"即为推出的结论。后者为文眼"肉食者鄙，未能远谋"的推论，属于技法的推论。

②千山鸟飞绝，万径人踪灭。
孤舟蓑笠翁，独钓寒江雪。

（柳宗元《江雪》）

这是一首短短的五言诗，只有20个字，但它是一个文本。由于文学已经从广义的文章学分化出来，这里不再讨论它的文章学意义，只讨论文本的修辞及其修辞式推论。

从修辞的意义上说，这是一首押仄韵的五言绝句，而押仄韵的绝句比较罕见。此诗呈现在读者眼前的是这样一幅图画：在下着大雪的江面上，一叶小舟，一个老渔翁，独自在寒冷的江面上垂钓。作者用“千山”“万径”映衬“孤舟”和“独钓”，具有明显的夸张意味。“绝”和“灭”更把一个动态世界一下子变得极端宁静和沉默。“寒江雪”为诗眼，把天水不分、上下苍茫一片的气氛完全烘托出来。

作为修辞式推论，这首诗传达了如下的言外之意：

诗人借歌咏隐居山水之间的渔翁寄托自己清高而孤傲的情感，抒发自己在政治上失意的郁闷和苦恼。

这是一个情境的推论，必须联系时代的背景、作者坎坷的经历和当时的思绪，以及这首诗的字面意义，其过程自然是非常复杂的。

这是此诗文本章法的推论，通常被看作作品的主题思想。此外还可以有技法的推论。

③归去来兮，田园将芜胡不归！既以心为形役，奚惆怅而独悲？悟以往之不谏，知来者之可追。实迷途其未远，觉今是而昨非。舟遥遥以轻飏，风飘飘以吹衣。问征夫以前路，恨晨光之熹微。

（陶渊明《归去来辞》）

这是《归去来辞》第一语段，虽然不是全文，但仍可以看作文本，因为它在结构上大于句子，传达了作者一部分但是相对完整的思想感情。作为单独的文本，我们可以推论出以下的言外之意：

本段描写了作者辞官归田的决心，表现了作者鄙弃官场，向往田园生活的思想感情。

这就是人们通常所说的段落大意，但它确确实实是从文本字面推导出来的。

文本的修辞式推论，包括章法和技法的推论。由于着眼于“文本”，我们更为关注章法的推论，也就是主题思想，或段落大意，或者从某个句群概括出来的思想。它们都是特定文本的言外之意。

二、主题思想

主题思想是作品的言外之意，是修辞式推论的结论。段落大意是作品中的部分“主题思想”。

主题思想的推论虽然有时候相当复杂，但如果不强调具体的推理过程，那就连中学生都能做到。在语文课的课堂上，语文老师都会帮助学生概括每一篇课文的段落大意和全篇的主题思想。这种概括段落大意和主题思想的过程，就是修辞式推论的过程，虽然没有确定的步骤。

“主题思想”只是一般的说法，实际上“主题”和“思想”还是有所区别的。主题是从字面概括出来的文本大意，而“思想”则是由主题衍绎出来的作者深层次的意图。主题是说写了什么，而“思想”则说，它说明或表现了什么。两者合起来，就是文本的“题旨”。例如：

①环滁皆山也。其西南诸峰，林壑尤美，望之蔚然而深秀者，琅琊也。山行六七里，渐闻水声潺潺，而泻出于两峰之间者，酿泉也。峰回路转，有亭翼然临于泉上者，醉翁亭也。作亭者谁？山之僧智仙也。名之者谁？太守自谓也。太守与客来饮于此，饮少辄醉，而年又最高，故自号曰醉翁也。醉翁之意不在酒，在乎山水之间也。山水之乐，得之心而寓之酒也。

若夫日出而林霏开，云归而岩穴暝，晦明变化者，山间之朝暮也。野芳发而幽香，佳木秀而繁阴，风霜高洁，水落而石出者，山间之四时也。朝而往，暮而归，四时之景不同，而乐亦无穷也。

至于负者歌于途，行者休于树，前者呼，后者应，伛偻提携，往来而不绝者，滁人游也。临溪而渔，溪深而鱼肥；酿泉而为酒，泉香而酒洌；山肴野蔌，杂然而前陈者，太守宴也。宴酣之乐，非丝非竹，射者中，弈者胜，觥筹交错，起坐而喧哗者，众宾欢也。苍颜白发，颓然乎其间者，太守醉也。

已而，夕阳在山，人影散乱，太守归而宾客从也。树林阴翳，鸣声上下，游人去而禽鸟乐也。然而禽鸟知山林之乐，而不知人之乐；人知从太守游而乐，而不知太守乐其乐也。醉能同其乐，醒能述以文者，太守也。太守谓谁？庐陵欧阳修也。

（欧阳修《醉翁亭记》）

我们的分析从概括主题开始。所谓“概括”，就是一种减少概念内涵的逻辑方法，或者说，是一种缩小信息量的推论。概括主题，具体操作起来可以分以下三个步骤：

第一步，概括段落大意。

本文可以分为四个自然段，其大意分别概括如下：

第一段（从开头至“得之心而寓之酒也”）：写琅琊的山水景物。

第二段（从“若夫日出而林霏开”至“而乐亦无穷也”）：写琅琊的朝夕和四时变化。

第三段（从“至于负者歌于途”至“太守醉也”）：写太守和游人同乐。

第四段（从“已而，夕阳在山”至结尾）：写太守之乐。

第二步，把自然段大意概括为逻辑段大意。

第一逻辑段（包括第一、二自然段）：写琅琊的山水。

第二逻辑段（包括第三、四自然段）：写琅琊的人情。

第三步，概括文本主题：

本文描写了琅琊的山水人情。

然后，我们从主题衍绎出文本的“思想”：

本文表现了作者“乐民之乐”的胸怀。

文本的主题是描写琅琊的山水人情：琅琊山水秀美，人情更为浓郁，太守不仅是与民同乐，更重要的是“人知从太守游而乐，而不知太守之乐其乐也”，所以推出太守是“乐民之乐”。这才是本文的“思想”。“太守之乐其乐”是本文的“文眼”。

但这一“思想”还只是从主题直接推演出来的修辞意义，此外，我们还需要考察文本的情境意义。

宋仁宗时，欧阳修因直谏被贬，出知滁州。时值丰年，政宽人和，于是得暇娱情山水，遂有此之作。所谓“诗言志”，联系这一背景，我们不难从文中推出如下的意义：

本文流露出作者远离政治旋涡的轻松之感，看到民众安定富足的欣慰之感，以及被贬后借酒浇愁的消极情绪，等等。

这些“流露”的“意义”，虽然不一定是作者“有意为之”，但同样是可以推导出来的“意义”。

因此，本文的主题思想可以最后归结为：

本文通过对琅琊山水人情的描写，表现了作者“乐民所乐”的胸怀，同时流露出作者远离政治旋涡的轻松之感，看到民众安定富足的欣慰之感，以及被贬后借酒浇愁的消极情绪。

此外，我们还不应当忘记，本文还有它作为文本的修辞意义，亦即修辞特征所传达的意义：

本文显现了宋代散文平易畅达、骈散结合的特点。全篇用了二十一个“也”字，逐层脱卸，逐步顿跌，似散非散，似排非排，读来颇似歌咏，清新悦耳。

当然还有其他，不及细细讨论。

②物之所以韬晦者，防乎盗也。故人亦然。夫盗亦人也，冠屦焉，衣服焉。其所以异者，退逊之心、正廉之节，不常其性耳。视玉帛而取之者，则曰牵于寒饿；视家国而取之者，则曰救彼涂炭。牵于寒饿者，无得而言矣。救彼涂炭者，则宜以百姓心为心。而西刘则曰“居宜如是”，楚籍则曰“可取可代”。意彼未必无退逊之心、正廉之节，盖以视其靡漫骄崇，然后生其谋耳。为英雄者犹若是，况常人乎？是以峻宇逸游，不为人所窥者，鲜也。

（罗隐《英雄之言》）

罗隐生活于晚唐时期，早有才名，然而经历坎坷。当时藩镇割据，群雄蜂起，都想取唐朝天下而代之。所以，罗隐此文的主题思想可以概述为：

文本论述一些“英雄”们借口“救民涂炭”而窃取政权的行为，揭露了大盗窃国的本质，以及当时执掌重权的将军们觊觎唐室的野心。

这是一篇短小的议论文。其主题的“思想”就是议论文的“中心思想”，以本文而论，就是“大盗窃国”。议论文是需要论证的，本文就是用刘邦和项羽自己的话来证明他们并非“以百姓心为心”，而是看到秦始皇的“靡漫骄崇，然后生其谋耳”。

在修辞艺术上，本文简洁精粹，犀利激拗，代表了晚唐文风。

③陶渊明《桃花源记》(原文略)

其主题思想为：

文本描绘了一个没有战乱，没有阶级压迫，鸡犬之声相闻，老幼怡然自得的“世外桃源”，用以寄托作者的政治理想，并在一定程度上反映了广大劳动者的社会愿望。

在修辞上，本文写景明丽如画，虽系虚构，却宛如真境，展示了一幅古代东方“乌托邦”的图景。

④柳宗元《捕蛇者说》(原文略)

主题思想为：

通过对蒋氏一家三代以捕蛇为业的悲惨遭遇的描述，揭示了当时民众的苦难生活，进而表现了“苛政猛于虎”的深刻的社会思想。

本文亦叙亦议，小文章却有大议论。最后，作者满怀悲愤地点明主题思想：“孔子曰：‘苛政猛于虎也。’吾尝疑乎是。今以蒋氏观之，犹信。呜呼！孰知赋敛之毒，有甚于蛇者乎！”果然力透纸背，具有强烈的感染力量。

⑤叶圣陶《多收三五斗》(原文略)

主题思想为：

通过旧毡帽朋友们丰年粜米却遭遇米价大跌的故事，说明了旧中国农民身受重重剥削和压迫，日趋破产。

作者描写的是旧中国的江南农民在少有的多收了三五斗的丰年里，高高兴兴地摇船粜米，指望今年能够透一透气，谁料米价大跌，希望变成了肥皂泡。这比起描写灾年情景，具有更深一层的社会意义。

⑥史铁生《合欢树》(原文略)

主题思想为：

通过对母亲几件琐事的回忆，表现了作者成长的每一时刻都伴随着深厚的母爱，寄托了作者对母亲深厚的感情和无尽的思念。

文章借物写人，小中见大。虽然“合欢树”只是对母亲回忆中的一件事情，但作者却以“合欢树”命题，因为这是他们母子感情的象征，也是文章主题思想的体现。

以上说到概括主题和衍绎“思想”，都是文本的修辞式推论。概括法是一种减少信息量的推论，即从信息量多的前提推出信息量少的结论。如果是严格意义上的“概括”，结论必然为真，但在文本的修辞式推论中，由于推论的某种任意性，其结论只是或然而非必然的。从主题“衍绎”思想，只是“衍绎”而非“演绎”。严格意义上的“演绎”，其结论必然为真，而“衍绎”只有“衍生”或“推衍”，亦即“推出”的意思，从主题“衍绎”思想，更多的是一种典型归纳推论，即从个别典型事例推出某个一般性的结论，这个结论只能是或然而非必然的。况且推论者“见仁见智”，因而不同推论者的结论往往相去甚远，这是不足为怪的。

第二节　微型文本

一、熟语

熟语是语言中定型的短语或句子，使用时一般不能改变其组织。从文本的意义上说，它们是一些微型文本。熟语包括成语、谚语、格言、歇后语等，下面分别进行一些讨论。

1. 成语

成语通常是一些习用短语，以四个字为主，如“三心二意”“乘风破浪”

等等，但也可以超出四个字，甚至是个句子，如“青出于蓝而胜于蓝”。

成语中绝大多数为四字成语，它们虽然只是一些短语，但都能表达完整的意思，因为它们是一些生活中常用意义或者典故的缩略式表达。由于成语言简意赅，理解时需要推论，即以成语字面为前提，以所理解的成语意义为结论。例如：

①望梅止渴

语本《世说新语·假谲》，说曹操在一次行军中，军士都说口渴，曹操遥指前方，说那里有大梅林，梅子可以解渴。士卒闻之，口皆出水，继续前进，顺利到达目的地。“望梅止渴”就是这个故事的缩略语。其修辞意义是：

比喻用想象的东西来安慰自己。

这是一个比喻推论，故事是前提，推出的意义就是结论。因为故事与某人特定情境中的某一思想有相似点，所以可以从前提推出结论。

②哀鸿遍野

语出《诗经·鸿雁》，“鸿雁于飞，哀鸣敖敖”。其成语意义是：

比喻到处可以看到呻吟呼号、流离失所的灾民。

这也是比喻推论，因为哀鸿遍野与灾民众多，满布旷野有相似之处，所以可以推出。

以上两例，前者源于一个古代故事，后者源于古诗中的一个诗句，我们通称为典故。很多成语都来源于典故，但并非都是如此。例如：

③三长两短

成语意义为：

隐言不吉利的事，多指死亡。

此例并非源于典故，而是来源于民间的约定俗成。它也不是比喻，而只是一般的隐含推论。

下面再举几例四字成语推论：

④塞翁失马（比喻遭遇暂时损失或挫折，却能因此而得到好处。）

⑤趾高气扬（形容得意忘形、神气十足、骄傲自满的样子。）

⑥朝三暮四（比喻有人说话做事反复无常。）

⑦雨过天晴（比喻事情由坏变好。）

⑧一官半职（泛指地位不高的职位。）

例④语出《淮南子·人间训》，⑤语出《左传·桓公十三年》，⑥语出《庄子·逍遥游》，⑦⑧为约定俗成。④⑥⑦为比喻推论，⑤和⑧为一般隐含推论。四字成语言简义丰，作为微型文本，可以说“微型”到家了。

成语超过四个字的不多，下面仅举两例：

⑨鹬蚌相争，渔人得利

语出《战国策·燕策》："赵且伐燕，苏代谓(赵)惠王曰：'今者臣来过易水，蚌方出曝，而鹬啄其肉，蚌合而钳其喙。鹬曰：'今日不雨，明日不雨，即有死蚌。'蚌亦谓鹬曰：'今日不出，明日不出，即有死鹬。'两者不肯相舍，渔者得而并禽之。"成语意义为：

比喻双方相持不下，第三者因而得利。

此例为典故。

⑩做一天和尚撞一天钟

成语意义为：

比喻马马虎虎地混日子，不准备有所作为。

此例为约定俗成。

2. 谚语

谚语是指流传于民间的简练通俗而富有意义的语句，大多反映人们的生活和斗争经验。谚语也是民间文学的一种形式。作为微型文本，它也是一种推论。所谓"赋予意义"，谚语的意义亦即谚语推论的结论。例如：

①纸包不住火。

谚语意义为：

比喻事实是掩盖不了的。

这是个比喻。许多谚语的意义都是由比喻推导出来的。但谚语并非都是比喻，有的谚语所传达的只是一般含义。例如：

②滴水穿石。(如果肯花工夫，事情一定可以办好。)

③明人不做暗事。(为人处世要光明磊落。)

④真的假不了，假的真不了。(事实总是事实。)

⑤路遥知马力，日久见人心。(时间长才能看出人心的好坏。)

⑥有意栽花花不发，无心插柳柳成荫。(比喻事物具有偶然性。)

⑦好言一句三冬暖，恶语伤人六月寒。(说明恰当地表达的重要性。)

其中②⑤⑥为比喻推论，其余为一般含义的推论。①—③为单句谚语，④—⑦为复句谚语。复句谚语通常同时为对偶格。

谚语中有一部分是有关农业生产的谚语，称为农谚。农谚是农民从长期生产实践中总结出来的经验，对于农业生产有一定的指导作用。例如：

⑧晚霞晴千里，早霞别出门。

⑨谷雨前，好种棉；谷雨后，好种豆。

⑩瑞雪兆丰年。

⑧是关于天文气象的，⑨是关于节气和种植之间的关系的，⑩是关于雨雪与庄稼收获之间的关系的。

3. 格言

格言是指含有劝诫意义的固定语句。格言意义即为格言推论的结论。例如：

①少壮不努力，老大徒伤悲。

格言意义为：

劝诫年轻人要奋发图强，建功立业；否则年纪大了，后悔莫及。

其他如：

②人贵有志，学贵有恒。

③人的天职在勇于探索真理。

④无私才能无畏。

⑤千里之行，始于足下。

⑥横眉冷对千夫指，俯首甘为孺子牛。

⑦一粥一饭当思来之不易，半丝半缕恒念物力维艰。

例②是说，做人重要的是志气，学习重要的是坚持。例③是说，求真是人最重要的社会责任。例④是说，无私是无畏的必要条件。例⑤是说，凡事都有个开头，开好头是很重要的。例⑥是说，做人要爱憎分明。例⑦语见《朱伯庐治家格言》，意思是说，生活物资来之不易，应当倍加珍惜。

人们常说的“座右铭”也是一种格言。《宋史·吴玠传》说：“玠善读史，凡往事可师者，录置座右，积久，墙牖皆格言也。”这种被置于座位右边，用来激励或鞭策自己的格言，就称为“座右铭”。例如：

⑧满招损，谦受益。

⑨淡泊以明志，宁静以致远。

⑩老骥伏枥，志在千里。

这些都是可以称得上是座右铭的著名格言。例⑧语出《尚书·大禹谟》，意思是说，谦虚使人进步，骄傲使人落后。例⑨语出诸葛亮《诫子篇》，意思是说，不追求名利，以显示崇高志向；心境安宁清静，才能实现远大目标。例⑩语出曹操《龟虽寿》，多为老年人的座右铭，意在激励自己不必服老，应当老有所为。

现在的“座右铭”则泛指对于自己有特别激励、警诫意义的格言，未必“录置座右”。

4. 歇后语

歇后语是一种为群众熟悉的诙谐而形象的语句，它由两部分组成：前一部分是对象事物,用以唤起人们的联想;后一部分是注释,即从前面的描述中合情合理地推出事理,点明主旨。所以,歇后语就是民间常用的一种修辞式推论。

传统的歇后语,是指隐藏在语句中的意思不说出来,而让人从说出来的语句中去推测,换句话说,就是把后一部分“歇”掉,只说前一部分。当然,特别是在当代,表达者更多的是把前后两部分都说出来,一次性地完成歇后语的推论。例如:

①八仙过海——各显神通
②泥菩萨过河——自身难保
③老鼠钻风箱——两头受气
④芝麻开花——节节高
⑤和尚打伞——无法(发)无天
⑥穿蓑衣救火——惹祸(火)上身
⑦猫儿见鱼——真想求婚(荤)

这些歇后语在表达时“歇”还是不“歇”,要看具体的修辞情境。歇有歇的好处:含蓄委婉,耐人寻味;不歇有不歇的优点:免得令人费解,影响交际。也就是说,歇后语在运用时可以隐去后文,以前文示义,也可以前后文一并说出。但是有些歇后语比较不为人们所熟知,还是前后文一并说出为宜。例如:

⑧围棋盘里下象棋——不对路数
⑨吹糖人儿出身——口气挺大
⑩三尺长的梯子——答(搭)不上言(檐)

以上歇后语可以分为两类:①②③④⑧⑨为喻意的歇后语,⑤⑥⑦⑩为谐音的歇后语。

歇后语通常都是比喻,前一部分为喻体,后一部分是本体。歇后语属于比喻的推论。更为准确地说,歇后语都是隐喻。说得具体一些,歇后语是歇后和比喻的兼用。

二、寓言　谜语

寓言和谜语都是而且必须通过推论才能确定其含义,所以下面一并讨论。

1.寓言

寓言以比喻性的故事寄寓意味深长的哲理,给人们以某种意义的启示。寓言结构简单,故事性强;主人公可以是人或动物,也可以是无生物。

寓言原为民间口头创作,后为文人所采用,发展成为一种文学体裁。作为修辞式推论,比喻性故事为前提,它所寄寓的哲理是结论。

我国早在春秋战国时期,寓言就已经盛行。先秦诸子著作中有不少寓言保存下来,如在《庄子》《孟子》《韩非子》《吕氏春秋》中就引用过不少寓言故事。例如:

①郑人有且置履者,先自度其足,而置之其坐,至之市而忘操之。已得履,乃曰:“吾忘持度。”反归取之。及反,市罢,遂不得履。人曰:“何不试之以足?”曰:“宁信度,无自信也。”

(《韩非子·外储说左上》)

这则“郑人买履”的寓言以字面故事为前提,推出的言外之意为:

讽刺那些不顾实际情况,只相信教条的人。

构思精巧,平实中见奇妙,耐人寻味,警策世人。

前者为寓言意义,后者为文体意义。

先秦诸子中这类脍炙人口的寓言很多,这里再举几例(字面故事省略):

②刻舟求剑(比喻固执拘泥、不知变通。)

③守株待兔(不能把偶然当成必然,讽喻那些想不劳而获的人。)

④杞人忧天(对于无法认知的问题,不必陷于无休止的忧愁之中。)

⑤东施效颦(盲目效法别人的做法是错误的。)

⑥五十步笑百步(自己跟别人犯有同样的错误,只是程度上轻一些,却毫无自知之明去讥笑别人。)

⑦齐人有一妻一妾(讽刺好逸恶劳,为贪图享受而抛弃人格的行为。)

有些寓言,如“郑人买履”“刻舟求剑”“守株待兔”“杞人忧天”“东施效颦”,经过了概括、缩略,成了四字成语。

先秦以降直至当代,寓言创作历久不衰。例如:

⑧黔无驴,有好事者船载以入。至则无可用,放之山下。虎见之,庞然大物也,以为神。蔽林间窥之,稍出近之,慭慭然莫相知。他日,驴一鸣,虎大骇远遁,以为且噬己也,甚恐。然往来视之,觉无异能者。益习其声,又近出其后,终不敢搏。稍近益狎,荡倚冲冒,驴不胜怒,蹄之。虎因喜,计之曰:“技止此耳!”因跳踉大㘎,断其喉,尽其肉,乃去。噫!形之庞者类有德,声之宏者类有能,向不出其技,虎虽猛,疑畏,卒不敢取;今若是焉,悲夫!

(柳宗元《三戒·黔之驴》)

这是唐代柳宗元寓言《三戒》中的一篇。文本的意义为：

伎俩拙劣，本领有限，难免遭遇悲惨下场。

由这个寓言故事概括而成的“黔驴技穷”，也是人们常用的成语之一。

⑨从前，有一条小金鱼，她生活在漂亮温暖的鱼缸里，无忧无虑。那是水族馆的鱼缸，生活安静而祥和，只是每天要被很多人观看，没有了自己的空间，还要迎合馆长的要求，对人类谄媚地露出最美丽的表情。这让她无法做自己想做的事，于是小金鱼很郁闷。

每天，小金鱼都会听到很多赞美她的声音：你看，这条小金鱼游泳的样子好漂亮啊！她的鳍真的好美！和她一起生活在鱼缸里的小鱼也说：小金鱼，你游泳的样子真的好漂亮！

时间久了，小金鱼自信满满，她不满足于身边的世界，开始渴望更广阔的领域。乌龟爷爷告诉她，在所有河流汇聚的地方，是一个最广阔最蔚蓝的水域，那里叫作大海，是游泳高手云集的地方。

小金鱼无数次的在梦中来到那片蔚蓝的大海。终于有一天，在管理员为鱼缸做清洁的时候，小金鱼趁管理员不注意，偷偷地溜出了鱼缸，顺着水流的方向，游了过去。小金鱼是幸运的，因为刚好这家水族馆在一条河的附近，于是小金鱼就来到了小河中。适应了小河之后，小金鱼没有忘记自己的理想，她一定要去大海。

终于，她来到了大海，可是令她始料不及的是，海水居然有很大的盐分，她适应不了。在海水中，她甚至忘记了该怎样呼吸，因为每一次呼吸，她都会感觉到重重的盐的味道。她游泳的样子不再漂亮，再也听不到赞美，只是会听到周围的小鱼说，看，那个家伙游泳的样子好白痴！她的鳍好丑！

听到这些，小金鱼越发不敢活动自己的鱼鳍，害怕招来耻笑。她的呼吸越来越艰难，无力地看了小鱼们一眼，带着最后的伤痛，永远地静止在大海的深处。

（网络故事《淹死的金鱼》）

文本意义为：

不从实际出发，一味地追求自由和理想，难免要付出代价，甚至是最沉重的代价。

这个寓言篇幅较长，还能算是微型文本吗？实际上“微型”只是相对而言的，有些被称为“微型小说”的，篇幅也不算短。

2. 谜语

谜语是一种供人猜测的隐语，其中显露在表面的话，亦即让人借以猜测的部分叫作谜面，谜语的答案叫作谜底。作为修辞式推论，谜面就是推论的前提，谜底就是结论。

谜语分物谜和字谜两大类别，字谜将在下一章中有专门的讨论，这里只讨论物谜。例如：

①远观山有色，近听水无声。春去花还在，人来鸟不惊。

这显露在字面上的话是谜面，亦即推论的前提；需要人们猜测的谜底为推论的结论。这个推论的结论应是：风景画。其他如：

②一宅分为两院，五男二女成家。两家打得乱如麻，打到清明方罢。（谜底：算盘）

③小小诸葛亮，独坐中军帐。摆下八卦阵，专捉飞来将。（谜底：蜘蛛）

④小时白，老来黑，戴帽子睡觉，脱帽子干活。（谜底：毛笔）

⑤红娘子，上高楼，心里疼，眼泪流。（谜底：蜡烛）

⑥桃花潭水深千尺。（打一成语）（谜底：无与伦比）

⑦来信了。（打一地名）（谜底：开封）

⑧慢慢走。（打一元帅名）（谜底：徐向前）

不难看出，这些谜语中除物以外，还包括事，以及人名、地名等。今天多称猜事物者为谜语，以文义做谜底者为灯谜。

谜语原为民间文学，后来也成为文人游戏。如例①②和⑥，即为文人创作的谜语，文辞优美，但难度也增加了。

三、诗歌

中国古代称不合乐的为诗，合乐的为歌，诗歌也简称为诗。诗中还有诗、词、曲等区别，但也统称为诗。诗歌或广义的诗，其特点是：以高度凝练的语言，形象地反映社会生活，并具有一定的节奏和韵律。诗歌除叙事长诗和杂剧等长篇作品以外，一般都可以看成微型文本。

诗歌由于具有形象性的特征，它所着意表达的思想感情都必须由推论得来。如果没有推论，就不能理解诗歌所传达的思想感情。这就是诗歌的修辞式推论。

1. 诗

这里所说的诗，具体地指谓中国古典诗词中的诗，当代称之为“旧体诗”。中国旧体诗中最具代表性的是唐诗，千年来一直传诵不衰。例如：

①红豆生南国，春来发几枝？
愿君多采撷，此物最相思。

（王维《相思》）

这首五言绝句，直到今天，一些三岁孩子都能背诵。全诗只有短短的20字，诗意含蓄、深刻。具体说来，文本意义为：

主人公满腹情思寄寓于红豆，把相思之情表达得入木三分。

这首诗曾经被乐工谱曲而广为流传。据说天宝之乱后，著名歌者李龟年流落江南，经常为人歌唱此诗，听者无不动容。

②朝辞白帝彩云间，千里江陵一日还。
两岸猿声啼不住，轻舟已过万重山。

（李白《早发白帝城》）

李白因永王璘案流放夜郎，行至白帝城遇赦，惊喜交加，旋即放舟东下，因有是诗。修辞意义为：

诗人经过艰难岁月之后激情迸发，快船快意，使人神远；笔锋空灵飞动，在雄峻迅疾中又有豪情欢悦。

此诗为七言绝句，千百年来一直为学界视为珍品，有人赞之为“惊天地而泣鬼神”。

③风急天高猿啸哀，渚清沙白鸟飞回。
无边落木萧萧下，不尽长江滚滚来。
万里悲秋常作客，百年多病独登台。
艰难苦恨繁霜鬓，潦倒新停浊酒杯。

（杜甫《登高》）

文本意义为：

倾诉诗人常年漂泊、老病孤愁的复杂心情，慷慨激越，动人心弦。

“一篇之中，句句皆律，一句之中，字字皆律。”

此诗为七言律诗。有人称道此诗为“杜集七言律诗第一”，有人甚至说是古今七律之冠，全诗句句字字皆律（见胡应麟《诗薮》）。

2. 词

词由诗延伸和发展而来，亦称“诗余”。词由不同字数的句子组成，押韵有一定的格式，也称为长短句。词，作为一种配乐而歌唱的抒情诗体，与音乐有着更为密切的关系。词以宋词最具有代表性。例如：

①一曲新词酒一杯，去年天气旧亭台。夕阳西下几时回？
无可奈何花落去，似曾相识燕归来。小园香径独徘徊。

（晏殊《浣溪沙·一曲新词酒一杯》）

“浣溪沙”为词牌名，“一曲新词酒一杯”，后人以词的首句添加为题目。词意可以概括为：

作者对美好事物逝去的伤感和物是人非的惆怅。

宴殊这首词脍炙人口，虽然表现的只是富贵闲人的“闲愁”，但对于今天的人们来说，由于生活节奏的加快，人们更能从诗中体会时间和生命的宝贵，产生某种意义上的共鸣。

②独倚危楼风细细，望极春愁，黯黯生天际。草色山光残照里，无言谁会凭阑意。　拟把疏狂图一醉，对酒当歌，强乐还无味，衣带渐宽终不悔，为伊消得人憔悴。

（柳永《凤栖梧·独倚危楼风细细》）

柳永终身潦倒，放荡不羁，其词多写离愁别恨，音律谐婉，在当时流传甚广。叶梦得《避暑录话》云：“凡有井水饮处，皆能歌柳词。”这首词的意义为：

极言对爱情的执着与离愁之苦。

这首词的最后两句，曾为王国维《人间词话》引用为做大事业、大学问的第二境界。当然这不是作者的原意，但是合乎逻辑（属于比喻推论），可以看作修辞意义上的进一步推论。

3. 曲

曲是词的延伸和发展，亦称“词余”。曲的句法较词更为灵活，多用当时的口语。元曲不仅是曲的代表，也是元一代文学的代表。

曲有散曲和杂剧之分，其中散曲为微型文本。例如：

①枯藤老树昏鸦，小桥流水人家，古道西风瘦马。夕阳西下，断肠人在天涯。

（马致远《天净沙·秋思》）

“天净沙”为曲牌。曲的意义为：

写尽了游子浓重的乡愁。

有人称此曲为“秋思之祖”，写出了秋思之最高境界。

②峰峦如聚，波涛如怒，山河表里潼关路。望西都，意踌躇。伤心秦汉经行处，宫阙万间都做了土。兴，百姓苦；亡，百姓苦！

（张养浩《山坡羊·潼关怀古》）

元代文宗时关中大旱，张养浩奉诏前往赈灾，途中用曲牌“山坡羊”写了一组怀古曲，此为其中影响最大的一首。此曲的意义为：

题为“怀古”，重在“伤今”，揭露和批判的锋芒直指历代统治者，更指向当时的元朝统治者。

此曲俯瞰古今,作者敢为百姓疾苦大声呼号,于浓烈的抒情色彩中迸发出先进思想的光辉,在元曲乃至整个古典诗歌中都是难得的优秀作品。

4. 新诗

中国新诗是伴随着"五四"新文化运动形成的。新诗摆脱了古典诗词的格律约束,实现了中国诗歌现代化的进程。例如:

①云淡天高,好一片晚秋天气!
有一群鸽子,在空中游戏。
看他们三三两两,
回环来往,
夷犹如意,——
忽地里,翻身映日,白羽衬青天,十分鲜丽!

(胡适《鸽子》)

胡适是中国新诗最早的开拓者,写作此诗时,作者执教于北京大学。当时的北京大学正是新文化运动的中心,此诗的主旨就在于:

以自由翱翔的飞鸽作比,表达了新文化运动倡导者们的愿景。

全诗六句,句子的字数不等,用韵很随便,相当口语化,明显地冲破了旧体诗词的束缚,可以看成中国最早的新诗代表作。

②夜很黑
恐怖

马牵着夜
蹄声扣在土地上
很脆

(野人《夜曲》)

这是一首当代的新诗之作,诗眼是"马牵着夜",诗的意义应为:

动态的马牵出动态的夜,隐隐地告知读者:主人公正经历着很不平常的事件。

此诗留给了读者更多的想象空间,无论是语言形式还是技艺,都是当年胡适《鸽子》所不能比拟的。

5. 歌词

歌词就是能唱的诗。《书经·舜典》云:"诗言志,歌永言。"孔传云:"谓诗言志以导之,歌,咏其义以长其言。"这是古代诗与歌的区别。请看下面两个例子:

①两只老虎,两只老虎,一只没有尾巴,一只没有耳朵。真奇

怪，真奇怪！

（儿歌）

这首儿歌来源于法国一首儿歌，原名《约翰弟弟》，歌词是："你还睡吗？你还睡吗？小约翰，小约翰。晨钟已经敲响，晨钟已经敲响，叮叮当，叮叮当！"《两只老虎》根据这首法国儿歌的曲调改写了歌词。改写的歌词意义在于：

通过对中国儿童熟知的老虎形象的非常态描述，唤起儿童的好奇心理，表现了儿童们快乐玩耍的轻松情态。

中国是老虎的主要分布地，老虎是中国儿童喜爱的动物形象之一。以老虎为题材写歌词，而且那么诡异、有趣，再配以适切的曲调，使得中国的儿童们喜欢并反复地吟唱这首歌曲。

②长亭外，古道边，
芳草碧连天。
晚风拂柳笛声残，
夕阳山外山。

天之涯，地之角，
知交半零落。
一壶浊酒尽余欢，
今宵别梦寒。

长亭外，古道边，
芳草碧连天。
晚风拂柳笛声残，
夕阳山外山。

（李叔同《送别》）

为朋友送别赋诗是中国古典诗词一个常见的主题，李叔同《送别》是对中国古典送别诗的继承。长亭饮酒、古道相送、折柳赠别、夕阳挥手、芳草离情，都是千百年来送别诗中常用的意象，但《送别》以短短的几句歌词把这些意象集中起来，以一种"集大成"的冲击力成为中国人送别的一种文化心理符号。歌词的意义应是：

通过"送别"而感悟人生短暂，犹如日落，充满彻骨寒意。歌词弥漫着浓重的人生空幻感，深藏顿悟出世的暗示。

《送别》应是李叔同以送别朋友为缘由，用无所明指的象征，传达出感悟人生、看破红尘的觉悟。所以,《送别》不仅仅是朋友之间挥手相送的骊歌,更是作者即将弃世出家的“前奏曲”。

四、微型小说

微型小说又名小小说,原为短篇小说的一个品种,后来发展为独立的文学样式。微型小说一般篇幅短小,情节简单,但小而精,微而妙,以少胜多,以微观反映宏观,而且现实感强,充满生活气息。作为文本推论,微型小说由于篇幅短小,情节简单,推论一般不会怎么复杂。例如:

①地球上最后一个人独自坐在自己的房间里。这时,忽然响起了敲门声……

这是一篇有名的超“小”的小小说,不足30个字,但是小说三要素——人物、情节、情境齐备。小说的推出意义为:

设置许多悬疑以唤起读者无限的遐想。

这篇小说的类型为悬疑小说。其实文字越简短,留下的想象空间越大。要相信读者的想象力很强,废话少说!

②她招手拦了出租车,上车后发现开车的是他!十年前,他们是亲密的恋人,她在父母的压力下选择了分手,从此在同一个城市从未相见。“你好吗?”“我很好,你呢?”“我也好。”她看到了他手上依然戴着她送的手表;他在她下车时,听到了她背包上那个小铃铛清脆悦耳的声音,那是他送给她的……

文字朴实无华,故事波澜不兴,然而就在一件平凡小事的平实叙述中揭示了一个重要的社会问题。小说推出意义为:

一对深深相爱的青年男女却在父母的干预下劳燕分飞,但他俩仍然一直深深地相爱着。小说体现了当今社会的一种婚姻悲剧。

读过这篇短短的小说,我们不禁想大声呼吁:天下的父母们,该是停止干预儿女婚姻的时候了!

第三节　文本修辞格

一、讽喻

讽喻是比喻的一种特殊形式。讽喻总是先把一件事情说出来,然后再把另一件事情说出来，让对方去体会两件事情在道理上的相似处。这样的比喻，一般都含有讽谏、讥刺、规劝、批评等含义。

讽喻一般都大于句子，有时甚至是成篇的文章，所以属于文本修辞格。例如：

①邹忌修八尺有余，而形貌昳丽。朝服衣冠，窥镜，谓其妻曰："我孰与城北徐公美？"其妻曰："君美甚，徐公何能及君也！"城北徐公，齐国之美丽者也。忌不自信，而复问其妾曰："吾孰与徐公美？"妾曰："徐公何能及君也！"旦日，客从外来，与坐谈，问之："吾与徐公孰美？"客曰："徐公不若君之美也。"

明日，徐公来，孰视之，自以为不如，窥镜而自视，又弗如远甚。暮寝而思之，曰："吾妻之美我者，私我也；妾之美我者，畏我也；客之美我者，欲有求于我也。"

于是入朝见威王曰："臣诚知不如徐公美，臣之妻私臣，臣之妾畏臣，臣之客有求于臣，皆以美于徐公。今齐地方千里，百二十城，宫妇左右，莫不私王；朝廷之臣，莫不畏王；四境之内，莫不有求于王。由此观之，王之蔽大矣！"

王曰："善。"

（《战国策·邹忌讽齐王纳谏》）

邹忌用自己与徐公比美的故事，向齐王进言，并为齐王所采纳。它所传达的意义为：

一个被偏爱者、敬畏者、有求者包围的人，可能因为听不到真话而导致做出完全错误的判断。

比喻恰当，切情切理，而且委婉曲折，容易为君王所接受。

前者为思想意义，后者为辞格意义。此例为讽谏。

②我梦见自己在隘巷中行走，衣履破碎，像乞食者。

一条狗在背后叫起来了。

我傲慢地回顾，叱咤说：

"呔！住口！你这势利的狗！"

"嘻嘻！"他笑了，还接着说，"不敢，愧不如人呢！"

"什么？"我气愤了，觉得这是一个极端的侮辱。

"我惭愧：我终于还不知道分别铜和银；还不知道分别布和绸；还不知道分别官与民；还不知道分别主和奴；还不知道……"

我逃走了。

"且慢！我们再谈谈……"他在后面大声挽留。

我一径逃走，尽力地走，直到逃出梦境，躺在自己的床上。

（鲁迅《狗的驳诘》）

俗话说“狗仗人势”，狗是最势利的动物，可是在“我”的梦境里却不是这样。其文本意义为：

在腐败的社会里，人比狗势利得多。

狗还“愧不如人”，如此嘲讽社会风气，入木三分。

此例为讥刺。

③体育竞赛虽不同于打仗，但也需要虚虚实实，保守机密，制造假象，以便使对手难以预测，使自己赢得胜利。

聪明的军事家，大多要千方百计隐蔽自己的兵力和作战意图，严守主要将帅更换变易的机密，使对方摸不着头脑。《三国演义》中诸葛亮逝世后秘不发丧，就是一例。如果当时的蜀国在丞相死后立即发出讣告，开追悼会，宣称诸葛亮已于某年某日某时因患病不幸逝世，那就不可能产生“死诸葛吓退活司马”的故事。

在体育圈内，由于教练员机智聪明，隐蔽兵力而获得胜利的事例，也不胜枚举，而且其中有些故事的生动性，决不会比“死诸葛吓退活司马”的故事逊色。我国乒乓球队长盛不衰，固然是由于人才济济，技术过硬，但同教练员善于用兵，善于斗智，或临阵换将，或派出怪手，出其不意，攻其不备，也大有关系。

（中国体育报《也许是杞人忧天》）

文本意义为：

体育比赛也需讲求谋略，智取为先。

比譬恰当，给人们以重谋略的启示。

此例为启示，有规劝义。“规劝”为“讽”的含义之一。

④铁扇公主虽然是一个厉害的妖精，孙行者却化为一个小虫钻进铁扇公主的心脏里去把她战败了。柳宗元曾经描写过的“黔驴之技”也是一个很好的教训。一个庞然大物的驴子跑进贵州去了，贵州的小老虎见了很有些害怕。但到后来，大驴子还是给小老虎吃掉了。我们八路军新四军是孙行者和小老虎，是很有办法对付这个日本妖精或日本驴子的。目前我们须得变一变，把我们的身体变得小些，但是变得更加扎实些，我们就会变成无敌的了。

（毛泽东《一个极其重要的政策》）

文本意义为：

小而精粹者可以战胜庞然大物。

生动形象，对于精兵简政来说，颇具说服力。

此例用了两个喻体——孙行者的故事和“黔驴之技”，来比喻本体——精兵简政，增加了说服的力量。此例属于讽喻的博喻。

二、反复

反复格可以用于词语、句子，也可以用于文本。这里只讨论文本的反复格修辞。

例如：

①嘒彼小星，三五在东。肃肃宵征，夙夜在公。实命不同！

嘒彼小星，维参与昴。肃肃宵征，抱衾与裯。实命不犹！

（《诗经·小星》）

写小臣出差，连夜赶路时对于尊卑之间劳逸不均的感慨。“嘒”(huì)，微光。“参”(shēn)“昴”(mǎn)，星名。参三星，昴五星，即前段所说的“三五”。“衾”“裯”(chóu)，被子，被单。文本意义为：

主人公怨天尤人。一咏三叹，情绪激昂。

文本短短的两个小段，几处反复。反复是诗歌，特别古代诗歌的常见写法，因为反复咏叹可以渲染气氛，掀起情感的高潮。

②那些头上有各种旗帜，绣出各样好名称：慈善家，学者，文士，长者，青年，雅人，君子……头下有各样外套，绣出各式好花样：学问，道德，国粹，民意，逻辑，公义，东方文明……

但他举起了投枪。

他们都同声立了誓来讲说，他们的心都在胸膛的中央，和别的偏心的人类两样。他们都在心前放着护心镜，就为自己也深信心在胸膛中央的事作证。

但他举起了投枪。

他微笑，偏侧一掷，却正中了他们的心窝。

一切都颓然倒地；——然而只有一件外套，其中无物。无物之物已经脱走，得了胜利，因为他这时成了戕害慈善家等类的罪人。

但他举起了投枪。

他在无物之阵中大踏步走，再见一式的点头，各种的旗帜，各样的外套……

但他举起了投枪。

他终于在无物之阵中老衰，寿终。他终于不是战士，但无物之物则是胜者。

在这样的境地里，谁也不闻战叫：太平。

太平……

但他举起了投枪。

（鲁迅《这样的战士》）

文本意义为：

文本歌颂了这样的战士：目光犀利，能洞察一切伪装；武艺高强，善于击中敌人的要害；意志坚定，永不妥协。

此例为散文的文本反复格。

文本的反复格，还可以加强文本的整体感和条理性，增强文本的气势。

三、起兴　比兴

起兴和比兴是很古老的修辞方式，作为文本辞格，它们密切相关，从严格意义上说，比兴只是起兴的特例。

1.起兴

起兴辞格的意思是说：先说其他事物，以引起所要说的事物，也就是"触物以起情"之意。起兴在修辞中具有起情、渲染气氛、写景、确定韵脚等作用。例如：

①蒹葭苍苍，白露为霜。
所谓伊人，在水一方。
溯洄从之，道阻且长。
溯游从之，宛在水中央。

（《诗经·蒹葭》）

"蒹葭"指芦苇。"蒹葭苍苍，白露为霜"即起兴辞格中先说的"其他事物"，下文所说的为引出的"所要说的事物"。其文本意义为：

主人公所追寻的人为流水环绕，可望而不可即。文本表达了主人公伫立水滨，对伊人的思念之情。

"蒹葭苍苍，白露为霜"作为起兴的辞格意义，就是前面所说的起情、写景、渲染气氛和确定韵脚。这样的起兴是古代诗歌常用的修辞方式，而且常常与反复并用。《蒹葭》这首诗还有两段，分别以"蒹葭萋萋，白露未晞"和"蒹葭采采，白露未已"起兴，反复咏叹。

②君不见黄河之水天上来，

奔流到海不复回。
君不见高堂明镜悲白发，
朝如青丝暮成雪。

（李白《将进酒》）

修辞意义为：

以黄河的伟大、永恒引发生命的渺小、脆弱，淋漓尽致地抒发了诗人汹涌澎湃的激情。

以写景起兴，从空间范畴的夸张到时间范畴的夸张，具有惊心动魄的艺术力量。

前者为文本意义，后者为辞格意义。

③山顶开了迎春花，
家家春粑粑。
山腰开了白露花，
寨寨烤新茶。
山脚开了樱桃花，
酒香飘千家。

（佤族民歌）

修辞意义为：

触物起情，抒发了佤族人民适时劳作和轻快愉悦的生活情趣。

起兴也是民歌常用的修辞方式，比如陕北民歌《信天游》，差不多都是使用起兴来创作的。

2. 比兴

比兴和起兴的关系是：两者都是借物起情，由彼物引出此物，但比兴的彼物与此物之间具有相似点，可以构成比喻的推论，而起兴的彼物与此物虽可能有某种意义上的联系，但不是比喻，不能构成比喻推论。例如：

①青草长在风雨里，
乖乖的古卡生在穷人家里；
红花开在阳光里，
英俊的古卡生在好心人家里。

（韦其麟《百鸟衣》）

修辞意义为：

古卡像风雨里的青草，从小受苦却充满青春活力；古卡像阳光里的红花，英俊而且貌美。

由于彼物与此物有相似点，可以由彼物具有某属性推出此物也具有相似的属性。此例属于文人创作中的比兴。

②刀砍竹子不死根，
火烧芭茅不死心，
汉江一浪推一浪，
革命自有后来人。

（川陕边区民歌）

修辞意义为：

革命就像竹子和芭茅一样，具有无穷的生命力，前仆后继，奋勇向前。

这是民歌中的比兴。比兴和起兴一样，都是民歌创作中重要的修辞方法。

③一个篱笆三个桩，一个好汉三个帮。

（谚语）

修辞意义为：

好汉像篱笆一样需要支持和扶植，否则难成大事。

这是日常用语中的比兴。

比兴是起兴和比喻辞格的兼用。

四、映衬

为了突出主要事物，用类似或相反的事物作为陪衬，这种“烘云托月”的方法就是映衬。其中被烘托的事物称为主体，用来烘托的事物称为衬体。

映衬分为正衬和反衬两类。这两类映衬并不局限于文本，它也可以用于句子修辞。例如：

①黑的像墨水一样的海水卷着巨浪是可怕的，但是林道静的眼里，这黑暗的社会更可怕。

（杨沫《青春之歌》）

这是句子的映衬修辞，以黑暗的社会为主体，黑暗的海水为衬体，本体和衬体都在一个句子里面。其修辞的意义在于：

用“黑的像墨水一样的海水”来衬托社会的黑暗，更显出当事人心情的忧郁和沉重。

此例不属于本章所关注的内容，只是用来说明映衬可以是句子形式。下面两例都是文本的映衬修辞：

②忽探子来报：“华雄用长竿挑着孙太守赤帻，来寨前大骂搦战。”绍曰：“谁敢去战？”袁术背后转出骁将俞涉曰：“小将愿往。”绍喜，便着俞涉出马。即时报来：“俞涉与华雄战不三合，被华雄斩了。”众大惊。太守韩馥曰：“吾有上将潘凤，可斩华雄。”绍急令

出战。潘凤手提大斧上马。去不多时，飞马来报："潘凤又被华雄斩了。"众皆失色。绍曰："可惜吾上将颜良、文丑未至！得一人在此，何惧华雄！"言未毕，阶下一人大呼出曰："小将愿往斩华雄头，献于帐下！"众视之，见其人身长九尺，髯长二尺，丹凤眼，卧蚕眉，面如重枣，声如巨钟，立于帐前。绍问何人。公孙瓒曰："此刘玄德之弟关羽也。"绍问现居何职。瓒曰："跟随刘玄德充马弓手。"帐上袁术大喝曰："汝欺吾众诸侯无大将耶？量一弓手，安敢乱言！与我打出！"曹操急止之曰："公路息怒。此人既出大言，必有勇略。试教出马，如其不胜，责之未迟。"袁绍曰："使一弓手出战，必被华雄所笑"。操曰："此人仪表不俗，华雄安知他是弓手？"关公曰："如不胜，请斩某头。"操教酾热酒一杯，与关公饮了上马。关公曰："酒且斟下，某去便来。"出帐提刀，飞身上马。众诸侯听得关外鼓声大振，喊声大举，如天摧地塌，岳撼山崩，众皆失惊。正欲探听，鸾铃响处，马到中军，云长提华雄之头，掷于地上。其酒尚温。

（《三国演义》第五回）

"关公温酒斩华雄"是《三国演义》中很精彩的一个情节。关羽之勇是主体，华雄之勇为衬体，用华雄之勇来衬托关羽之勇，正是情节精彩的原因所在。其文本意义为：

关羽是强者中的强者。

此例为正衬，即用衬体作为陪衬来突出主体。

③军人爱马如命，只有飞骑穿越过战场的人，才会懂得这是何等亲昵、何等密切的感情。

……

我想不起人与畜之间，有什么比人与马更有深情的了，更生死与共、相依为命的了。

有人也举出猫，但猫是在热炕头上打鼾的动物。

有人也举出狗，但狗是喜欢向你献媚的动物。

马，不是这样，自有它独立不羁的风格、英雄豪迈的骨气。

（刘白羽《马鸣风萧萧》）

文本意义为：

作者对战马具有特殊的情感，对革命战争年代的戎马生活非常怀念。

此例为反衬——用猫的慵懒和狗的献媚来衬托战马的风格和骨气，衬体与主体相反，从反面烘托主体。

第四节 风 格

一、风格的推论

风格是作家、艺术家在创作中所表现出来的艺术特色和创作个性。作家、艺术家们由于各有自己的生活经历、艺术素养和个性特征，在处理题材、表现手法和运用语言等方面形成了各自的风格。当然，并不是任何一个写作者都有自己的风格，风格只属于那些卓有成就的作家和艺术家们。或者如威克纳格说的，“独特的风格就是不平凡作家的标志”。

据说苏东坡有一位幕士喜欢诗词，东坡问他：“我词比柳词何如?”他说：“柳郎中词，只好十七八女孩儿，执红牙拍板唱‘杨柳岸晓风残月’；学士词须关西大汉，执铁板铜琶唱‘大江东去’。”东坡为之绝倒。（南宋俞文豹《吹剑续录》）这里说的就是风格问题。

“柳词”即那位“凡有井水饮处皆能歌柳词”的柳永的词。“杨柳岸晓风残月”指柳永的《雨霖铃·寒蝉凄切》；学士指苏东坡，“大江东去”为苏词《念奴娇·赤壁怀古》的首句。现在把这两首词分录如下，并就此做些比较。

①寒蝉凄切，对长亭晚，骤雨初歇。都门帐饮无绪，留恋处，兰舟催发。执手相看泪眼，竟无语凝噎。念去去，千里烟波，暮霭沉沉楚天阔。　多情自古伤离别，更那堪冷落清秋节！今宵酒醒何处？杨柳岸，晓风残月。此去经年，应是良辰好景虚设。便纵有千种风情，更与何人说。

②大江东去，浪淘尽，千古风流人物。故垒西边，人道是：三国周郎赤壁。乱石穿空，惊涛拍岸，卷起千堆雪。江山如画，一时多少豪杰！　遥想公瑾当年，小乔初嫁了，雄姿英发。羽扇纶巾，谈笑间，樯橹灰飞烟灭。故国神游，多情应笑我，早生华发。人生如梦，一樽还酹江月。

从对这两首词的比较上看，撇开它们的思想内容不说，仅就艺术特色和个性特征而言，亦即就风格而言，我们不难看出：

柳词舒缓、柔和、纤细、缠绵，特别是“今宵酒醒何处？杨柳岸，晓风残月”，想到今夜酒醒的时候，不见心爱的人，只能对着岸上的杨柳，晓风轻拂，残月微明，此情此景触动了多少离愁别恨！

反观苏词，苏词气势浩瀚，粗犷、雄浑。首句“大江东去”，一开始就给人一种雄伟壮丽的感觉。接下来的“浪淘尽，千古风流人物”，又是何等的博大、深远！后面说到的战场的雄奇景色，周瑜的风流倜傥和自己的愁闷心怀，又无不表现得酣畅淋漓。

两相比较，苏词和柳词的差异一目了然。柳词风格柔婉，被称为“婉约派”，柳永就是婉约派的重要代表人物；苏词风格刚健，被称为“豪放派”，苏东坡就是豪放派重要的代表人物。苏府幕士对于柳词和苏词的区别一语中的，而且生动形象，难怪苏东坡为之绝倒。

文本的风格不是凭空产生的，而是与作家、艺术家的生活经历、艺术素养和个性特征密切相关。有人说“风格即人”，也有人说风格“即作品”“风格即思想”，如此等等，相比较而言，还是我国明代冯时可的说法最为全面、准确：“文如其人，人如其文。”（《雨航杂录》）也就是说，文本和作者具有某种相似的关系，作者与作品之间构成了某种比喻的推论。

风格的推论可以联系作品的思想内容，但是重点在于辨别作品属于什么风格流派，甚至辨认出作者是谁。当然这需要许多前提条件，比如说，作为“不平凡作家的标志”，并非任何作家都有风格可供品评；品评者要熟悉风格理论以及众多作家的个人掌故，比如苏府那位幕士；如此等等。当然，如果具备其中某些条件，我们也不妨尝试着品评。例如：

③大风起兮云飞扬，威加海内兮归故乡，安得猛士兮守四方？

（《大风歌》）

首先，我们推论一下这首诗属于什么风格：豪放还是婉约？从前面的柳词和苏词的对比中不难看出：这首诗气势浩瀚、粗犷、雄浑，绝非小儿女的情意缠绵，因此风格属于豪放而非婉约。

其次，诗的首句“大风起兮云飞扬”，风起云飞，比喻群雄竞逐而天下大乱。下句“威加海内兮归故乡”，说的是他平定群雄，夺得了帝位，并且衣锦荣归。末句反映了他虽然踌躇满志，但在内心深处却隐藏着恐惧和悲哀。那么他是谁呢？他应该是刘邦。刘邦虽然不是大作家，但却具有大人物的风范，“文如其人，人如其文”，《大风歌》的风格与汉高祖刘邦有相似之点。刘邦在平定英布的叛乱之后，顺路回了一趟故乡——江苏沛县，与乡亲们欢饮，即兴创作了这首《大风歌》。“安得猛士兮守四方”确实流露了一些恐惧和悲哀。

④薄雾浓云愁永昼，瑞脑消金兽。佳节又重阳，玉枕纱橱，半夜凉初透。　　东篱把酒黄昏后，有暗香盈袖。莫道不销魂，帘

卷西风，人比黄花瘦。

（李清照《醉花阴》）

这首词柔和纤细，婉转缠绵，风格上只能属于婉约（柔婉）而不可能属于豪放（刚健）。“玉枕纱橱，半夜凉初透”，主人公应当是个女性。她那么多的“愁”应当属于丈夫远行的“离愁”，而当时作者的丈夫赵明诚正好出门在外。尤其是能写出“莫道不销魂，帘卷西风，人比黄花瘦”这样美妙句子的女词人，还能是谁，她只能是李清照。当然，词中主人公是女人，而作者未必就是女人，如果仅仅根据这一个条件，那还是推不出来的。

在风格的推论中，辨识文本属于什么风格应当不是难事，但要辨识作者是谁就不是那么容易了，它必须拥有更多的前提。不过在特定的情境中，这还是有可能的。正如有人在评论爱伦堡的作品时说：“从一片叶子上我们能认识一株树，从一页报纸上，从偶然打开的一页书上，读者马上猜得出这是爱伦堡。”①至于中国的读者，对于诸如李白、杜甫等古代诗人作家以及鲁迅、老舍、赵树理等近现代作家，由于他们风格鲜明，要辨识其作品还是不太困难的。

不过话还得说回来，由于作家和作品的复杂性，风格推论的结论一般都是或然而不是必然的。特别是由作品推出作者的推论，往往只是一种猜测，其可靠性程度不能高估。

二、风格的类型

风格（style）的研究源远流长。在本书的第二章里，我们就曾经讨论过亚里士多德对于风格的研究。在中国，作为文学评论的“风格”一词始见于南北朝。南朝刘勰的《文心雕龙》说：“及陆机断议，亦有锋颖，而谀辞弗剪，颇累文骨。亦各有美，风格存焉。”（《议对》）北朝颜之推也说过：“古之为文，宏材逸气，体度风格，去今实远。”（《颜氏家训》）但他们都没有以“风格”为题进行过研究。《文心雕龙》倒是在《体性》一章中讨论了风格问题。

风格的类型多种多样，历来就有不同的分法。《文心雕龙·体性》说：“各师成心，其异如面。若总其归涂，则数穷八体：一曰典雅，二曰远奥，三曰精约，四曰显附，五曰繁缛，六曰壮丽，七曰新奇，八曰轻靡。”意思是说，作家们根据自己内在的条件进行创作，因而构成各人不同的风格，正如各人的面貌千差万别。如果总结各家创作发展的道路，可以归纳为这么八种

① 引自叶星：《写作与文风》，山西人民出版社1980年版，第179页。

风格。唐代司空图的《诗品》把诗分为二十四品,比如纤秾、典雅、自然等等,虽然说的是诗但不限于诗,实际讲的就是二十四种风格。当代陈望道在《修辞学发凡》中,从体性亦即风格上分为四组八种,即:由内容和形式的比例分为简约和繁丰;由气象的刚强和柔和分为刚健和柔婉;由话里辞藻的多少分为平淡和绚烂;由检点工夫的多少分为严谨和疏放。当今王希杰在《修辞学通论》中则把风格分成七组十四种类型:一是刚健和柔婉;二是藻丽和平实;三是明快和含蓄;四是简洁和繁丰;五是严谨和疏放;六是庄重和诡奇;七是典雅和通俗。当然还可以有其他分法。

下面,我们按照王希杰教授的分类,从风格推论的意义上举出若干实例,推论它们所属的风格类型,有条件的话,还可以推论文本的作者。

①田家少闲月,五月人倍忙。夜来南风起,小麦覆陇黄。
妇姑荷箪食,童稚携壶浆。相随饷田去,丁壮在南冈。
足蒸暑土气,背灼炎天光。力尽不知热,但惜夏日长。
复有贫妇人,抱子在其旁。右手秉遗穗,左臂悬敝筐。
听其相顾言,闻者为悲伤。家田输税尽,拾此充饥肠。
今我何功德,曾不事农桑。吏禄三百石,岁晏有余粮。
念此私自愧,尽日不能忘。

(白居易《观刈麦》)

人们一般认为,诗的辞藻总是华丽甚至绚烂的,其实并非都是如此。这首诗朴实无华,极少修饰,只是老老实实地把要说的话述说出来,明白而且自然,所以此诗应属于与藻丽相对的平实风格。白居易的诗据说连老妪都能听懂,从此诗推论作者为白居易也并非难事。

②碧城十二曲阑干,犀辟尘埃玉辟寒。
阆苑有书多附鹤,女床无树不栖鸾。
星沉海底当窗见,雨过河源隔座看。
若是晓珠明又定,一生长对水晶盘。

(李商隐《碧城》之一)

李商隐诗向有"诗谜"之说,《碧城》三首更是最难懂的谜中之谜。"碧城"为仙人住地,全诗说的都是仙人的事情,那么作者究竟想表达什么呢?有人说是"君门难进之词",有人说写的是唐初众多公主出家的事,有人说是寓言,然所寓之意则不甚可知。此诗通篇都用隐喻,含意幽晦深曲,应当属于与明快相对的含蓄风格。李商隐此类诗作甚多,从此诗的文本来看,不难推出作者为李商隐。

③晋献文子成室,晋大夫发焉。张老曰:"美哉轮焉,美哉奂

焉！歌于斯，哭于斯，聚国族于斯。"文子曰："武也得歌于斯，哭于斯，聚国族于斯，是全要领以从先大夫于九京也。"北面再拜稽首。君子谓之善诵善祷。

（《古文观止·晋献文子成室》）

此篇选自《礼记·檀弓下》，意思是说，晋国祝贺文子赵武房屋落成，大夫们前往送礼。张老说：美啊，这么高大，这么漂亮！在这儿祭祀、办丧礼，还可以宴饮宾客。文子说：我在这儿祭祀、办丧礼，宴饮宾客，是为了保全性命，追随亡祖亡父于九原墓地啊。文章简洁明了，不能增加一字，也不能减去一字，应当属于与繁丰相对的简洁风格。

④故事十五。

女人的脸。

番茄皮，黄瓜头，牛奶，面膜，眼影粉，假睫毛，口红，粉底霜，胭脂，洗面膏，粉饼，眼线笔，眉笔，睫毛钳，穿耳器，香水，脱毛剂。暗疮蜜，增白剂，防晒霜，土豆片，蛋清，羊肝泥，鱼血，按摩器，整容手术。镜子。

（陈村《日出·印象》）

"故事十五"和"女人的脸"是两个短语，其余全是名词，没有一个句子。当然，作者是在表达，是在讲故事。这种奇特别致的写法，应当属于与庄重相对的诡奇风格。

⑤叹世间多少痴人，多是忙人，少是闲人。酒色迷人，财气昏人，缠定活人。钹儿鼓儿终日送人，车儿马儿常时迎人。精细的瞒人。本分的饶人。不识时人，枉只为人。

（无名氏《折桂令》）

元人这曲小令，全是大白话儿，无须做任何解释，因此它应当属于与典雅相对的通俗风格。

以上所举各例，都是根据文本的主要倾向，分别推出它们所属的风格，但是在实际上，我们可以从一个文本推出不同的几个结论，也就是说，它可以分属不同的几种类型的风格，这就是风格的兼类。比如，白居易的《观刈麦》除平实的风格以外，还可以兼明快、简洁等风格；李商隐的《碧城》除含蓄的风格以外，还兼藻丽、柔婉等风格。

第九章　汉字修辞

第一节　汉字修辞与推论

一、汉字修辞与汉语修辞

语言是一种符号，具有能指和所指的二元关系。例如汉语“人”，能指即语音“rén”，所指为“能够制造和使用工具的动物”。文字也是一种符号，例如汉字的“人”，能指即字形一撇一捺的“人”，所指为汉语“人”的读音“rén”，以及词义“能够制造和使用工具的动物”。在符号系统中，文字符号是语言的载体，是记录语言符号的符号，属于二级符号。虽然如此，但是文字符号却具有跟语言符号不同的本质特征：语言属于听觉符号，而文字则属于视觉符号。

修辞是一种语言艺术，是口头语言也是书面语言的艺术。汉语中用以记录口头语言的工具，即汉字——汉语的书面语言，所以在汉语的修辞学里，一直包含有汉字修辞的内容。然而，由于文字符号不同于语言符号，汉字修辞也有别于汉语修辞：汉语修辞属于听觉艺术，而汉字修辞则属于视觉艺术（虽然有时候也可以诉之于听觉，但是归根结底，文字属于视觉符号）。因此，独立讨论汉字修辞和汉字修辞式推论，是必要而且可能的。

汉字有自己的形、音、义，字形是能指，音和义为所指，汉字用它独特的视觉能指来记录汉语的语音和语义。汉字修辞就是建立在汉字独特的字形能指基础之上的视觉符号艺术。

汉字最明显也最根本的特征是方块表意文字。汉字方块形，被称为“方块字”，这与西方的线形文字有明显的区别。然而方块形并非汉字所独有，比如朝鲜文字也呈方块形，但朝鲜文字是方块表音文字，而汉字却是方块表意文字。汉字修辞就是充分利用汉字方块表意的特征来“达意传情”

的艺术，用以取得最佳的修辞效果。例如：

①凡鸟偏从末世来，都知爱慕此生才。
一从二令三人木，哭向金陵事更哀。

（《红楼梦》第五回）

这是太虚幻境薄命司的正册判词之八，写王熙凤一生的命运。“凡鸟”从字形上合起来是个“鳳”字（“凤”的繁体字），点出王熙凤其人。“一从二令三人木”，是说王熙凤的丈夫贾琏对她态度的变化过程：最初是“服从”，后来是“使令”，最后是把她“休”了，“人”和“木”合起来即是“休”字。

此例两处都利用了汉字的特殊字形，因而属于汉字修辞。而这种独特的修辞方式，既是其他文字做不到的，也有别于前面讨论过的汉语修辞。

《红楼梦》中的王熙凤聪明过人，然而聪明反被聪明误，最后落得被休弃的可悲下场。遗憾的是，《红楼梦》续作者没有按照曹雪芹的原意写出王熙凤这个结局。不过续作者未必不知道“一从二令三人木”的推出意义，未按原意写是有其他更为复杂的原因。

②二人土上坐，
一月日边明。

（《琼华春云》）

相传金代章宗皇帝和李元妃在琼华岛赏月，章宗随口说了上联，元妃立即答出下联。上联两个“人”字和一个“土”字合成“坐”字，下联“日”和“月”合成“明”字。这虽然属于汉语修辞的对偶格，但同时也是汉字的字形修辞。其中特别精彩的是元妃的答联，不仅准确、工整，而且赋予“日”字和“月”字以全新的含义。元妃以日喻章宗，以月自喻，表明自己的荣耀来自章宗的恩宠，很符合“元妃”的身份，而且还能因此取得章宗的赞赏和进一步的宠幸。当然，这都属于推出意义。

从以上两例不难看出，汉字修辞往往具有汉语修辞不能取代的深刻意义。

在汉民族的文化传统中，汉字修辞不仅有很多精彩的例子，而且源远流长。早在先秦时期，《国语·晋语》中就有“秦客廋辞于朝”的记载。这里所说的“廋辞”就是利用汉字离合方法制作而成的隐语。汉字离合方法作为汉字修辞的理论，在五代《文心雕龙·明诗》中就讨论过。“析字”等汉字修辞格，也早已出现在汉语修辞学的研究之中。

然而，汉字修辞作为独立于汉语修辞学以外的修辞研究，则是近年来才出现的。2001年出版的陈宗明《汉字符号学》[1]一书，第一次明确地提出汉字修辞与汉语修辞的区别。2004年，曹石珠《汉字修辞学》[2]出版，当是汉字修辞学的第一本专著。

中华民族有数千年的灿烂文化，汉字在记录和传承汉民族文化的过程中做出了卓越的贡献。汉字修辞是最具有中华文化特质的修辞现象。正如曹石珠所说：汉字修辞"构成了一些为其他语言所不具有的特殊的修辞手段，甚至还构成了一些连汉语口语中也无法存在的汉字修辞手段"[3]。

二、汉字修辞式推论

语言符号在符号系统中处于核心地位，因为语言不同于其他任何一种符号：它具有特殊的透义性。其他符号，比如交通符号、体态符号、哑语、旗语等等，都必须翻译成语言符号才能够为人们所理解；而语言符号，只要不发生某种障碍，比如说话人口齿不清或者方言难懂，或者是另一种语言，听话人总能直接了解说话人所传达的思想感情，不必经过任何翻译。这就是语言符号的透义性表现。例如：

①罗杰望着那冷落的街衢。

（张爱玲《沉香屑·第二炉香》）

此例为汉语的记述性修辞，不需要经过翻译，也用不着推理，听读者可以直接地了解说写者所要表达的基本思想，不存在看不懂或听不懂的问题。当然，我们也可以进行推论，比如说，

有一个名叫"罗杰"的人。

罗杰眼望着一条街道。

街道是冷落的。

但是，即使没有这些推论，我们也不能说不理解那句话的意思。这些推论，只不过是对那句话的进一步理解罢了。当然，汉语的表现性修辞是需要进行一些推论的。

然而汉字修辞就不同了：汉字修辞在任何情况下都必须进行推论（解释或翻译），我们才能理解说写者所要表达的意义，而汉语修辞并非必然地需要推论。这也是汉字修辞与汉语修辞的重要区别所在。请看：

---

① 参阅陈宗明：《汉字修辞的符号学》，《汉字符号学》第7章，江苏教育出版社2001年版。

② 参阅曹石珠：《汉字修辞学》，西安出版社2004年版。

③ 曹石珠：《汉字修辞研究》，岳麓书社2006年版，第9页。

②肖队长说："看是谁打八刀，跟谁打八刀？"肖队长说到这儿，笑着加一句："童养媳是不准打八刀的。"

（周立波《暴风骤雨》）

"打八刀"是什么意思？如果不经过解释（翻译或推论），您能够理解肖队长说话的意思吗？原来"八刀"是汉字"分"的拆分，"打八刀"就是离婚。可以推论如下：

看是谁打八刀，跟谁打八刀。

?（什么意思）

∵汉字"分"由"八"和"刀"组成。（汉字知识）

"分"有"离"义。（词典意义）

∴"打八刀"是指离婚。（情境意义）

∴看是谁离婚，跟谁离婚。

至于童养媳不准"打八刀"，那是因为童养媳没有结婚，说不上离婚，童养媳如果要"离婚"，那就是解除婚约。

下面再看：

③这韩爱姐儿见敬济一去十数日不来，心中思想，挨一日似三秋，盼一夜如半夏，未免木边之目，田下之心。

（《金瓶梅》）

这"木边之目，田下之心"是什么意思？我们可以进行以下推论：

韩爱姐儿未免木边之目，田下之心。

∵"木边之目"为"相"字。

"田下之心"为"思"字。

∴韩爱姐儿未免相思。

这样的推论或许可以叫作"翻译"或"解释"，其实翻译和解释也就是推论，都是以已知为条件（前提），经过一定的步骤，弄清原来属于未知的东西（结论）。所以，"推论""翻译"和"解释"是同一件事情。

④青盘香露倾荷女，子墨风流更不言。
寺寺云罗堪度日，京尘到死扑侯门。

（皮日休《好诗景》）

这首诗似乎明明白白，不存在"是什么意思"的问题，因而也不需要进行推论。但这只是就汉语修辞而言的。实际上这是一首汉字修辞的诗，我们必须进行推论才能理解作者的原意。我们的推论或解释（翻译）是：

第一句末字"女"和第二句首字"子"合成"好"字，第二句末字"言"和第三句首字"寺"合成"诗"字，第三句末字"日"和第四句首字"京"合成"景"字。再把三个合成的字合起来，就成了"好诗景"，即诗的题目。

“好诗景”是诗的题目，也是推论的结论。如果没有上述推论，尽管我们懂得诗的字面意义，也不能理解作者的真正用意。

⑤稿砧今何在，山外复有山。
何当大刀头，破镜飞上天。

（《玉台新咏·古绝句》）

这也是一首汉字修辞诗，如果不经解释（推论），很难理解是什么意思，甚至不知所云。宋代王观国在《学林新编》中解释说：

稿砧者，铁也；稿砧今何在者，问夫何在也。山外复有山者，出也；言夫已出也；大刀头者，镮也；何当大刀头者，何日当还也。破镜者，月半也；破镜飞上天者，言月半当还也。

这里有许多推理：首先从“稿砧”即“铁”，“铁”与“夫”谐音，推出“稿砧今何在”即“问夫何在”；然后从“山外复有山”，即两重山，推出“出”字，再推出“言夫已出”；再后，从“大刀头”有“镮”，谐音“还”，推出“何当大刀头”是说“何日当还”；最后，从“破镜者，月半也”，推出“破镜飞上天”是指“月半当还”。此例析形、谐音、衍义并用，表现了一位妻子思念丈夫的心境，但要推出这一层意思，必须经过推论。最后结论：

此诗曲折、形象地表现了一位妻子思念丈夫的复杂心情。

通过以上实例分析，我们不难得出两个重要的结论：一是听读者要正确地理解汉字修辞的意义必须经过推论。汉字是记录汉语的二级符号，它不具有语言符号那种透义性，所以，汉字修辞必须经过翻译或解释，亦即推论。二是汉字修辞式推论是通过方块汉字的形体变化实现的。它诉诸听读者的感官（主要是视觉，如果是听觉，也必须转换为心理视觉符号），以唤起听读者对这一修辞现象的兴趣和爱好（传情），从而应用自己的聪明智慧，领悟特定的修辞意义（达意）。这就是汉字修辞式推论的本质特征。

第二节 汉字修辞方法

一、离合

汉字修辞的本质是利用汉字独特的字形来达意传情，因此，汉字修辞乃汉文化之所独。

离合是汉字修辞最常用的方法。具体说来，“离”和“合”是两种不同而且对立的方法:“离”是分离,即把一个汉字组成的部件拆开,也称“拆字”;“合”是组合,为“离”的逆过程,即把若干部件组合成一个汉字,也叫“并字”。虽然如此,但在汉字修辞的实践中,离合常常联用,先离后合,或者先合后离,而且各种离合或明或暗,变化多端。这些离合的过程,实际上都是推论。例如:

①兵车煞是有趣味的,拥挤着一些丘八,我总觉得怎么也好像些猪。

(茅盾《故乡杂记》)

②我既是酒乡的一个土著,又这样地喜欢谈酒,好像一定是一个与“三酉”结不解之缘的酒徒了。

(周作人《谈酒》)

前例“丘八”、后例“三酉”是什么意思?由于“丘”和“八”是“兵”的离合,我们可以推出“兵车上拥挤着一些兵”;由于“三”(三点水)和“酉”是“酒”的离合,我们可以推出“‘我’好像一定是一个与酒结了不解之缘的酒徒”。两例都是作者分离了让读者组合,答案未见于字面。

③张俊民道:“胡子老官,这事凭你作法便了。做成了,少不得言寸身。”王胡子道:“我那个要你谢……”

(《儒林外史》第三十二回)

“言寸身”是“谢”字的离合,也就是说,离而为“言寸身”,合而为“谢”。张俊民给出了分离的“言寸身”,王胡子由此推出“谢”字。此例由发话人把“谢”字分离为“言寸身”,然后由对话人组合成为“谢”字。答案见于字面。

以上都是先离后合的例子。

④“槐”字咋写?“木”字旁一个“鬼”字,有“鬼气”哩!早早伐了它,咱云家祖辈都安宁。

(黄富强《古槐》)

此例以“槐”字为合,以“木”“鬼”为离,先合后离,都由说话人自己完成。

⑤佳句成来谁不伏,神丹偷去亦须防。
风前莫怪携诗藁,本是吴吟荡桨郎。

(陆龟蒙《和袭美怀锡山药名离合二首》之一)

“伏”和“神”是药名“伏神”的离合,“防”和“风”是药名“防风”的离合,“藁”和“本”是药名“藁本”的离合。然而这些离合属于字与字的离合,有别于前面的例子,属于方块汉字的分离和组合。

在日常交际中,人们常说“木子李”“古月胡”“日月明”等,应用的就是这种离合字形的方法。

二、增损

增损是指在修辞过程中字形的增加或减少。前者称为增形或增笔，后者称为损形或减笔。例如：

①旧时镇江焦山有僧人名几谷，或赠联曰："脱去凡心一点，了却俗身半边。"

（刘叶秋《再谈对联》）

"凡"字减去中心的一点，可以得到"几"字；"俗"字减去"人"字偏旁，可以得到"谷"字。两字相加，就是僧人的名字"几谷"。此联对仗工整，而且符合僧人身份，但这些都必须经过推论才能得到。

②黄鹤楼，鲁班修，灵芝草，被人偷，骑龙跨虎自由去，八仙飘海各自休。

（谜语）

此例为应用减笔（损形）法的谜语推论。字面为前提："黄"字减去"草字头"，再减去中间的"由"，再减去下面的"八"，那么它能是什么字呢？它只能是"一"字。这就是谜底，亦即推论的结论。损形或减笔法是字谜最常用的方法。

③徐之才聪辩强识，有兼人之敏。尤好剧谈谑语，公私言聚，多相嘲戏。……嘲王昕姓云："有言则讧，近犬便狂，加颈足而为馬，施角尾而为羊。"

（《北齐书·徐之才传》）

此例为增形法："王"字增加"言"为"讧"，增加"犬"为"狂"，增加颈足为"马"（馬），增加角尾为"羊"。

④村里安身。

（谜语）

此例也是增形法。"村"字里添加"身"字为"榭"，即谜底，亦即推论的结论。

三、转形

汉字修辞中所说的"转形"，就是"转换形体"。"转形"有两种情况：一是"借形"，把对象事物之形转换为汉字；二是"变形"，把通常的汉字形体转换为另一种形体。例如：

①但是没有客人；只有小栓坐在里排的桌前吃饭，大粒的汗，

从额上滚下，夹袄也贴住了背心，两块肩胛骨高高凸起，印成一个阳文的“八”字。

（鲁迅《药》）

作者把小栓两块肩胛骨高高凸起的形状转换为汉字的“八”字，形象地表现了患肺结核的小栓已经骨瘦如柴，预示小栓将不久于人世。此例为借形。

②“店开在哪儿?”

“城外的大桥头。”

“唷，那可是好市口。”

“那当然。”

“这两年赚得不少吧。”

“不多，几个草字头。”

（陆文夫《清高》）

两年赚了“几个草字头”，“草字头”是多少？个、十、百、千、万，不是个、十、百、千，所以只能是“万”。“万”的繁体字“萬”是“草字头”，所以就是“万”，说话人两年赚了几万元。

此例先把“草字头”从“萬”字分离出来，然后借用这个“草字头”来说明赚得的钱数。这也是借形。

③

这是“学”“好”“孔”“孟”四个字的合形，属于变形。这种合形字给人耳目一新的感觉，从而加深了人们对“学好孔孟”的印象和理解。

④

这是“福”字的倒形，也是汉字修辞变形的一种。意思是：福到了。

汉字修辞的离合、增损和转形，其推论意义一般都有两个层次：一是识别原字，二是推出其中的隐含意义，这隐含意义可能是深邃而且精辟的。为了简明，本节着重于第一层次意义，其深层次的意义留待读者自己探索和研讨。

四、衍绎音义

汉字也是形、音、义的结合体，作为汉字修辞，它是方块字的字形修辞，但有时也涉及音义。不过这样的“涉及”总与字形有关，因而有别于一般的汉语语音或语义修辞。例如：

①双木不成林。

（谜语）

谜底为“相”。这在口头表达中是很迷惑人的，因“双木”中的第二个“木”字实际是“木”的谐音字“目”。这是“衍音”。

②画时圆，写时方，寒时短，热时长。

（谜语）

谜底为“日”。除“写时方”说的是字形以外，其余都与字形无关。“画时圆”是从对象事物的形体说的，“寒时短，热时长”是就“冬日”和“夏日”的意义而言的。后者称为“衍义”。

以上离合、增损、转形和衍绎音义，是汉字修辞的基本方法。对于这些方法的应用，可以形成不同的汉字修辞格式。

第三节　汉字修辞格

一、主格

汉字修辞格是汉字修辞的一些固定格式，它们在修辞实践中应用了前述一种或数种汉字修辞方法。

汉字修辞主格的意思是说，它们都是主要的或典型的汉字修辞格。如果属于兼格，那也是以汉字修辞为主要特征的。主要是：

1. 析字

析字是指应用离合增损或者转形的方法进行修辞的一些固定格式。析字是汉字修辞最为常用的一种辞格。

①渔父屈节，水潜匿方。与时进止，出寺弛张。吕公矶钓，阖口渭旁。九域有圣，无土不王。好是正直，女固子臧。海外有截，隼逝鹰扬。六翮将奋，羽仪未彰。龙蛇之蛰，俾它可忘。玟璇隐曜，美玉韬光。无名无誉，放言深藏。按辔安行，谁谓路长。

（孔融《郡姓名字诗》）

东汉孔融《郡姓名字诗》应用离合增损的方法，推衍出了“鲁国孔融文举”。具体方法是：

“渔父屈节，水潜匿方”，“渔”字减去（潜匿）“水”（三点水的偏旁）得“鱼”字；“与時（时）进止，出寺弛张”，“時”字减去（出）“寺”字得“日”字。“鱼”和“日”组合为“鲁”字，也可以说，“鲁”字分离为“鱼”和“日”字。

其余类此。

孔融姓孔名融字文举，山东曲阜(鲁国)人。作者以这种离合增损的析字方式让读者推出自己的姓氏、名字和籍贯，新颖奇特，颇能引起读者的兴趣，而且印象深刻。

②是夜有十数小儿于郊外作歌，风吹歌声入帐。歌曰："千里草，何青青！十日卜，不得生。"歌声悲切。卓问李肃曰："童谣主何吉凶？"肃曰："亦只是言刘氏灭、董氏兴之意。"

(《三国演义》第九回)

这首童谣也是应用离合法的析字："千里草"为"董"字的离合，"十日卜"为"卓"字的离合。"千里草，何青青！十日卜，不得生！"意思是说"董卓即将灭亡"。李肃的解释是为了哄骗董卓，当时董卓由于篡位心切，没有心思去推论童谣的含义，所以受骗。

③吕先生品箫须添一口；
谢状元射策何吝片言。

(《古今谭概》)

此例用的是增形法："吕"字增加一"口"为"品"，"射"字增加"言"旁为"谢"。"射策"是古代取士的一种考试制度：考试方把试题写在简策上，应试者随意取答，然后考试方按题目难易和所答内容来定优劣。

④昨天编完了去年的文字，取发表于日报的短论以外者，谓之《且介亭杂文》。

(鲁迅《且介亭杂文二集·序言》)

此例为损形法："租"字减"禾"旁为"且"，"界"字减"田"头为"介"。意思是说：半租界。

⑤紫芝道："都已饮了，说笑话罢。设或是个老的，罚酒一杯。"玉儿道："就从我的姓上说罢。有一家姓王，兄弟八个，求人替起名字，并求替起绰号。所起名字，还要形象不离本姓。一日，有人替他起道：第一个，名唤王主，绰号叫做硬出头的王大。第二个，名唤王玉，绰号叫做偷酒壶的王二。第三个，就叫王三，绰号叫做没良心的王三。第四个，名叫王丰，绰号叫做扛铁枪的王四。第五个，就叫王五，绰号叫做硬拐弯的王五。第六个，名唤王壬，绰号叫做歪脑袋的王六。第七个，名唤王毛，绰号叫做弯尾巴的王七。第八个，名唤王全，这个"全"字本归入部(繁体"全"，"入"字头)，所以绰号叫做不成人的王八。"

(《镜花缘》第八十六回)

此例用了增损和转形的方法:“王主”“王玉”“王全”用了增形,即增笔;“王三”用的是损形,即减笔;“王丰”“王五”“王壬”“王毛”用的是变形,属于转形的方法。他们的绰号可以理解为推论的结论。

2.联边 同形

联边是利用一些偏旁相同的字组词造句,同形是利用字形相同的字组词造句,方法上都属于借形。例如:

①欢腾今日新天地,澎湃潮流沸海江。

(柳亚子《感事呈毛主席》)

“澎湃潮流沸海江”,每个字的偏旁都是“三点水”,体现了革命的潮流汹涌澎湃,气势恢宏。

②浩瀚汪洋波涛涌河溪注满;
雷霆霹雳霭雲雾霖雨雾霏。

(海神庙楹联)

果然是大雨滂沱,一片汪洋,体现了海神的无比威力。

以上两例为联边。

③海水朝朝朝朝朝朝朝落;
浮云长长长长长长长消。

(山海关孟姜女庙楹联)

这些同形的字在读音上有所区别,作者巧妙地利用了这一特点来组词造句,显现了一种特有的辞趣。它的读法是:

海水潮,朝朝潮,朝潮朝落;
浮云长,常常长,常长常消。

此例为同形(包括谐音同形)。

3.摹形 神智体

摹形和神智体都是应用转形方法进行修辞的汉字辞格,不同之处在于:摹形属于借形,而神智体属于变形。

(1)摹形。

摹形是利用对象事物与某个汉字形体相似的特点,用这个汉字来摹写这个事物,用以达意传情。例如:

①有两只小小山鸡争着饮水,蹬翻了小碗,往青石板上一跑,石板上印上许多小小的“个”字。

(杨朔《泰山极顶》)

石板上小山鸡的脚印很像汉字“个”,于是作者就用“个”字来摹写这些小小的脚印,不仅生动形象,而且使读者更能感觉到小山鸡的可爱。

②满天都是星光，火把也都亮起来了。从山脚向上望，只见火把排成许多“之”字形，一直连到天上，跟星光接起来，分不出是火把还是星光。

（陆定一《老山界》）

这也是利用部队夜里行军打火把与汉字“之”字之间的相似性来修辞的。此情此景，难怪作者说：“这真是我平生没有见过的奇观。”

人们常说的“八字胡”“人字梯”“回形针”“金字塔”“十字街头”等等，也都属于摹形格。

(2)神智体。

神智体是一种“以意写图，使人自悟”的文体。陈望道说它“是字形大小，笔画多少，位置正反，排列疏密等等的利用”[1]。

①

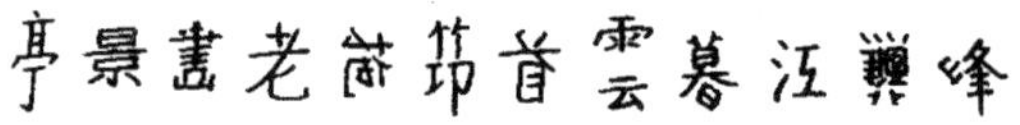

（《东坡问答录》）

据《回文类聚》记载，神宗熙宁间，北朝使至，每以能诗自矜，以诘翰林诸儒。上命东坡馆伴之，北使乃以诗诘东坡。东坡曰：“赋诗，亦易事也；观诗稍难耳。”遂作《晚眺》诗以示之。北使惶愧不知所云，自后不复言诗矣。

苏东坡这首《晚眺》诗可解释为：

长亭短景无人画，老大横拖瘦竹筇。
回首断雲斜日暮，曲江倒蘸侧山峰。

这个解释，自然也是推论的结论。

东坡作《晚眺》诗的目的是为难北朝使者，煞煞他的傲气，后人以其设意新奇，启人神智，取名为“神智体”。

②杭州大学倪宝元先生，1992 年 12 月寄给南京大学中文系教授王希杰先生一张新年贺卡，只有两个字：一个是倒写的“福”字，一个是细长的“寿”字。倪先生这样特意的书写，意在祝愿王先生“福到”和“长寿”。

（《符号世界》）

这里倒写的“福”字和细长的“寿”字都可以看成神智体。“福到”和“长寿”都是推论的结论。

神智体在今天的社会生活中，特别在广告、商标和徽饰中，应用相当广泛。例如把“日”字和“月”字直接画成太阳和月亮的形状，把“愛”(爱)字中

① 陈望道：《修辞学发凡》，新文艺出版社 1957 年版，第 197 页。

间的“心”画成心形，如此等等。它们的实践效果一般都是很好的。

二、次格

汉字修辞的次格，是指几种并非典型的汉字修辞格式。就是说，这样的辞格可以看成汉字辞格，也可以看成汉语辞格，但它们毕竟与方块汉字有关，所以为次格，有别于主格。

1.嵌字

在修辞活动中，修辞者把相关的几个汉字分别嵌入几句诗文或者话语之中，以传达某种含义，是为“嵌字”。

由于汉语的特点是声韵双拼，一般而言，一字一个音节，一个音节一个意思，汉字与汉语相匹配，嵌字也是嵌词，汉字修辞同时也是汉语修辞。但是有时候，嵌进去的明显是词，则应当理解为汉语修辞，而不必说成是汉字修辞。例如：

①苦旱思雷雨，日出怜梦沉。
寄情蜕变日，长忆北京人。

（光未然《赠曹禺同志》）

②不折不从亦慈亦让；
星斗其文赤子其人。

（傅汉思挽沈从文联）

两例都有嵌入，但在性质上有所区别。前例嵌进的“雷雨”“日出”“蜕变”和“北京人”都是剧作家曹禺的剧作，是名词，应属于汉语修辞；后例嵌进“从”“文”二字，合起来是作家沈从文的名字“从文”，分开后的意思就变了，所以属于汉字修辞。

从修辞式推论的角度上说，前例概括了曹禺的剧作成就，后例表现了沈从文的崇高品质和伟大人格。这就是两例的修辞意义，亦即推论的结论。

③芦花滩上有扁舟，
俊杰黄昏独自游。
义到尽头原是命，
反躬逃难必无忧。

（《水浒》第六十回）

梁山泊军师吴用把“卢俊义反”四个字分别嵌入每句诗的首字，形成一首“反诗”，赚得卢俊义上山入伙。“芦”为“卢”的谐音。

④民犹是也，国犹是也，何分南北？
总而言之，统而言之，不是东西！

（章太炎撰联）

北洋军阀曹锟通过贿选当了民国总统，章太炎作嵌字联进行讽刺。“民国总统”合起来是词，分别嵌入不同的句子中则仅仅是字，所以属于汉字修辞。

嵌字格总是把词语拆开，有规则地嵌入句子之中，用以传达某种思想感情，是一种很巧妙的汉字修辞格式。

2. 回旋　回文

回旋和回文都是利用汉字的巧妙排列来达意传情的修辞方法。它们中有的是纯粹的汉字修辞，有的可以同时理解为汉语修辞。

(1)回旋。

回旋格着眼于汉字字序的经营，利用回环旋转的方法来解读相关文字，以取得某种修辞效果。例如：

①
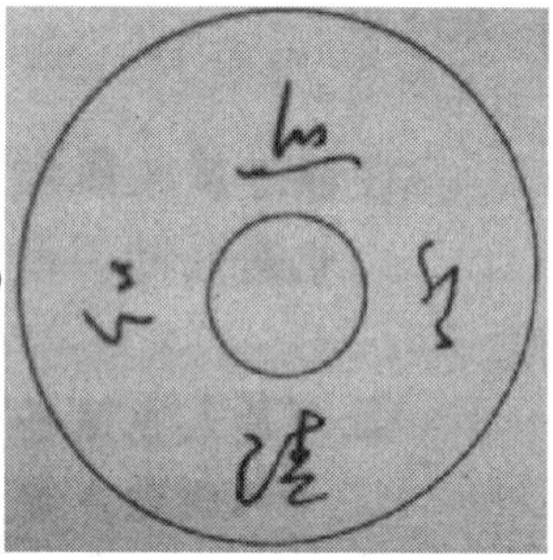

早些时候，一种瓷茶壶盖子的环形面上，写有上述这么四个汉字，依次读起来可以得到这样四个句子：

可以清心。
以清心可。
清心可以。
心可以清。

从汉字推论的意义上说，我们按照四个汉字的排列次序，可以推出上述四层意义，或者说，推出四个结论。此例如果口述，那就是四个音节的不同组合，因而可以同时理解为汉语修辞。

②机时得到桃源洞
忘钟鼓响停始彼
尽闻会佳期觉仙

作惟女牛底斗人
而静织郎弹星下
机诗赋又琴移象
观道归冠黄少棋

湖南桃源县遇仙桥有一块诗碑，过路人谁也没有读通。相传有一位读书人屡试不第，因在桥头看两位老人下棋受到启示，考试荣登榜首，于是修桥立碑。碑文是一首七言律诗，从中心呈螺旋形顺时针展开，且取前句末字的后半个部件为下句首字。按此法读来，这首诗是：

牛郎织女会佳期，月底弹琴又赋诗。
寺静惟闻钟鼓响，音停始觉斗星移。
多少黄冠归道观，见机而作尽忘机。
几时得到桃源洞，同彼仙人下象棋。

这也是一种回旋阅读的方法，清新有趣，让读者在快乐的阅读中体味诗中三昧。

相传汉代苏伯玉之妻所作《盘中诗》，呈一个多重的汉字圆形图，从中央读起，回旋转折而至周边，堪称回旋体的代表作。[①]

(2)回文。

回文最重要的特征在于可以倒读(回读)，而回旋不能。例如：

①钟俞仰慕两心知，古韵神琴系梦思。
崇岳寄情闲咏志，东流水远漫吟诗。

(《含塔轩余韵·咏琴台兼致友人》)

这是一首回文诗，可以回读为：

诗吟漫远水流东，志咏闲情寄岳崇。
思梦系琴神韵古，知心两慕仰俞钟。

回读诗的意思并不等同于原诗，它可以看成按照回文规则推导出来的修辞意义。当然，这只是最直接的意义，作为修辞格，它还有更为深刻的修辞意义，比如说，作者把对友人的情谊寄寓在古老的琴台故事之中，通过顺读和倒读，更添一番情趣。

②海东辉映重云彩，彩云重映辉东海。
深谊自同心，心同自谊深。

客归怀皓月，月皓怀归客。

---

① 参阅陈望道：《修辞学发凡》，新文艺出版社1957年版，第195—196页。

鸿过一帆风，风帆一过鸿。

（《含塔轩余韵·赠日本友人》）

这是回文词《菩萨蛮》。跟前例回文诗不同，每两句中的第二句就是第一句的回读，回读见之于字面。它的修辞意义由顺读和回读两种字面意义推出，不妨说是：情深谊厚，荡气回肠。

回文的历史也很久远。相传前秦苻坚时，窦滔妻苏蕙织锦为回文，名曰《璇玑图》，共841字，排列成纵横各29字的方阵，回环往复地读起来，竟可得诗3752首，真可谓鸿篇巨制，千古绝唱。[①]

三、兼格

汉字修辞往往表现为兼格，比如兼用语形辞格对偶，语音辞格谐音，语义辞格比喻、借代、双关等等。例如：

①冻雨洒窗，东两点，西三点；
切瓜分客，上七刀，下八刀。

（周亮工《字触》）

此例使用了离合法，把“冻”和“洒”分别分离为“东两点”和“西三点”，再把“切”和“分”分离为“七刀”和“八刀”，对仗巧妙、工整，为汉字修辞与对偶的兼格。前述许多对偶句的汉字修辞例子，就属于这类兼格。

②道士腰间两把剑，和尚身下一条巾。
本是平常两个字，难倒世上多少人。

（字谜）

“道士腰间两把剑”，即“平”字，“和尚身下一条巾”为“常”字，合起来就是“平常”二字，谜底见之于谜面。“平”字去掉两点，是一个倒写的“士”字，倒“士”谐音“道士”，为汉字修辞与谐音的兼格。

③男左女右，男短女长，男的一心一意，女的两样心肠。

（谜语）

谜底为“明”字。谜面以男喻日，以女喻月，或者说，以日逆喻男，以月逆喻女；就汉字“明”来说，“日”左“月”右，“日”短“月”长，“日”字中心只有一笔，“月”字中心有两笔。这是汉字修辞与比喻的兼格。

④张先生：你知道吕字是什么意思吗？吕就是接吻的意思，口对口。

---

① 参阅陈望道：《修辞学发凡》，新文艺出版社1957年版，第196—197页。

赵　红：……

薛晓明：口对口先生为什么对你这么好，是不是想包你呀？

（《旅行社的故事》）

“口对口”是“吕”字的分离，属于汉字修辞；用“口对口先生”替代张先生，是为借代。所以此例是汉字修辞与借代的兼格。

⑤和珅在后花园建了一座豪华的书亭，请纪晓岚题写亭名。纪晓岚题写“竹苞”二字，和珅十分欣喜，因为《诗经》有云：“如竹苞矣，如松茂矣。”一日乾隆驾临，对和珅说：“纪晓岚明明挖苦你家‘个个草包’。”

（据《名谜掌故趣读》）

纪晓岚的“竹苞”一语双关：一是《诗经》所云“如竹苞矣”，用以哄骗和珅；另一就是“个个草包”，用以讽刺和珅。后者才是真意，为乾隆一语道破。此例为汉字修辞与双关的兼格。“个个草包”乃是纪晓岚的别解，因此理解为汉字修辞与别解的兼格，或许更为恰当。

汉字修辞还可以有其他兼格，这里不再一一赘述。

第四节　字　谜

一、从字隐到字谜

谜语源于隐语，隐语是谜语的前身。“隐”原作“讔”，《文心雕龙·谐隐》说：“讔，隐也，遁辞以隐意，谲譬以指事也。”毕沅说：“讔，廋辞也。”廋辞的意思是用隐晦难解的语言，来暗示编制者的本意，也就是隐语。《国语·晋语》记载范文子的话说：“有秦客廋辞于朝，大夫莫之能对也，吾知三焉。”这是关于隐语的最早记录。让我们遗憾的是，书中没有记载这些隐语的具体内容，我们无法给出更为详细的说明。

在这里，我们举出当时另一个颇为著名的隐语例子：

①楚庄王莅政三年，无令发，无政为也。右司马御座，而与王隐曰：“有鸟止于南方之阜，三年不翅，不飞不鸣，嘿然无声。此鸟何名？”王曰：“三年不翅，将以长羽翼；不飞不鸣，将以观民则。虽无飞，飞必冲天；虽无鸣，鸣必惊人。”

（《韩非子·喻老》）

右司马和楚庄王的对话都是隐语，虽然隐晦，但彼此心知肚明。楚庄王的意思是说，别看我三年无所作为，一旦作为，就会做出惊人的事情来。这个隐语，就是成语“一鸣惊人”的来源。

字隐是用拆解汉字的方法制作的隐语。下面是一个同样著名的字隐例子：

②魏武尝过曹娥碑下，杨修从。碑背上见题作“黄绢幼妇，外孙齑臼”八字。魏武谓修曰：“解不?”答曰：“解。”魏武曰：“卿未可言，待我思之。”行三十里，魏武乃曰：“吾已得。”令修别记所得。修曰：“黄绢，色丝也，于字为‘绝’。幼妇，少女也，于字为‘妙’。外孙，女子也，与字为‘好’。齑臼，受辛也，于字为‘辞’。所谓‘绝妙好辞’也。”魏武亦记之，与修同。乃叹曰：“我才不及卿，乃觉三十里。”

（《世说新语·捷悟》）

这里应用的就是析字辞格，意思为“绝妙好辞”。“齑臼”乃受辛辣之器，“辤”为古“辞”字。

隐语后来发展为谜语。《文心雕龙·谐隐》说：“自魏代以来，颇非俳优，而君子嘲隐，化为谜语。谜也者，回互其辞，使昏迷也。”意思是说，三国以后，人们对于优伶的表演已经反感，文化人创作的隐语，便演变成了谜语。“谜”就是使辞文“迂回错综，叫人昏迷”的意思。

《谐隐》篇还说：“或体目文字，或图象品物，纤巧以弄思，浅察以炫辞，意欲婉而正，辞欲隐而显。”有的谜语察视文字，有的描绘物品，但都凭纤巧来卖弄文思，凭浅白来炫耀辞藻。寓意要求曲折而又率直，措辞要求隐晦而又明显。所谓“体目文字”就是指字谜，“图象品物”就是物谜，谜语就是这两大类别。物谜已在前一章讨论过，这里讨论字谜。

《名谜掌故趣读》收录了一些文人创作字谜的故事，这里略举数例：

③苏东坡走进西湖边一家酒店。店主说：“大人上次说的谜，我们费了不少力气才猜中。今天也给大人出一条谜，大人若是猜中了，酒钱分文不收；若是猜不中，酒钱加倍。”东坡欣然同意。

“唐虞有，尧舜无；商周有，汤武无；古话有，今文无。”店主说。

东坡听后，说：“我这里也有一谜，与你那谜是一个谜底。你听：善者有，恶者无；聖（圣）者有，贤者无；智者有，愚者无。”

店主连连点头，请苏大人饮酒。

东坡说：“我还可以说出五六个这样的谜，请听：

右边有，左边无；后边有，前边无；凉天有，热天无。

足上有，手上无；頭（头）上有，身上无；嘴上有，耳上无。

哭者有，笑者无；骂者有，怒者无；活者有，死者无。

哑巴有，聋子无；跛子有，麻子无；和尚有，道士无。

吾有，你无；兄有，弟无，姑有，嫂无。”

店主听得入了神。

谜底为“口”。一个字竟然有这么多谜面，无怪于店主说：“真不愧是位大才子呀！”当然，这未必就是苏东坡的真实故事，但即使是后来文人的伪托，也不妨碍它作为字谜的文学价值。

④元代国公达鲁花赤颇有文才，一次与同僚聚会，谜兴大发，随口说出两个字谜：

一字有四个口，一个十字。

一字有四个十，一个口字。

同僚们都没有猜中，问他谜底是什么，他说，第一个是“圖”字，第二个是“畢”字。原来如此。

⑤元代文人常以散曲、小令等形式做谜面创作字谜，称为“长面谜”，很有欣赏价值。如：

俏冤家，切莫做小人行径。许佳期，其实不曾。我若肯时也不止在如今，空使我腰肢减一半，镇日里无主恨青春。待明朝日落时辰，也再休要閒(闲)去門(门)前等。

这首以小令布局的字谜构思细腻，文辞优美，而且离合清晰、准确，不愧是制谜大家。至于谜底，就是一个“月”字。

汉字字谜充分利用了方块表意汉字的特点，是世界民族文化中的一朵奇葩。字谜历史悠久，从字隐——字谜的前身算起，已有 2000 多年的历史。在这个历史长河中，不仅有许多文人雅士参与创作，而且融合了亿万劳动者的聪明智慧，因而成为中华民族一种雅俗共赏、喜闻乐见的文化娱乐方式。

字谜分为谜面和谜底两个部分。其作为一种文化娱乐活动，由出谜者和猜谜者组成活动的双方，缺一不可。出谜者未必就是编制字谜的人，但他知道谜面和谜底，而猜谜者一般不知道谜底，所以才要去“猜”。

猜字谜跟猜物谜一样，是一种修辞式推论，它有明显的前提和结论。出字谜者给出谜面，即推论的前提；猜字谜者给出谜底，就是推论的结论。例如：

⑥上不在上，下不在下，天无它大，人有它大。

（打一字）

我们应该怎样根据出字谜者给予的谜面，猜出谜底呢？或者说，我们从这个前提出发，能推出怎么样的结论呢？

我们的推论过程大体是这样的：

(1)我们首先遇到了逻辑障碍：上为什么不在上、下为什么不在下呢？有什么东西比天还大？为什么比天还大的东西又没有人大呢？

(2)我们会想：既然是字谜，那么一定与“上”“下”“天”“人”这四个字有关。

(3)“上”“下”字形的区别在于：“上”的一横在下面，“下”的一横在上面，这不是“上不在上，下不在下”吗？

这一步是关键。由此想道：

(4)把一横从上下分离出来，那就是“一”字。

谜底已经出来了。下面即是论证：

(5)如果是“一”字，那么“天”与“一”分离可得“大”字，所以说“天无它大”；“人”与“一”组合也可以得到“大”字，所以说“人有它大”。

(6)结论：谜底为“一”字。

如果推导顺利，过程大体如此。此例应用的是离合法。

②一半畜生一半人，这个畜生会看门。
一半畜生一半人，这个畜生会耕田。

(打二字)

推论过程大体是：

(1)两个字都应当是由两个不同部件组成的。一个部件是“人”或“立人”；另一部件表示一种家畜。

(2)会看门的家畜是狗，但“人”或“立人”都不能与“狗”组合成字。

(3)“狗”与“犬”同义，立人旁一个“犬”是“伏”字。

(4)结论一：谜底为“伏”字。

(5)会耕田的家畜是牛。

(6)立人旁一个“牛”为“件”。

(7)结论二：谜底为“件”字。

此例应用的是离合衍义法。

猜谜的过程就是推论的过程。这个过程或短或长：难度小的字谜费时短，反之，费时长；聪明人费时短，反之费时长。当然，有的难度大，即使聪明人也要花费很长时间，比如“绝妙好辞”，聪明过人的曹操也花费了“三十里”。在这“三十里”中，他一定经过了许许多多的推论，有的失败，有的成功。

二、字谜的编制方法

字谜的编制方法，大体说来，就是前面说到的那些汉字修辞的方法：离合、增损、转形和衍绎音义。因为编制字谜也是一种文学创作，一种汉字修辞行为。不过在字谜创作的实践中，在许多情况下，这些方法是混合使用的。

具体说来，主要是以下这些方法：

1. 析形法

析形法应用离合、增损等汉字修辞方法来编制谜面，是字谜修辞的基本方法。在具体操作中，析形法又可以分为若干小类。

(1)离合法。例如：

①依山而立。

谜底为“端”字。制谜者把“端”字分离为“山”“而”“立”三个部件，由猜谜者组合为“端”字，即是谜底。

②千里之行，始于足下。

谜底为“踵”字。制谜者把“踵”字分离为“千”“里”“足”三个部件，由猜谜者组合为“踵”字，即是谜底。

③汨罗一大夫。

谜底为“潜”字。制谜者把“潜”字分离为三点水、一个“日”字和两个“夫”字，再把第一个“夫”字分离为“一”和“大”，由猜谜者把它们组合为谜底“潜”字。由于猜谜者不容易想到把其中一个“夫”字分离为“一”和“大”，所以猜起来难度较大。

④蔡文姬去祭双亲，潘仁美杀退番兵。

三小国无王做主，李娘娘没子伤心。

谜底为“藻”字。“蔡文姬去祭双亲”，“蔡”字去“祭”，剩下“草字头”，“潘仁美杀退番兵”，“潘”字去“番”，剩下“三点水”，“三小国无王”为“品”，“李娘娘没子”为“木”，组合起来即为“藻”字。

(2)增损法。例如：

①春雨绵绵妻独宿。

谜底为“一”字。“春雨绵绵”，无日，减去“日”，“妻独宿”，无夫，减去“夫”，“春”字去“日”去“夫”，只剩下一横，即“一”字。

②摘掉穷帽字，挖去穷根子。

谜底为“八”字。“摘掉穷帽字”即减去“宀”，“挖去穷根子”，减去“力”，留下的就只是中间的“八”了。

③遇水则清，遇火则明。

谜底为“登”字。“登”字添加三点水为“澄”字，“清”是“澄”的衍义；“登”字添加“火”字旁为“燈”(灯)字，“明”是“亮”的衍义。此例属于增笔法，同时应用了衍义。

④掘地去土，添水成池。

谜底为“也”字。“地”字去“土”为“也”；“也”字加“水”为“池”。此例属于增损并用法。

(3)析形双解法。例如：

①一直两点，两点一直。

谜底为“慎”字。“一直两点”的“一直”是就笔画说的，而“两点一直”的“一直”却是“一个‘直’字”的意思。“一直”的双解是为了增加猜谜的难度，因为一般猜谜者往往停留在第一种解法而百思不解。

②上头去下头，下头去上头，两头去中间，中间去两头。

谜底是“至”字。谜面中的“去”字可以理解为减笔，实际上是指“去”这个字。意思是说，“至”字上头是“去”字的下头，“至”字下头是“去”字的上头，“至”字两头即一横，是“去”字的中间，“至”字中间是“去”字的两头。

析形双解法由于多一层曲折，猜谜的难度也随之加大。

(4)排除法。例如：

①一木口中栽，并非“杏”和“呆”。
若是猜成“困”，不是好秀才。

谜底为“束”字。

②“目”字加两点，不作“貝”(贝)字猜。
“貝”(贝)字欠两点，不作“目”字猜。

谜底分别为“贺”字和“资”字。此例同时也是析形双解法。

排除法排除了猜谜者容易想到的那些谜底，所以也有一定的难度。

2.摹形法

摹形法是按事物之形来摹写汉字之形，是借形法的应用。例如：

①一对燕子朝南飞，一只瘦来一只肥。
一年当中来一次，一月当中来三回。

谜底为“八”字。谜面把“八”字描摹成一对南飞的燕子，一肥一瘦，很形象。后两句为衍义，为猜谜者提供另外两个条件，也就是给出另外两个推论前提：一年十二个月中有一个“八”月，一月之中有初八、十八和二十八三个含“八”的日子。

②一条船，两道桅，九只凤凰来回飞。
六只歇在船桅上，两只在船外，一只在船里。

谜底为“悲”字。谜面简直就是一幅美丽的图画，对“悲”字的各个笔画都有生动的描摹。

③儿女相逢泪双行。

谜底为“姚”字。谜面先分离出“姚”字中“儿”和“女”两个部件,然后把“姚”字中的四个点描摹成两行眼泪,既形象又抒情,可让猜者反复玩味。

④大于、小于、等于。

谜底为“互”字,是对数学符号的摹写。上下两横很像数学的“等于”,中间很像“大于”和“小于”符号。

这是摹形法的另一种类型。数学符号可以摹写,其他符号同样可以摹写。

3.谐音衍义法

谐音衍义法是前述衍绎音义法的应用。字谜的谐音或者衍义,通常都是在析形的基础上进行的。例如:

①宝玉出走,袭人无依。

谜底为“宠”字。“宝玉出走”是把“宝”字分离为“宀”和“玉”,减“玉”留“宀”,“袭人无依”,“依”与“衣”谐音,把“袭”字分离为“龙”和“衣”,减“衣”留“龙”。猜谜者把“宀”和“龙”组合为“宠”,即谜底。此例属于析形与谐音并用。

②一大一小,一跑一跳;一个吃人,一个吃草。

谜底为“骚”字。“骚”可分离为“马”和“蚤”:马大蚤小;马跑蚤跳;马吃草,蚤吃人。两种动物形体大小、动作方式以及食物上的区别,都属于衍义。

③头在水里游泳,尾在天上发光。

谜底为“鲁”字。先把“鲁”分离为“鱼”和“日”,然后衍义:鱼在水中游泳,日在天上发光。

④天下第一家,出门先用它,人人说它小,三月开白花。

(打四字)

谜底为“赵钱孙李”。赵,《百家姓》中第一姓;人们出门都需要用钱;孙,小子(或“逢人都要低三辈”);三月李树开白花。此例纯属衍义,在字谜中不多见。

⑤思。

谜面只有一个字,谜底为“十”。制谜者先把“思”分离为“田”和“心”,再把“田心”衍义为“田的中心”,即“十”字。此例为析形和衍义并用。

三、带格谜

带格谜是灯谜向高难度方向发展的标志。谜格就是要猜谜者按照规定的格式，把谜底字的位置、读音、偏旁进行一番加工处理，以扣合谜面。也就是说，带格谜的每一个格都有特定的推理规则，只有按照这个规则才能从谜面推出谜底。

带格谜创始于明代。明末扬州马仓山首创《广陵十八格》，经过后人的发展，目前已有100多个谜格，比如千秋格、卷帘格、徐妃格、骊珠格、白头格、曹娥格、比目格、脱靴格等等，其中有些格由于过于复杂深奥而很少有人采用。请看下面例子：

①今天。　　（打一国名）

此例为秋千格。规则：谜底两个字，倒过来读，犹如荡秋千摆过来倒过去那样。“今天”就是本日，倒过来就是“日本”，即谜底。

②久旱。　　（打一地名）

此例为燕尾格。规则：谜底需两字或两字以上，末一字左右分开作两字读。谜底：长沙。将“沙”左右分开为“水少”，即“长水少”。

③冠盖满京华。　　（打一古人名）

此例为集锦格。谜底需两字或两字以上，每字分作二或三字，可不拘上下左右。谜底：管仲。“管仲”可拆为“个个官中人”。

④卓文君夜奔相如。　　（打一词汇）

此例为离合格。规则：谜底需两字或两字以上的词句，字字皆可拆为两字或三字，然后将谜底中每一字分读一次后，再读一次。或先读本字，再读分读。也可使一字化三、四字读。句底两字成六或七或八个字，方切合谜面。谜底：好逑。将“好”分为“女子”，“逑”分为“求之”，即“女子好逑，求之”。

⑤欧美人物。　　（打一春秋人物）

此例为鼎足格。谜底需两字以上，最后一字分读成三个字。谜底：西施。将“施”分读为“方人也”，即“西方人也”。

⑥幼儿园。　　（打一京剧名）

此例为素心格。谜底需三字或以上单数词句，将谜底中央一字谐音作别义解释谜面。谜底：群英会。“英”与“婴”谐音切合谜面。

从上述字例看，带格谜的编制方法比较复杂，大抵是文人们的事情。再者，猜谜的难度也比较大，所以应用者只是“小众”，不是大众。

第五节 测字,汉字修辞的异化

一、汉字的神秘化

作为汉语的书写工具,汉字没有任何神秘性可言,但是对于缺乏科学知识的古人来说,就不同了。在古人看来,文字是圣人创造的,是神圣威严的,它具有一种神秘的力量。

古人说文字是仓颉造的,仓颉就是圣人,天生四目,“仓颉作书而天雨粟,鬼夜哭”(《淮南子·本经训》)。“仓颉造字”说,反映了古人对于文字的灵物崇拜。古人的文字崇拜,是测字术产生的认识论根源。“文字起源一旦被蒙上神圣的色彩,文字的本身自然就会被赋予某种神秘的力量,或者蕴涵着命运的枢机,或者预示着神鬼的意志。于是,就产生了巫医以‘字符化灰’代药,术士拆字预测吉凶这样一类的迷信活动。”①

测字之术肇端于谶纬神学。谶是巫师、方士预言吉凶祸福的图箓、隐语,纬是附会儒家经典的神学迷信说法。在谶纬迷信里,有相当一部分是文字之谶,后来发展为测字之术。例如:

①莽纂位,忌恶劉(刘)氏,以钱文有“金刀”,故改为“货泉”。或以“货泉”字文为“白水真人”。白水,光武所居乡名也。

(《古代测字术注评》)

王莽篡汉,害怕劉(刘)氏复兴,因为“劉”字含有“金”和“刂”(刀)两个部件,于是把钱文“金刀”改为“货泉”。可是有人把“货泉”拆解成“白水真人”,预示刘秀将取代王莽,重建汉朝。“白水”是“泉”字的拆分,“貨”(货)字的“亻”为人,其余部分好似“眞”字,为“真人”,合起来即“白水真人”。“白水”是刘秀的故乡,“真人”其中一义即“帝王”。此例即属于谶纬符命。

测字是一种方术,也是一种行为或职业。作为方术,测字是利用拆解汉字来预示吉凶的一种占卜方法,并在千百年的发展和演变中形成了自己特殊的汉字拆解体系。作为一种行为,测字可以说是种迷信活动。但有测字行为的人,并非都是迷信职业者,中国古代文人雅士中有许多人熟悉测

① 杨昶、宋传银:《古代测字术注评·前言》,北京师范大学出版社、广西师范大学出版社1992年版。

字术，有过测字的经历。从事测字职业的人称为“相士”或“测字先生”。

以下各例为测字：

> ②王敦举兵，梦一木被天，以语许逊。逊曰：“非佳兆也。”时吴猛同谒在坐，曰：“木上破天，‘未’字也。公未可妄动。”敦不听，以至于败。

东晋大将军王敦谋反，梦一木被天，吴猛所说是测“未”这个字，带有谶纬神学的意味。

此例选自周亮工《字触》一书。周亮工，清代学者，著述甚多，尤其精于字学，对测字术很有研究。吴猛测“未”字，属于非职业化的文人测字。

> ③一人书“欠”字问六甲，余曰：“明日生男，决非首胎。”时十月初十，至次日果生男。其人复问字理，曰：“‘欠’加两点为‘次’，故知非首胎。加土为‘坎’。坎，中男也，故知生儿。初十来占，加十一在旁为‘坎’，则今日当产无疑矣。”

“六甲”是指妇女的身孕。“坎”指八卦中的坎卦，“中男”是坎卦的卦象。

> ④一人书“茚”字问婚姻，余曰：“极易成。但妓者耳，兄何留恋于彼耶？”其人笑曰：“果是！一美妓与我相处有年矣。今彼有从良之愿，吾欲娶之，不识字理如何？而先生真可谓神见也。”余曰：“此字全是残花败柳之象，使以知其为妓也。末笔从“节”（節），犹可以为善，兄当娶。”

“茚”字是“花”字的头、“柳”字右边的一个部件组合而成的，所以说“残花败柳”。“茚”字的末笔为“卩”，同“节（節）”字的一个部件相同。

③④两例选自程省《测字秘牒》一书。程省是清代的职业相士，此书是他数十年从事测字生涯的实录和总结。

从谶纬神学到字谜，我们不难看出，它们都是汉字离合、增损等汉字修辞方法的应用，都属于汉字修辞式推论，不妨称之为“测字推论”。

例①王莽因为“金刀”是“劉”字的离合，所以把“金刀”改为“货泉”。“货泉”的解释者也是分离“货”和“泉”两个字而得“白水真人”，推出汉室将兴。

例②王敦梦一木遮天，吴猛解释成“未”字，推出王敦“未可妄动。”

例③有人以“欠”字问生孩子的事，测字先生说：“‘欠’加两点为‘次’，故知非首胎。加土为‘坎’。坎，中男也，故知生儿。初十来占，加十一在旁为‘坎’，则今日当产无疑矣。”这里应用的是增损法，推论有据，结论出奇地准确。

例④应用的是离合法，即把“花”字分离为“艹”和“化”，取“艹”，再把

“柳”分离为“木”和“卯”，取“卯”，然后合为“茆”字，衍义为“残花败柳”。结论也出奇地准确。

测字虽然也是一种汉字修辞式推论，但是由于它号称能够预测人类的吉凶祸福而流于荒诞。测字是汉字修辞的异化。

测字推论的结论具有极大的偶然性，或然而非必然。不过在有经验的相士那里，或然率，或曰“成功率”，还是比较高，甚至是很高的。

二、测字的推论方法

测字先生在长期的职业生涯中创造了许多测字方法。仅程省《测字秘牒》一书就记载有“测字十法”，包括装头、接脚、穿心、对关、观梅等等。另有心易六法，包括象形、会意、谐声、假借等等，此外还有测字取格大法、双句格法、散格法等。但是就汉字修辞式推论而言，主要还是离合、增损、谐音、衍义这些基本方法。为了讨论方便，我们把测字的基本方法归结为析形、音义和情境推测三大类型。前两种方法包含了求测字的形、音、义，后一种为求测的字境。

1. 析形法

测字最基本的方法就是分析汉字字形，以此来推断求测者的吉凶祸福。包括离合、增损等汉字修辞的基本方法。

①有人以瓜子问父病，曰：“死期至矣。合‘瓜’‘子’为‘孤’字，固知必不生矣。”

此例应用离合法，把“瓜”“子”合而为“孤”，因为子孤，推知其父必死。

②人有遗孤五岁，偶病。其乳母以“亥”字问吉凶，余曰：“亥乃‘孩’不见‘子’之象，上是‘六’不全，中是‘夂’不得，下是‘人’不长。本月三十日是月尽，此儿殆难矣。”复以“一”字再问，余曰：“‘一’乃‘生’字之终，‘死’字之始，则生从此尽，死从此至矣。况是半个‘十’字，禄命止于五乎?”其师又以“水”字参决，断曰：“‘水’字之形，不能‘永’之象。五行之数，土数五，土能克水，难过五日矣。”至九月初五果殒。

求测者先后以“亥”“一”“水”三个字问测，测者分析字形，主要应用增笔法，兼及五行学说，结论是这个孩子必死，而且不超过五日。文中“余曰”之“余”为程省。

③有人以“子”字问六甲者，测者曰：“一个丫头，非女而何?”果验。

测者把“子”字分析为“一个丫头”，其实并不准确，因为“子”字应是“一”和“了”的离合，“了”不同于“丫”。但在测字中，只要字形大体相似，就可以用乙字取代甲字进行推断。这是一种形似的测法。

④某人长期经商在外，忽闻妻子有病，以“榮”(荣)字求测。测字先生说：“你的妻子已经死了。‘榮’字上面两个‘火’，像一对蜡烛，中间像墓台，下面‘木’字即是棺木。”

此例用汉字形体来描摹对象事物，为摹形或象形法。在测字法中，称为观梅法。

2. 谐音衍义法

①有以“陀”字问讼吉凶，曰：“此察院状词也。以形而观，虎头蛇尾也。又音与‘拖’同，恐不能完结。扯长而已。”

“虎头蛇尾”为析形法，在测字法中被称为“对关法”。“陀”字音与“拖”同，为谐音法，测者由此推断说，官司还得拖延下去。此例为析形谐音并用法。

②有人以“凫”字问生意，测字先生说：“凫鸟乘风，可以翱翔得意，但是没有终日飞腾之理，恐怕不能长久。”

此例以凫(野鸭)飞翔的特征来推断求测者的生意得失，与字形无关，属于衍义法。

3. 情境推测法

情境推测法越出汉字的形、音、义，加进了情境因素。这也是测字常用方法之一。例如：

①元末何中立善于占卜，一日路遇率军南下的朱元璋。朱元璋问：“天下纷事，最终不知归谁所有。”何中立说：“请写一个字预测一下。”朱元璋随手抽刀在地上画了一横，何中立赶忙伏地跪拜，说：“‘土’上一横，不是‘王’是什么?”后来朱元璋建立明朝，定都南京，下诏由何中立与刘基一起勘定皇城的位置。

朱元璋在地上画了一横，本来只是个“一”字，何中立却增加了情境因素“土”，合成“王”字，以此推断朱元璋将得到天下。

②浙西陈钟年善测，在浙经商的吴某忽闻妻子病危，急于找陈钟年问吉凶。当时已是夜间，吴某叩门，引起犬吠，陈钟年问明来意，即说：“你妻子已经死了。”吴某说：“字还没测，怎么知道我妻子死了?”陈钟年说：“我与你对口交谈，共是两口，还有一只狗在叫，两口加一犬，成一‘哭’字，所以知道情况是这样。”

陈钟年的推断，全部依据于情境因素，是情境推测法中的一个典型例子。

③徽宗令中官索东宫一字来，乃以"太"字进问石。石曰："此太子也。"上询谓何，曰："'太'字点微横，此必太子。他日移至诸上，岂非天子耶？"

文中的"石"，指宋代著名相士谢石。东宫为皇太子的居所，东宫送来的"太"字，一点写成一小横，谢石由此推断此乃太子所写，如果把这一横移到"大"的上边，即为"天"字。这里分析的不是汉字"太"的笔画结构，而是书写情况，与离合、增损等拆解无关，属于情境推测法。

测字先生往往把求测者书写汉字的字体、形态等情况作为推断依据。比如，"笔端势小事无成，粗俗须知业不精。起笔落尾如莺嘴，心里奸谋刻薄人。""体如鹭立，孤贫之士无疑；势如鸦飞，饶舌之徒可测。"如此等等。

三、测字是否灵验

测字是否灵验？有时灵，有时不灵。说测字"灵不灵"也只是测字应验了没有，而不是什么与鬼神相通的"灵异"。

测字是否灵验，这与求测者的心理因素有关，也与测字先生的经验有关。

先说求测者的心理因素。

由于汉字被神秘化了，很多人相信汉字的笔画里面蕴含有自己命运的玄机，特别是遇到困惑的时候，很希望测字先生能够指点迷津，逢凶化吉，遇难呈祥。即使具有科学头脑的学者，有时也以"或许是个未知领域"而宁信其"灵验"。所谓"心诚则灵"，灵验由于心诚，如果不灵验，那是心不诚的缘故，求测者只好责备自己还不够"心诚"，总不能去责怪神仙吧。还有个重要的心理现象：人们一般都只记住那些"灵验"之处，会不自觉地充当义务宣传员，愈传愈神奇，于是就有了"半仙"之类的说法。至于那些不灵验的地方，往往不被注意，也很容易被人忘却，最后不再有人提起。

再说测字先生的经验因素。

测字先生所谓的"观人神色以定字之臧否，套人口气而定祸福吉凶"，相机拆解，随心释义，只要自圆其说就可以了。测字先生的测字经验愈丰富，其灵验程度愈高。正如一首打油诗所说："测字先生造字手，字里字外翻筋斗。测字先生神仙笔，加点添画不费力。"

有些测字的成功率本来就比较大。比如生男还是生女，病愈还是死亡，婚姻能成还是不成，概率各占二分之一，加上测字先生所掌握的情境因素，概率就会超过二分之一，甚至远远超过二分之一。至于汉字如何拆分，如何让求测者信以为真，那只不过是测字时的一些小小技巧而已。

有些测字似乎难度很大，其实不难。比如朱元璋在地上画个“一”字问测，何中立拆解出“王”字，似乎很神奇，实际上并非如此。元末乱世，义军蜂起，朱元璋本来就有得天下的可能性，何中立说他为“王”，只需寻找一个“‘土’上一画”的理由罢了。谢石测“太”字，断定太子所书，对于出入宫廷的谢石来说，了解太子书写的特点并非难事，他说一“点”微横，是已经先有了结论然后寻找依据而已。

有些测字或许概率较低，比如问生意，问功名，问行人归期，这只能靠测字先生的经验来弥补，有时候就只能碰碰运气，求救于偶然性了。

测字书上那些“果验”的例子，都是测字先生“过五关斩六将”的优胜纪录，不包括“走麦城”的事实。即使那些“果验”的例子，也难免虚构或夸大。事实上，在测字的实践过程中，测字先生测不“中”的例子比比皆是，这种推断错误，用测字行话来说叫作“不端”。

后　语

《汉语修辞式推论》搁笔，回头读了一遍前言，想写一点儿后语，以便前后照应，给读者一个关于"修辞式推论"更全面的理解。

我们假设了几个问题，就算是读者您的，现在依次讨论这几个问题：

第一，《汉语修辞式推论》是修辞学吗？

是。

按照陈望道先生所说，修辞是"达意传情"的手段，这本书讨论的就是汉语交际过程中各式各样"达意传情"的手段，概括起来即四项八个字：调音、选词、炼句、谋篇。本书第一章为修辞学概论，第二章介绍修辞式推论的来龙去脉及其基本理论，其余各章具体地讨论了各式各样调音、选词、炼句和谋篇中的推论问题，从深层次说明了修辞"达意传情"的功能。应当说它们都是修辞学的内容。修辞式推论有充分理由回归修辞学家园，结束游荡生涯，而修辞学也应热情地欢迎游子归来，把"修辞式推论"纳入修辞学理论体系之中。

第二，《汉语修辞式推论》讨论的是修辞的逻辑吗？

是。

逻辑是研究推理的，"推论"就是推理的应用，自然属于逻辑。从表面上看，修辞现象似乎与逻辑不相干，甚至相悖谬，但在实际上修辞的每一步都是推理，自始至终都没有离开过逻辑。"修辞式推论"就是揭示各式各样修辞方法的逻辑推理过程——任何奇妙的修辞现象都有这一过程。从表达者的角度说，您想表达什么？怎样才能"达意传情"？这里就有许多思考，而"思考"就是推理；对于理解者来说，表达者表达了什么？他为什么这样表达？这是怎么样的表达？这里也有许多思考，这些思考自然也是推理。聪明的读者不妨反思一下自己，你们的修辞，具体地说，你们的每一次表达或理解离开过推理吗？人人心中都有"修辞式推论"，只是没有自觉地意识到而已。本书不就只是揭示了你们没有意识到的那些推理方式和过程么？

第三，《汉语修辞式推论》可以说就是“修辞逻辑”吗？

不可以。

第三个问题与第二个问题不仅有区别而且区别甚大。我们说《汉语修辞式推论》是“修辞的逻辑”，意思是讨论了汉语修辞中的一些逻辑问题，或者说应用逻辑原理讨论了汉语修辞问题。这是逻辑的应用或应用的逻辑。“推论”云者即推理的应用，而非推理本身，所以不能说《汉语修辞式推论》就是“修辞逻辑”。

“修辞逻辑”不同于“修辞的逻辑”。作为“修辞逻辑”，从理论上说，它应当是一门“应用逻辑”而不是逻辑的应用。应用逻辑作为现代逻辑的一个类别，它必须是“形式化”的，必须建立形式化的演算系统，并且经过一套一致性和完全性的证明。《汉语修辞式推论》显然不属于这样的应用逻辑。

第四，“修辞逻辑”必须形式化吗？

应当是。

逻辑学家卡尔纳普说过：“对逻辑来说不存在清规戒律，每个人都可以构造自己的逻辑，即他自己的语言形式，只要他愿意，对他的唯一要求是：如果他想讨论这种逻辑，那么他必须说清楚他的方法，并给出语法规则，而不是给出哲学论据。”作为一门“逻辑”，它应当是形式化的，有自己独特的语法规则和形式系统。

不过修辞是一个大系统，建立一个完全的形式化系统没那么容易。但是，“修辞逻辑”可以作为一门逻辑科学，包括若干形式化的子系统，就像认知逻辑那样。认知逻辑研究认知过程中出现的逻辑问题，包括模态、断定、知道、信念、命令、问句等若干逻辑系统。修辞也是一种认知，修辞逻辑理应包括这些形式系统。此外，还应当有独具修辞学特点的形式系统，比如隐喻逻辑。

第五，研究汉语修辞式推论也必须形式化吗？

那倒未必。

研究汉语修辞式推论应该主要是形式化或形式的，当然也可以是非形式的，比如描述法。应用形式化的方法首先必须熟悉相关的形式系统，比如命题演算、谓词演算、集合论，以及认知逻辑中的模态、断定、知道、信念、问句、命令等等；然后把这些形式化方法应用到汉语修辞现象的逻辑分析之中。

不久前，美国语言逻辑学家斯坦哈特出版《隐喻的逻辑——可能世界中的类比》一书，就是应用形式化以及形式或非形式的方法研究了隐喻的逻辑问题，研究了作为隐喻推理的主要形式——类比推理的形式化。对于中国读者来说，这是一本研究修辞逻辑并颇有学术深度的书，值得一读。

本书《汉语修辞式推论》中虽然有几处说到形式化方法，但更多使用的是一些形式方法和非形式的描述法。一来汉语修辞式推论研究还属初创，思考比较肤浅；二来希望拥有更多的读者，因为不少中国读者还不怎么熟悉现代逻辑的形式化方法。因此，本书《汉语修辞式推论》就算是汉语修辞式推论研究的初阶吧！来日方长，汉语修辞式推论研究一定会大有作为。我们期待着！

著 者

2015 年 9 月

参考文献

[1] Aristotle. Rhetoric[M]. Translated by W. Rhys Roberts and Ingram Bywater, New York: Random House, Inc. , 1984.

[2] A. Craig Baird. Rhetoric a philosophical inguiry[M]. Cambridge: The Ronald Press Company,1965.

[3] Ch. Perelman. The realm of rhetoric[M]. Indiana: University of Notre Dame Press,1982.

[4] S. C. Levinson. Pragmatics[M]. Cambridge: Cambridge University Press,1983.

[5] 亚里士多德. 修辞学[M]. 罗念生,译. 北京:生活·读书·新知三联书店,1991.

[6] 陈望道. 修辞学发凡[M]. 上海:新文艺出版社,1957.

[7] 张志公. 修辞概要[M]. 上海:上海教育出版社,1982.

[8] 吕叔湘,朱德熙. 语法修辞讲话[M]. 北京:中国青年出版社,1979.

[9] 郭绍虞. 汉语语法修辞新论[M]. 北京:商务印书馆,1979.

[10] 倪宝元. 大学修辞[M]. 上海:上海教育出版社,1994.

[11] 王希杰. 修辞学通论[M]. 南京:南京大学出版社,1996.

[12] 王希杰. 汉语修辞学[M]. 北京:北京出版社,1983.

[13] 何伟棠. 王希杰修辞学论集[M]. 广东:广东高等教育出版社,2000.

[14] 宗廷虎,等. 修辞新论[M]. 上海:上海教育出版社,1988.

[15] 陈汝东. 当代汉语修辞学[M]. 北京:北京大学出版社,2004.

[16] 张宗正. 理论修辞学——宏观视野下的大修辞[M]. 北京:中国社会科学出版社,2004.

[17] 李维琦. 修辞学[M]. 长沙:湖南人民出版社,1986.

[18] 宋振华,等. 现代汉语修辞学[M]. 长春:吉林人民出版社,1984.

[19] 王德春,陈晨. 现代修辞学[M]. 南昌:江西教育出版社,1989.

[20] 骆小所. 现代修辞学[M]. 昆明:云南人民出版社,1994.

[21] 成伟钧,等.修辞通鉴[M].北京:中国青年出版社,1991.
[22] 唐松波,等.汉语修辞格大辞典[M].北京:中国国际广播出版社,1989.
[23] 王德春.修辞学词典[M].杭州:浙江教育出版社,1987.
[24] 黄民裕.辞格汇编[M].长沙:湖南人民出版社,1984.
[25] 谭永祥.修辞新格[M].福州:福建教育出版社,1983.
[26] 郑颐寿.比较修辞[M].福州:福建人民出版,1982.
[27] 王德春.修辞学探索[M].北京:北京出版社,1983.
[28] 蒋有经.模糊修辞浅说[M].北京:光明日报出版社,1991.
[29] 陈炯.中国文化修辞学[M].南京:江苏古籍出版社,2001.
[30] 申小龙.语文的阐释[M].沈阳:辽宁教育出版社,1992.
[31] 复旦大学语言研究室.《修辞学发凡》与中国修辞学[M].上海:复旦大学出版社,1983.
[32] 季绍德.古汉语修辞[M].长春:吉林文史出版社,1986.
[33] 文心雕龙译注[M].赵仲邑,译注.桂林:漓江出版社,1982.
[34] 陈骙.文则[M].刘彦成,注释.北京:书目文献出版社,1987.
[35] 夏丏尊,叶圣陶.文心[M].北京:中国青年出版社,1983.
[36] 周振甫.诗词例话[M].北京:中国青年出版社,1962.
[37] 周振甫.文章例话[M].北京:中国青年出版社,1983.
[38] 曹石珠.汉字修辞学[M].西安:西安出版社,2004.
[39] 曹石珠.汉字修辞研究[M].长沙:岳麓书社,2006.
[40] 王仿.中国谜语大全 [M].修订本.上海:上海文艺出版社,1983.
[41] 杨昶,宋传银.古代测字术注评[M].北京:北京师范大学出版社,桂林:广西师范大学出版社,1992.
[42] 宋传银,杨昶.神秘的测字[M].南宁:广西人民出版社,1991.
[43] 周振甫.中国修辞学史[M].北京:商务印书馆,1991.
[44] 郑子瑜.中国修辞学史稿[M].上海:上海教育出版社,1984.
[45] 易蒲,李金苓.汉语修辞学史纲[M].长春:吉林教育出版社,1989.
[46] 亚里士多德.诗学[M].陈中梅,译注.北京:商务印书馆,1996.
[47] 王德春.外国现代修辞学概况[M].福州:福建人民出版社,1986.
[48] 谢祖钧.英语修辞漫谈[M].福州:福建人民出版社,1981.
[49] 索绪尔.普通语言学教程[M].高名凯,译.北京:商务印书馆,1982.
[50] 尼尔·史密斯,达埃德尔·威尔逊.现代语言学[M].李谷城,等,译.北京:外语教学与研究出版社,1983.

[51] 李幼蒸.理论符号学导论[M].北京:中国社会科学出版社,1993.
[52] 黄华新,陈宗明.符号学导论[M].郑州:河南人民出版社,2004.
[53] 丁尔苏.语言的符号性[M].北京:外语教学与研究出版社,2000.
[54] 陈宗明.汉字符号学[M].南京:江苏教育出版社,2001.
[55] 罗兰·巴尔特.符号学美学[M].董学文,王葵,译.沈阳:辽宁人民出版社,1987.
[56] 俞建章,叶舒宪.符号:语言与艺术[M].上海:上海人民出版社,1988.
[57] 林岗.符号·心理·文学[M].广州:花城出版社,1987.
[58] 莫里斯.指号、语言和行为[M].罗兰,周易,译.上海:上海人民出版社,1989.
[59] 沙夫.语义学引论[M].罗兰,周易,译.北京:商务印书馆,1979.
[60] 杰弗里·利奇.语义学[M].李瑞华,等,译.上海:上海外语教育出版社,1987.
[61] 格雷马斯.结构语义学[M].蒋梓骅,译.天津:百花文艺出版社,2001.
[62] 石安石.语义论[M].北京:商务印书馆,2005.
[63] 贾彦德.语义学导论[M].北京:北京大学出版社,1986.
[64] 徐烈炯.语义学[M].北京:语文出版社,1990.
[65] 伍谦光.语义学导论[M].长沙:湖南教育出版社,1988.
[66] 陈昌来.现代汉语语义平面问题研究[M].上海:学林出版社,2003.
[67] 耶夫·维索尔伦.语用学诠释[M].钱冠连,霍永寿,译.北京:清华大学出版社,2003.
[68] 何自然.语用学概论[M].长沙:湖南教育出版社,1988.
[69] 何自然,陈新仁.当代语用学[M].北京:外语教学与研究出版社,2004.
[70] 姜望琪.当代语用学[M].北京:北京大学出版社,2003.
[71] 索振羽.语用学教程[M].北京:北京大学出版社,2000.
[72] 熊学亮.认知语用学概论[M].上海:上海外语教育出版社,1999.
[73] 左思民.汉语语用学[M].郑州:河南人民出版社,2000.
[74] 钱冠连.汉语文化语用学[M].北京:清华大学出版社,2002.
[75] 陈宗明.中国语用学思想[M].杭州:浙江教育出版社,1997.
[76] 黄国文.语篇分析概要[M].长沙:湖南教育出版社,1988.
[77] 秦秀白.文体学概论[M].长沙:湖南教育出版社,1986.
[78] 张寿康.文章学概论[M].济南:山东教育出版社,1983.
[79] 郑颐寿.辞章学概论[M].福州:福建人民出版社,1986.

[80] 束定芳.隐喻学研究[M].上海:上海外语教育出版社,2000.
[81] 胡壮麟.认知隐喻学[M].北京:北京大学出版社,2004.
[82] 张沛.隐喻的生命[M].北京:北京大学出版社,2004.
[83] 冯小虎.隐喻——思维的基础　篇章的框架[M].北京:对外经济贸易大学出版社,2004.
[84] 刘大为.比喻、近喻与自喻[M].上海:上海教育出版社,2001.
[85] 徐慈华.选择与适应——汉语隐喻的语用综观研究[M].北京:中国社会科学出版社,2009.
[86] E.C.斯坦哈特.隐喻的逻辑——可能世界中的类比[M].黄华新,徐慈华,等,译.浙江大学出版社,2009.
[87] 周礼全.逻辑——正确思维和有效交际的理论[M].北京:人民出版社,1994.
[88] 杭州大学等十院校《逻辑学》编写组.逻辑学[M].兰州:甘肃人民出版社,1980.
[89] 王宪钧.数理逻辑引论[M].北京:北京大学出版社,1982.
[90] 周礼全.模态逻辑引论[M].上海:上海人民出版社,1986.
[91] 周昌乐.认知逻辑导论[M].北京:清华大学出版社,2001.
[92] 龚肇祥.认知逻辑新发展[M].北京:北京大学出版社,2004.
[93] 朱水林.逻辑语义学研究[M].上海:上海教育出版社,1992.
[94] 邹崇理.自然语言逻辑研究[M].北京:北京大学出版社,2000.
[95] 蔡曙山.言语行为和语用逻辑[M].北京:中国社会科学出版社,1998.
[96] 王维贤,李先焜,陈宗明.语言逻辑引论[M].武汉:湖北教育出版社,1989.
[97] 陈宗明.汉语逻辑概论[M].北京:人民出版社,1993.
[98] 陈宗明,黄华新,周武萍.汉语句义的形式分析[M].北京:中国社会科学出版社,2011.
[99] 詹斯·奥尔伍德,等.语言中的逻辑[M].王维贤,李先焜,蔡希杰,译.石家庄:河北人民出版社,1984.
[100] J.D.麦考莱.语言的逻辑分析[M].王维贤,徐颂列,等,译.杭州:浙江大学出版社,2011.
[101] 布鲁克·摩尔,理查德·帕克.批判的思考[M].余飞,谢友倩,译.北京:东方出版社,2007.
[102] 董毓.批判性思维原理和方法[M].北京:高等教育出版社,2010.
[103] 武宏志,周建武.批判性思维——论证逻辑视角[M].北京:中国人民

大学出版社,2010.
[104] 奥斯汀·弗里茨.辩论与论辩[M].李建强,等,译.石家庄:河北大学出版社,1996.
[105] 唐钺.修辞格[M].北京:商务印书馆,1923.
[106] 张弓.现代汉语修辞学[M].天津:天津人民出版社,1963.